書山有路勤為徑，學海無涯苦作舟

書山有路勤為徑，學海無涯苦作舟。

每天讀點道德經

王福振◆著

老子流傳下來的唯一著作《道德經》

讓我們藉由《道德經》搭建的橋樑。
走近老子、與老子居、與老子謀、與老子饗。
透過與老子跨時空的對話，改變對世界、宇宙的看法。

與經典為伍　與聖哲同在

前言

道可道，非常道。
名可名，非常名。

老子，姓李，名耳，諡曰聃，字伯陽。春秋時期思想家，道家創始人。曾做過周朝的守藏史。《道德經》是老子流傳下來的唯一著作。

在中國古典哲學的理論體系中間，《道德經》佔據了一個十分特殊的位置。可以說，它是中國古典哲學這個大體系的基礎。甚至有人說：「中華民族上下幾千年文明流傳下來的遺產，儘管汗牛充棟，但論及能總括中華民族的基本傳統、思想與精神，當首數老子的《道德經》。」

《道德經》共九九八十一章，僅以簡潔優美的五千文字，構造出了一個樸素、自然、豁達、飄逸的宇宙觀、人生觀、方法論的宏大框架。而後來中國古典哲學，特別是有關道德的學說，不論是道、墨還是儒，並沒有超越這個框架。

老子影響所及，不但融匯於儒、釋，鑄成三位一體的華夏文明基本肌骨，隨著中華民族走向世界，老子也被越來越多的西方學者所推崇。

據聯合國教科文組織統計，在世界各國經典名著中，被譯成外國文字發行量最多的，除了《聖經》以外就是《道德經》。

德國哲人尼采在讀完《道德經》之後，大加稱讚，說老子思想「像一個不枯竭的井泉，滿載寶藏，放下汲桶，唾手可得」。而黑格爾把老子學說看成是真正的哲學，海德格更把老子的「道」視為人們思維得以推進的淵源。

當前，世界性的「老子熱」、「大道熱」，其勢洶湧澎湃。這不是出於偶然，而是老子道德文化真理光輝的真實再現。

在《道德經》這部書中，老子提出許多重要的哲學思想。

道：在老子的哲學體系中，「道」是最高的哲學範疇。老子認為，世間一切事物的生存、發展和消亡，無不是在時間、空間及環境等外界要素的作用下，按照自己的方式來完成其發展過程。在完成這個過程時是遵循一個法則的，這個法則就是「道」。

德：萬物順應「道」而形成的自性、本然，是「道」的具體映現。

柔：老子認為，「堅強的東西屬於死亡的一類，柔弱的屬於生存的一類。」「天下之至柔，馳騁天下之至堅。」正因為「柔弱」可無堅不摧，所以老子提出「守柔曰強」。

無：老子說：「吾所以有大患者，為吾有身，及吾無身，吾有何患？」王國維在《人間詞話》中云：有有我之境，有無我之境。「可堪孤館閉春寒，杜鵑聲裡斜陽暮。」有我之境也。「採菊東籬下，悠然見南山。」「寒波澹澹起，白鳥悠悠下。」無我之境也。

水：老子對水的著墨雖然不多，但能夠與「道」相提並論的則只有水。道家提倡要像風、水一樣柔弱、謙下、寬容。看起來誰都能戰勝它，一個指頭就能戳透它，但最終以柔克剛，風能颳斷大樹，吹垮房屋，水能沖決大堤，淹沒山陵。

靜：老子說：「不欲以靜，天下將自定」，即只要我們自身「守靜」、「無為」，天下就會相安無事。「守靜」是防止輕率的根基，「無為」是遏制躁動的主宰。

反：即老子的辯證法思想。老子提出了大小、上下、正奇、先後、主客、進退、輕重、難易、張合、興廢、與奪、靜躁、剛柔、強弱、智愚、生死、善惡、美醜、貴賤乃至盈虛、有無、陰陽、禍福等一系列矛盾概念，並且認為矛盾的雙方既是對立的，又是相互依存的，而且可以相互轉化。

魯迅說：「中國的根柢全在道家。」這裡所指的根柢就是指中國的優秀文化，其中尤以道為甚。

現代人確實很幸福，衣、食、住、行都是現代化的。這種情形是老子那個時代做夢也想像不出來的。你看，老子當年出關的時候，騎的是一頭青牛，一挪一挪的很「老土」。今天我們有飛機，有汽車，有高鐵，有地鐵，他哪裡想像得出來呀！再看老子寫的《道德經》，好艱苦！用毛筆，然後在一個竹片、一個竹片上，一個字、一個字地寫，今天我們用電腦一彈而就。但是古代人是人，現代人也是人，古代人有七情六欲，現代人也有六欲七情。你看看，人性是相通的，所以現代人和古代人有好多共同的話題，不過現代人碰到的問題更複雜、更多、更麻煩。如果我們聽一聽老子的相關教導，會非常有價值。

《道德經》是一座便橋，它通古今，通東西，通天地，通寰宇，通傳統文化與現代文明，通現實世界與心靈園地。

哲人說，一人一世界。每個人眼中的世界都是不同的。讓我們走近老子，實現與老子居，與老子謀。透過與老子跨越時空的對話，你對世界的看法，定能上升到一個新的境界。

目錄

前言／7

上篇・道經

第一章　道可道，非常道／18
第二章　生而弗有，為而弗恃／25
第三章　不尚賢，不貴難得之貨／29
第四章　道沖，而用之或不盈／33
第五章　天地不仁／36
第六章　玄牝之門，是謂天地根／40
第七章　後其身而身先，外其身而身存／43
第八章　上善若水／46
第九章　富貴而驕，自遺其咎／51
第十章　生而不有，長而不宰／54

第十一章 有之為利，無之為用／59
第十二章 為腹不為目／62
第十三章 及吾無身，吾有何患／66
第十四章 能知古始，是謂道紀／70
第十五章 孰能濁以止？靜之徐清／74
第十六章 致虛極，守靜篤／79
第十七章 太上，不知有之／84
第十八章 大道廢，有仁義／88
第十九章 見素抱樸，少思寡欲，絕學無憂／92
第二十章 俗人昭昭，我獨昏昏／96
第二十一章 孔德之容，惟道是從／102
第二十二章 聖人抱一為天下式／106
第二十三章 希言自然／111
第二十四章 企者不立，跨者不行／115
第二十五章 道法自然／119
第二十六章 輕則失根，躁則失君／123
第二十七章 常善救人，故無棄人／128
第二十八章 為天下谷，常德乃足／133

下篇・德經

第二十九章 無為，故無敗；無執，故無失／137
第三十章 物壯則老／142
第三十一章 兵者，不祥之器／146
第三十二章 知止可以不殆／150
第三十三章 知人者智，自知者明／154
第三十四章 大道氾兮，其可左右／158
第三十五章 執大象，天下往／162
第三十六章 國之利器不可以示人／166
第三十七章 不欲以靜，天地將自正／169
第三十八章 上德不德，是以有德／174
第三十九章 祿祿如玉，珞珞如石／179
第四十章 萬物生於有，有生於無／183
第四十一章 不笑不足以為道／186
第四十二章 物或損之而益，或益之而損／191
第四十三章 不言之教，無為之益／195
第四十四章 知足不辱，知止不殆／198
第四十五章 大成若缺，其用不弊／202

第四十六章 知足之足，常足／206
第四十七章 不出戶，知天下／210
第四十八章 取天下常以無事／213
第四十九章 聖人常無心／216
第五十章 出生入死／220
第五十一章 長而不宰，是謂玄德／225
第五十二章 見小曰明，守柔曰強／228
第五十三章 行於大道，唯施是畏／232
第五十四章 建者不拔，善抱者不脫／236
第五十五章 含德之厚，比於赤子／239
第五十六章 知者不言，言者不知／243
第五十七章 以無事取天下／247
第五十八章 正復為奇，善復為妖／251
第五十九章 治人、事天，莫若嗇／256
第六十章 德交歸焉／260
第六十一章 大者宜為下／263
第六十二章 道者，萬物之奧／268
第六十三章 終不為大，能成其大／272

第六十四章 慎終如始，則無敗事／277
第六十五章 民之難治，以其智多／282
第六十六章 為百谷王，其善下之／285
第六十七章 我有三寶，持而保之／289
第六十八章 善用人者，為之下／294
第六十九章 禍莫大於輕敵／299
第七十章 聖人被褐而懷玉／303
第七十一章 知不知，尚矣／306
第七十二章 民不畏威，則大威至／310
第七十三章 勇於敢，則殺，勇於不敢，則活／314
第七十四章 為奇者，吾得執而殺之／318
第七十五章 無以生為者，是賢於貴生／321
第七十六章 強者死之徒，柔弱者生之徒／324
第七十七章 為而不恃，功成而不居／327
第七十八章 正言若反／331
第七十九章 有德司契，無德司徹／335
第八十章 小邦寡民／338
第八十一章 為而不爭／341

上篇
道經

第一章 道可道，非常道

【原文】

道可道①，非常道。名可名②，非常名。無名③，天地之始；有名④，萬物之母⑤。故常無，欲以觀其妙⑥；常有，欲以觀其徼⑦。此兩者同出而異名，同謂⑧之玄⑨。玄之又玄，眾妙之門⑨。

【注釋】

①第一個「道」是名詞，指的是宇宙的本原和實質，引申為規律等。第二個「道」是動詞。指解說、表述的意思，猶言「說得出」。

②第一個「名」是名詞，指「道」的形態。第二個「名」是動詞，說明、表述的意思。

③無名：指無形。

④有名：指有形。

⑤母：母體，根源。

⑥妙：微妙的意思。

⑦徼：音：ㄐㄧㄠˋ，邊界，終結，結果的意思。

⑧謂：稱謂。此為「指稱」。

⑨玄：深黑色，玄妙深遠的含義。

⑩門：一切奧妙變化的總門徑，此用來比喻宇宙萬物的唯一原「道」的門徑。

【譯文】

「道」，是不可以用言語來說明的，否則，它就不是恆久的「道」。「名」，是不可以用文字來表述的，否則就一定不是恆久的「名」。「無」，正是天地開始的狀態（也可以理解為「天地開始之前什麼都沒有」）。天地產生以後就是「有」，並由天地產生萬物並滋養萬物。所以，從很多事情的若有若無，可以體會世界的奧妙；從一個個看得見摸得著的實物中，可以觀察「道」是的確存在的。「無」與「有」這兩者出自同一根源而只是表現形式不同罷了，所以一般人都認為很玄妙。那些特別玄奧（常人無法理解）的東西，才是洞察宇宙間一切神秘的大門。

【解讀】

在老子的哲學體系中，「道」不僅是其哲學的總稱，也是其研究對象的代名詞。這個「道」是什麼呢？

「道」字，表示人用腳在大路上行走。道路在古代不像現在這麼四通八達，那時是很受珍視的，有祭祀「道路神」的儀式。「道」從開始的有形道路，逐漸演變為無形的道理、方法等意思。這樣，「道」的含義就越來越豐富，有道路、途徑、方法、思路、準則、規律、述說等意義。

老子研究的「道」是特指事物的規律性，而規律是不可見的，同時又是存在於事物形態中的。比如四季變化，日出日落，這都是規律。現在我們知道是怎麼回事了，但在古代，人們不知道為什麼有四季，而且是春夏秋冬很準時地循環往復，為什麼太陽從東面出來而不是從西邊出來，他們只知道這一切都被一種莫名的力量控制著，而且這種力量是人所無法控制的，所以老子稱這一類的事物為「道」。

在老子看來，「道」是虛無，無法說清楚、講明白的。老子說，要是能說清楚、講明白的話，那顯然就不是正常、恆久不變的道了。我們平時說的「很多事情可意會不可言傳」就是其一。

「名」是什麼呢？幾千年來一直沒有搞清楚。這裡試著理解一下。既然我們能說出來的「道」並不是真正的「道」，充其量也只能稱其為「名」。即使「名」也不能用文字來描述出來，否則也不是真正的「名」了。從這裡可以看出，「名」也是自然運行的「法則」。不過「道」是更深層次的根源。

比如，我們知道，愛情是存在的，有時候能把人折磨得死去活來，但什麼是愛情？我們能感覺得到，能說出來感受，但很難用文字確切地表述出來，用文字給愛情下個定義，很難，一百個人會有一百個結果。

這就是名。但愛情不是「常名」，也就是說它不是真正的因素，真正的因素說不清楚，或者是荷爾蒙，或者是「戀愛興奮劑」在起作用。（美國精神研究專家里伯慈和科萊恩認為，「戀愛興奮劑」包括多巴胺、異丙腎上腺素、內啡肽等，其中以苯乙胺最突出，它是神經系統中的興奮物質。當相互吸引的男女相遇時，人腦下部的神經便突然受到激發，產生電化學活動，於是，神奇的「愛情物質」隨血液循環流遍全身，形成一種激素，馬上引起諸如心跳加快、手心出汗、顏面發紅等表現，一種眩暈感突然出現。）

如果再深挖，那就是「道」了，涉及自然界運行規律的問題了，更為複雜，更不容易弄清楚。「名」是從具體的方面來講，「道」是從大的方面來講，但都是自然運行的「規律」和「法則」。

這是我們的一種理解，至於是不是老子的本意，只有他自己知道。

老子接下來自己開始下定義：「無名，天地之始，有名，萬物之母。」先看這個「始」字，《說文解字》中說：「女之初也。從女，台聲。」「始」就是童女、少女。「無」就像是少女，到了「有」這個階段，是「萬物之母」。這個「母」字形在女字的基礎之上加兩點，這兩點就是女人的兩個乳房，表示成熟的女人。

所謂「無名，天地之始」，也就是世界剛開始形成時的狀態。所謂「有名，萬物之母」，則指天地已經基本形成，而且萬物開始孕育，老子定義其為有。那麼原來那個作為天地本源的「道」，經歷了作為天地之始的「無」之後，呈現為「萬物之母」的「有」。就如同一個受精卵，首先發展為胚胎之形，繼而初具人形，五官、四肢的輪廓開始分明。

不同的事物有不同的形態，因此物與物往往是以形態來區別的，而不同形態的事物又往往體現不同的規律性，所以，從很多事情的若有若無，可以體會世界的奧妙。比如情感，有嗎？有。但看不見摸不著，但情感這個東西的確是很奇妙的。而從一個個看得見摸得著的實物中，可以觀察「道」是的確存在的，比如一顆種子4從發芽到成熟的過程，多麼奇妙啊，這一定受某種規律（道）的制約。

由此，我們看出，老子十分清楚地抓住了一個最普遍，最具根本性的問題：世間一切事物的生存、發展和消亡，無不是在時間、空間及環境等外界要素的作用下，按照自已的方式來完成其發展過程的。所以，老子其實是在告誡我們，無論發生了什麼，無論做任何事情，都要合乎自然，順應人情，這樣才不會碰壁，才能一順百順。聽任自然，順應原本，是老子堅持的思想之一。

順其原本，具體到處世態度上，又可以總結出經驗條文，這裡不妨列出若干：

順其原本，安邦不可專制，當官不可強權；

順其原本，爭利不可豪奪，為名不可巧取；

順其原本，求偶不可硬擰，交友不可勉強；

順其原本，美化不可矯揉，文章不可造作。

這裡，大自安邦，小至作文，方方面面，林林總總，皆是一個理：順之者昌，適者生存。有時只要順其自然，便可一順百順，一通皆通。

比如，很多年輕人是「憤青」，這是好事，說明你心裡還有正義在。做「憤青」好不好呢？好，有「憤青」才有社會的進步，蔣介石、魯迅、孫中山等人不就是那個時代的「憤青」嗎？但今天要不要做憤青？做「憤青」就可能與「主流」不和諧，就可能遭人排擠，就可能被認為是另類。所以，看到自己不「順眼」的事，首先要承認它的存在有一定的理由，不管這種理由是合理的還是不合理的，適應它，然後才是改變它。

看到電視上的歌手、演員，總會有人說，他演得那麼爛，唱得那麼難聽，還有那麼多人喜歡，換成我，一定怎樣怎樣……知道嗎？就是因為這種思維模式限制了你的成功之路。你有沒有反問自己，為什麼他能站在那裡演戲或唱歌，而你沒有？

這就是老子所說的「玄之又玄，眾妙之門」。這就是差距，因為從古至今，一個人的成功不單單在他的專業上，成功其實涵蓋了很多方面，人際關係、言談舉止、性格、忍耐、堅持、思想成熟度等，再有，才是機遇……你只要在人際關係、言談舉止、性格、忍耐、堅持、思想成熟度比別人強「一點點」，即使你的專業上有點小缺陷，也能達到常人不能達到的成就。

而這「一點點」，就是老子說的「玄」，就是那層「窗戶紙」。

很多事情都是有其內在原因的，是用常理無法解釋的。我們俗語中的「好男無好妻」，「鮮花往往插在牛糞上」也是這樣。我們常人看某一對夫妻怎麼看都不般配，而他們實際上卻很幸福，而我們認為很般配的一對，結局往往是「勞燕分飛」。

股票市場也一樣，關於未來市場的漲跌，「看多」的一方有數個理由，「看空」的一方往往也是理由充分。「看多」的「大師」說對的機率大概是50%，「看空」的「大師」說對的機率也差不多。那麼，股市到底有什麼樣的運行規律？誰都說不清楚。巴菲特也說不清楚，所以他的辦法是長期持有，只要拿的時間足夠長，總能遇到一兩次牛市，就能盈利。

存在就是合理的，但為什麼存在，一般人往往說不清楚，這說不清楚的道理其實就是老子眼中的「道」。

順其原本，超然人生，並非自恃清高，不食人間煙火。飲食男女，七情六欲，是人的自然屬性，生物本能。要真正達到佛家的「四大皆空」，「六根清淨」，那是要付出畢生代價，按照清規戒律苦苦修行，還未必能成正果。事實上，自古佛門也並非一片清靜之地，各種抵不住的誘惑時時襲擾著禁欲的生活，所謂「苦行僧」的「苦」字豈是佛門以外的凡夫俗子寫得出的？既然不可能成為一個絕對的禁欲主義者，那就順其自然，即順人的自然天性，滿足其基本需要。欲望不可強禁，強禁的結果只會使人性扭曲、變態、變形。這裡所謂「順其原本」，就是順乎人性、人道。

這正如我們找對象，找有錢的嗎？找個子高的嗎？找苗條的嗎？找有學問的嗎？

有人說，找妻子要找溫柔型的，唯夫首是瞻，可是，這樣的女人縱然溫順，但往往不會掙錢，不會公關，不會做事業；有人說，找妻子就要找個有本事的，吃得開的，玩得轉的，自強不息，可是這樣的人重業不重家，苦惱的正是沒有一個任勞任怨地站在成功女人後面的男人，你能甘心做個家庭主夫？

永遠會有條件更好的人出現，但他（她）不見得就適合你，所以要全面衡量，挑一個最適合的你人，而不一定是最優秀的那個人。

又比如，兩個很恩愛的男女，卻因為雙方父母的關係，不能成為夫妻；比如，一方很愛著對方，對方卻愛著別人；比如，在咖啡廳偶然碰到一個心儀的人，卻匆匆地沒有留下一個電話。

這些，都是錯過得美麗風景，這也就是命運，這就是自然之「道」。

也許有人會很傷心，其實，大可不必。在老子的眼裡，命運其實就是自然，是人的境遇而已。錯過花，或許能收穫雨；放下錯過得傷痛，或許收穫的是更多的快樂。

人生是需要隨時面臨選擇與放棄的，不放下過去的傷痛，就永遠無法嘗試新的快樂；不埋葬舊的記憶，就無法面對新的開始。你有所選擇，同時，你就有所失去。大自然的法則就是如此。

所以，我們說，許多的事情，總是在經歷過以後才會懂得。一如感情，痛過了，才會懂得如何保護自己；傻過了，才會懂得適時的堅持與放棄，在得到與失去中我們慢慢地認識自己。其實，生活並不需要這些無謂的執著，沒有什麼不能割捨。學會放棄，自然而然，生活會更容易。

每一份感情都很美，每一程相伴也都令人迷醉。是不能擁有的遺憾讓我們更感眷戀；是夜半無眠的思念讓我們更覺留戀。感情是一份沒有答案的問卷，苦苦的追尋並不能讓生活更圓滿。也許一點遺憾，一絲傷感，會讓這份答卷更雋永，也更久遠。

人們不要去強求不屬於自己的東西，要學會順其自然。違背規律去辦事或者生活，就會步步艱難。而學會順應規律，就會得心應手，一路坦途。

第二章 生而弗有，為而弗恃

【原文】

天下皆知美之為美，斯惡已①；皆知善之為善，斯②不善矣。故有無相③生，難易相成，長短相形④，高下相傾⑤，音聲⑥相和，前後相隨，恆也。是以聖人處無為之事，行不言之教，萬物作⑦而弗始，生而弗有，為而弗恃，功成而弗居⑧。夫唯弗⑨居，是以不去。

【注釋】

①惡已：惡、醜。已，通「矣」。
②斯：這。
③相：互相。
④形：比較、對照中顯現出來。
⑤傾：映襯。
⑥音聲：漢代鄭玄為《禮記．樂記》作注時說，合奏出的樂音叫做「音」，單一發出的音響叫做「聲」。
⑦作：興起、發生、創造。
⑧居，擔當、擔任。

⑨弗：不。

【譯文】

世人都知道美之所以為美，也就知道了何謂醜惡。都知道善之所以為善，也就知道何謂不善。所以，有與無相並而生，難與易互相成就，長與短互相對比，高與低互相映襯，音節與旋律彼此應和，前與後連接相隨。這是永恆普遍之理。因此聖者用無為的觀點對待事物，用無言的方式進行教育，讓萬物自然發生而並不創始，任其自由生長而不按自己的喜好培育，任其自為而絕不把持，任其功成而並不自居，正是由於從不居功佔有，所以才永遠沒有丟失。

【解讀】

老子在這裡主要闡述自然與人事的相對論，告訴人們一切事物都有對立面，一切事物都在相反的關係中產生，它們相生相成，彼此互補。比如說世界上有男人、女人，我們想像一下，地球上如果只有男人或者只有女人，這個世界還會如此斑斕嗎？

相反的關係是經常變動著的，因而一切事物及其價值判斷也在不斷地變動。以「有無相生，難易相成，長短相形，高下相傾，音聲相和，前後相隨」的辯證法，說明世間一切現象，都在對立中相調和。

比如，一個女孩長得平凡，她就更聰明些；一個女孩有某一個方面的缺陷，那在另一個方面就有常人所沒有的特長。這就是長短相形，高下相傾。不可能所有的好事都讓一個人佔盡了。

又比如，人生的處境也是如此。有時候我們處在順境中，一順百順；有時候我們處在逆境中，看不到未來的方向；甚至一會心情很好，一會又莫名其妙地煩躁起來。怎麼看待這個問題？怎麼樣讓自己的處境和心情有一個連續性？

根據老子的辯證法，要避免自己的處境和心情的大起大落，就必須在順與逆這對矛盾關係的處理上實現「順不足喜，逆不足憂」。

人生的路有起有落，看待人生的起落順逆應該有辯證的觀點。

你說你過得不好，你的心情糟透了，但還有人比你過得還差，心情更糟。有人說，這不是阿Q精神嗎？人生為什麼不能有一點阿Q精神呢？

也許一個人可以做到虛懷若谷，大智若愚，但是事事吃虧，總覺得自己在遭受損失，漸漸地就會心理不平衡，於是就會計較自己的得失，再也不肯忍氣吞聲地吃虧，一定要分辨個明明白白，戰友之間，同事之間是非不斷，自己也惹得一身閒氣，而所想要的也照樣沒有得到，這樣，在他的心裡，會認為自己一直都很不順。

在老子開來，一個人應該更看重的是自身的修養，而非一時一事的得與失。

春秋戰國時期的子文，擔任楚國的令尹。這個人三次做官，任令尹之職，卻從不喜形於色，三次被免職，也怒不形於色。這是因為他心裡平靜。子文心胸寬廣，明白爭一時得失毫無用處。該失的，爭也不一定能夠得到，越得不到，心理越不平衡，對自己毫無益處，不如不去計較這一點點損失。

老子認為「道」把天地萬物創生出來的時候，沒有主觀的偏好，美的、惡的，善的、不善的均是一視同仁，而作出美醜善惡判斷的是人本身，而並非「道」。如果「道」有善惡美醜之分，那麼惡的，醜的就不會出現在世界上。從這種永恆的事實出發，老子主張聖人「處無為之事，行不言之教」，不要搞一些空洞無物的儀式和勞民傷財而毫無意義的事情，不要指望也沒有必要對老百姓的教化能做到「五個手指頭」一樣長。

老子這篇文章的最後還告誡我們，有了一點成績，就居功自傲，不把別人放在眼裡，做了一些事恐怕別人不知道，這樣就會招來很多是非，說不定已經有人盯上你了。所以，像老子說的那樣，「功成而弗居」，還要把自己的功勞分一點給別人，那你就能成為一個受歡迎的人。

第三章　不尚賢，不貴難得之貨

【原文】

不尚賢①，使民不爭；不貴②難得之貨，使民不為盜③；不見④可欲，使民心不亂。是以聖人之治，虛其心⑤，實其腹；弱其志，強其骨。常使民無知無欲，使夫知不敢⑥弗為而已，為無為，則無不治⑦。

【注釋】

①賢：有才能的人。

②貴：重視，珍貴。貨：財物。

③盜：竊取財物。

④見：通「現」，出現，顯露。此是顯示，炫耀、激發的意思。

⑤虛其心：虛，空虛。心：古人以為心主思維，此指思想，頭腦。虛其心，使他們心裡空虛，無思無欲。

⑥敢：進取。

⑦治：治理，此意是治理得天下太平。

【譯文】

不推崇聖賢和地位的重要，老百姓就不去競爭這個聖賢的地位。不強調難得的寶貨的稀缺，老百姓便不會為得到而去偷盜。不隨便去激發人們的欲望，使老百姓的平常心不被攪亂。所以聖者的統治之道是：排空人們的欲望之心，填飽人們的肚子；減弱他們的野心，強健百姓的體魄。常常使老百姓無心機無欲望，即使聰明人也不敢有妄為的行動，有為者都不敢作為，則天下就沒有治理不好的。

【解讀】

老子生活的時代，社會非常崇拜聖賢，就是找不到工作也不愁吃不愁穿的，一些有權勢的大貴族們，家家都養著一大批門客，或叫食客。各個諸侯國也都招賢納士供養著他們，就是一些小貴族們雖然養不起他們，但是也不敢招惹他們，他們會一哄而入大吃二喝。當然底層的勞動人民更不敢招惹他們了，而且特別恭敬他們。

所以，青年人都拚命讀書，或利用各種手段，爭著加入聖賢的行列。

漢語中的「賢」字，是形聲會意字。從貝，與財富有關。本義：多財。後引申為憑德行和能力得到和分配財物。西周中後期，王田變私田，社會混亂，什麼仁義道德，人倫規範都慘遭破壞。每個諸侯國或地區首領出於爭權奪勢，稱王稱霸的需要，都千方百計地網羅人才。當時所謂「時之賢者」是指有才能，有學識、有智謀的人，都能受到重用，並不講究什麼德才俱備。所謂賢者，已經退化為有才便是賢的境地。

老子說「不尚賢，使民不爭」。上層的人如果都不推崇「賢人」和「地位」的重要，老百姓就不會削尖了腦袋往裡鑽了。

社會中的很多事情都是這樣。比如，當人們以地位和金錢作為人生風光的標準的時候，人們都去追求地位和財富；當人們以車子和房子作為人生風光的標準的時候，人們都去買車買房；當結婚的新娘以有個浪漫的婚禮和一顆閃閃發光的鑽石為人生風光的標準的時候，人們都去大操大辦，花鉅資買鑽石。

這時候，人們往往是浮躁的，也是最不安分的，也最不好管理。

怎麼辦呢？老子說，要想治理好國家，安撫好百姓，必須「虛其心，實其腹；弱其志，強其骨」。

虛其心，實其腹，其實是說要消除人們的貪心。吃飽了就可以了，太高的欲望就不要再膨脹了，一個欲望背後是另一個欲望。保持一顆平常心，你才能生活的愉快。這山望著那山高，永不滿足，這樣豈不是很累。

而那些幸福感十足的人，每個時期都覺得自己很幸福，沒錢的時候窮樂，有錢的時候過著自己想要的生活，做點自己過去希望做得事情，去自己以前想去的地方看看，一輩子都很開心。但如果貪欲不止，就往往只見利益而不見其害，結果是利益也沒有得到，禍害反而先來了。

大多數時候，人之所以上當，不是因為騙子聰明過人，而是因為自己有所貪，有所圖，於是僥倖心理就產生了。真正的富人，都有自己的財富來源，不必對這些飛來橫財想入非非。真正的富人，大多也是久經沙場，通達世事，早就練出了火眼金睛，不然他的財富何以能夠聚集，又何以能夠留存？

美國石油大王洛克菲勒不到五十歲就成為億萬富翁，不過，他自認只是財富的保管人，他死時，只剩下一張標準石油公司的股票，其餘全捐了。他喜愛滑冰、騎自行車與打高爾夫球。到了九十歲，依舊身心健康，耳聰目明，日子過得很愉快。

放下貪婪，會讓自己活得輕鬆、坦然。

「弱其志，強其骨」，這一句很明白，就是要強健人們的體魄，弱化人們的野心。

「弱其志」，這是一種傳統的文化社會控制手段。比如賭博，六合彩。莊家們的算盤是精打細算的，任何進入其圈中的人永遠是輸家。而莊家永遠是贏家。他們為了不暴露騙局，必須吐出一些資金返還彩民。這些吐出的資金就形成了一種極大的誘惑力，人們便開始在這個封閉的圈環中洋洋自得地轉來轉去，無限地循環著，雖然個別有所得，有所暴發，但早已經利令智昏，暈暈然不知東南西北。這就是「弱其智」的手段。

我們看那些聰明的管理者，要樹立自己的權威，首先拿那些「不服」的人下手，把這些人制服了，其他人也就好管理了，這也是「弱其智」的手段。

還有那些聰明的生意人，從不告訴自己員工行業的秘密，只讓他們按自己的指示去做，從不告訴員工為什麼要這麼做，還振振有詞，叫做「絕對執行」。其實，道理很簡單，生意的秘訣都告訴員工了，他們還會那麼聽自己的嗎？說不好一離開就還會成為競爭對手。

人們沒有貪欲，也沒有了野心，那些「膽大妄為」的人也老實了，這樣豈有不好管理的道理。

第四章　道沖，而用之或不盈

【原文】

道沖①，而用之或不盈②。淵③兮④，似萬物之宗。挫⑤其銳，解⑥其紛，和⑦其光，同其塵⑧。湛⑨兮，似或存。吾不知誰之子，象帝之先。

【注釋】

①沖：器物虛空，比喻空虛。

②盈：滿，引申為盡。

③淵：深遠。表示停頓。

④兮：語助詞，與現代漢語的「啊」、「呀」相同。

⑤挫：消磨。

⑥解：消解。

⑦和：調和隱蔽。

⑧塵：塵俗。

⑨湛：沉沒，引申為隱約。這裡用來形容「道」隱沒於冥暗之中，不見形跡。

⑩象：指物象，引伸為萬物的法象。「帝」通「締」，締結之意。

【譯文】

「道」看起來空虛無形，但其作用卻永不窮盡。「道」深遠呵，好似萬物之根源。打磨了事物的鋒銳，消除事物的紛擾，調和事物的光芒，混同自己與塵埃。神奇呵，似不存在而又存在。我不知道它從什麼時候開始的，在存在萬物的法象締結之前就有它了。

【解讀】

沖：古字為盅，器皿空虛的意思。盈：窮盡的意思。參看四十五章「大盈若沖，其用不窮」，意相同。

在本章裡，老子仍然在論述「道」的內涵。他認為，「道」是虛體的，無形無象，人們視而不見，觸而不著，只能依賴於意識去感知它。雖然「道」是虛體的，但其作用卻永無窮盡，它支配著一切事物，是宇宙天地存在和發展變化必須依賴的力量。

承接第一章內容「無形」，老子稱頌「道」雖然虛不見形，但不是空無所有，從「橫」的角度談，「道」是無限博大，用之不盡；再從「縱」的角度談，「道」又是無限深遠，無以追溯其來歷，它好像是自然萬物的祖宗。

在這裡，老子自問：「道」是從哪裡來的呢？他沒有作出正面回答，而是說它存在於萬物的法象締結之前。從哪裡來，老子也說不清楚，反正是很早了。

就像我們科學上說的黑洞，我們知道它的存在，但這種巨大的力量怎麼來的，科學家也沒有弄清楚。

怎麼理解「挫其銳，解其紛，和其光，同其塵」這十二個字呢？也就是說挫掉鋒芒，消除糾紛，含斂光芒，混目塵世。簡單地，說就是不要覺得自己很了不起，與天地比起來，我們都只不過是一粒沙，一束光而已。是沙子就該待在沙灘上，一天到晚把自己當寶石，自己不舒服，其他沙子也覺得彆扭。

人性叢林，芸芸眾生。你可能以為自己很是成功，頗為了不起。但走出去一看，才發現外面的世界更大，外面的天空更加高遠，周圍的人群中更有奇人高手。面對這些高人與強手，於是有些人不知如何應對。怎麼辦呢？

其實，古人早已為我們指出了方向：「吾在於天地之間，猶小石小木之在大山也。」所以，不要把自己看得十分了不起，對人要謙虛。

個人事業有成、春風得意，難免鋒芒畢露。若不知收斂，一味賣弄取奇，耍小聰明，甚至逞強鬥勇，定會傷及上下左右，招致詆毀誹謗，最終落個聰明反被聰明誤的下場。如果糊塗一點，大智若愚，藏巧於拙，如孫臏裝瘋賣傻，不僅保全了身家性命，而且也為最後取得勝利奠定了基礎。

要知道，在當今這個社會，人際關係佔著舉足輕重的地位，狂人是很容易得罪人的，而一旦不幸遭到小人的打擊，那結果將是你想像不到的慘！

但是，你不露鋒芒，可能永遠得不到重任；你鋒芒太露卻又易招人陷害。雖容易取得暫時成功，卻為自己掘好了墳墓。當你施展自己的才華時，也就埋下了危機的種子。所以才華顯露要適可而止。

所謂「花要半開，酒要半醉」，凡是鮮花盛開嬌豔的時候，不是立即被人採摘而去，就是衰敗的開始。人生也是這樣。所以，無論你有怎樣出眾的才智，但一定要謹記：不要把自己看得太了不起，不要把自己看得太重要，不要把自己看成是救國濟民的聖人君子，還是收斂起你的鋒芒，低調做人為好，可以讓你少受很多無端的傷害。

第五章　天地不仁

【原文】

天地不仁，以萬物為芻狗①；聖人不仁，以百姓為芻狗。天地之間，其猶②橐籥③乎？虛而不屈④，動而愈出。多言數窮⑤，不如守中⑥。

【注釋】

①芻狗：用草紮成的狗。古代用於祭祀，祭祀完畢就把它扔掉或燒掉。
②猶：如同，好像。
③橐籥：音ㄊㄨㄛˊ ㄩㄝˋ，古代冶煉時為爐火鼓風用的一種助燃器具，是古代的風箱。
④屈：竭盡，窮盡。愈：更加。
⑤數：通「速」，加快的意思。窮：困窘，無路可走的意思。
⑥中：通「沖」，指內心的虛靜。守中：守住虛靜無為。

【譯文】

天地並不施仁恩，只是讓萬物如芻狗那樣走完自己由榮華到廢棄的過程而已。聖人並不施仁恩，只是讓百姓如芻狗那樣走完自己由生到死的過程而已。天地之間，難道不正像那種風箱嗎？看起來是空的，卻能從中起風，而且越運動越出風。統治者的知識越多，政令就會越煩瑣，反而更讓人迷惑，更行不通，不如保持清淨無為。

【解讀】

我們的先民吃狗肉是很平常的事，直到現在，很多人還喜歡吃狗肉，並不為怪，那是先民習俗的遺風。古人所謂家有六畜以備饌食，狗便是六畜中之一。因此，上古的祭祀，用狗肉作祭品，是很普遍的事。大約到了商、周以後，在祭祀中，才漸漸免除了狗肉這項祭品。但在某些祀典中，仍然須用草紮一個象形的狗，替代殺一隻真的活狗。

「芻狗」就是紮草為狗形，疾疫時用於求福禳災。祈禱之後，侍祭者可享用祭品，而芻狗即被棄置，人踏車轢，隨後就將它當作柴草，一燒了事。祭祀時，人們用匣子把芻狗裝著，給芻狗披上華麗的繡巾，莊重地把它供在神前，並不是愛它；祭祀畢，任人踐踏，棄之不顧，還把它燒掉，也不是恨它。人們對它無所謂親不親、仁不仁，天地對萬物亦然。

崩山裂石、椎心泣血的汶川大地震之後，《老子》的一句話不脛而走，這句話就是「天地不仁，以萬物為芻狗」。人們的理解大概是：「老天爺，你真不仁，竟然如此糟踐百姓！」這種理解符合《老子》的原意嗎？

這得提一提老子生活的時代背景。春秋群雄並起，互相爭奪，禮崩樂壞，「道術已為天下裂」，社會的混亂和道德的淪亡，令老子既苦悶又無可奈何。但是，人類自有可爭奪的財富開始，在炎帝和黃帝以前就經歷了無數的互相爭奪和殘殺。到炎帝黃帝後，逐漸形成大的原始部落，發生了佔領黃河流域的兩次大戰爭：第一次是黃帝與炎帝聯合打敗蚩尤；第二次是黃帝與炎帝之間的戰爭，結果炎帝被黃帝打敗，炎帝向黃帝降服。

但是，這些歷史事實恰恰告訴我們這樣一些真理：天地是無所謂仁慈的，它沒有仁愛，對待萬事萬物就像對待芻狗一樣，任憑萬物自生自滅，蚩尤、炎帝、黃帝，誰也沒有得到天地的特別寵愛，誰強大、誰得人心、誰有本事，誰就能生存得更久。

天地生了萬物，它沒有居功；天地給萬物生命，它沒有自認為榮耀；天地做了好事，使萬物生生不息，凡是能做得，做了就做了，沒有條件。天地看萬物和那個丟掉的草狗一樣，並沒有對人特別好，對其他的萬物特別差，更沒有想從萬物那裡取回什麼報酬。

而人之所以對萬物差，甚至人幫助人，往往都附帶了條件，希望有所回報，是因為人的自私觀念使然。所以，老子建議人要效法天地的「無所謂仁，也無所謂不仁」的精神，養成這樣的胸襟。這是老子的「天地不仁，以萬物為芻狗」的真正意思。

聖人也是沒有仁愛的，也同樣像芻狗那樣對待百姓，任憑人們自作自息。無論是天地，還是聖人，如果施太多的仁愛，其實不是愛人，有可能害人。我們看很多有錢人家，溺愛孩子的父母，孩子長大後多半沒出息，就是這個道理。

橐，也稱橐籥。橐，以牛皮製成的風袋；籥，原指吹口管樂器，這裡借喻橐的輸風管。天地之間，豈不像個風箱一樣嗎？它空虛而不枯竭，越鼓動風就越多，生生不息。政令繁多反而更加使人困惑，更行不通，不如保持虛靜。

老子是一位勇敢的批判者，他具備了同時代和以後諸多哲學家、學者所不具備的睿智和膽識。正是他第一個講出了「天不講仁慈」這樣的真理，並用哲學的推理，把自然界的原理轉向人世。在老子的眼中，天不帶有任何人類道義和道德方面的感情，它有自己客觀運行的方式。天雖然不講仁慈，但也無所偏向，不特意對萬物施暴。而它滋生萬物，給世界蓬勃的生機，人類得以繁衍生息，社會文明得以昌明。因此，「聖人」也不對百姓講仁慈，他應仿效自然運行的樣子，治理社會。如果治理者發表的議論多了，人為的干預多了，各種矛盾也就會激化，更何況個人的意見往往帶有片面性或謬誤。

老子希望人們真能效法天地自然而然的法則而存心用世，才說出「天地不仁，以萬物為芻狗。聖人不仁，以百姓為芻狗」的名言，藉以警世。但老子說歸說，無奈周、秦以後的英雄帝王們，便真的以百姓為「芻狗」，達成一己的私欲。一旦身居王位之後，天下臣庶皆稱譽之為「聖明天子」，或直接譽為「當今聖人」，不知「聖」從何來？「明」從何起？

正因如此，所以後世朝代更迭頻繁，你方唱罷我登場，甚至有了「分久必合，合久必分」的規律，但這一切都不是老子希望看到的。

第六章　玄牝之門，是謂天地根

【原文】

谷神①不死，是謂玄牝②。玄牝之門③，是謂天地根。綿綿若存④，用之不堇⑤。

【注釋】

①谷神：生養之神，生命之神。

②玄，原義是深黑色。有深遠、神秘、微妙難測的意思。牝：本義是指雌性的獸類動物，文章中比喻具有生化天地萬物能力的「道」。玄牝：指玄妙的母性。文章中指孕養和生育天地萬物的偉大母性。

③門：指產門或通道。文章中用雌性動物生殖器的產門的具體作用用來比喻「道」是生天地養萬物的本源。

④若存：實際存在，卻無法看到的意思。

⑤堇：通「勤」，作「盡」講。

【譯文】

生養天地萬物的道（穀神）是永恆長存的，這叫做玄妙的母性。玄妙母體的生育之產門，這就是天地的根本。連綿不絕啊！它就是這樣不斷的永存，作用是無窮無盡的。

【解讀】

這一章出現了兩個名詞，一個是「谷神」，一個是「玄牝」。

「谷神」是一個詞，也不是一個詞。穀，是食物，可以養人，這裡是「養」的意思。「神」，也就是五臟之藏。五臟藏五神，肝藏魂，肺藏魄，心藏神，腎藏精，脾藏志。五臟都受到傷害，則相對應的「神」也沒有了，人就會出問題。養好自己的五神，人就會很健康。我們平常說的人不能傷精、傷神，否則人就沒精神，做什麼事情都感覺精力不足，也是這個道理。

在這一章裡，老子說的穀神應該就是他主張的「道」，「道」對於世界的作用與「神」對於世界萬物（包括人）的作用是一樣的。

「玄牝」一詞中，玄，原義是深黑色，在《老子》書中是經常出現的重要概念。有深遠、神秘、微妙難測的意思。牝是指雌性的生殖器官，「牝」本來寫作匕，象形字，像女性生殖器官的形狀。在古代，科學不發達，加之人們的思維帶有很大的局限性，對於女性能生兒育女，無法給予科學的解釋，他們看問題只停留在事物的表面上，對女性的生殖器官充滿了崇拜甚至畏懼，他們看到女子的肚子一天天隆起，十個月後一個小生命呱呱墜地，多麼神奇！他們不知道精子和卵子的結合才是孕育生命的開始，誇大了女性生殖器的作用，以為其中必然蘊涵著無數奧妙和玄機，所以才能從「無」生出「有」來。

老子在這裡用「玄牝」比喻世間萬物存在的源泉。

大道萬物就如同人類的孕育過程，它充滿了神奇又不為人所目睹，正因為我們無法親眼看到，才更突顯出它的神秘和深奧。大道的孕育和女性孕育不同點在於，大道生育萬物的功能是無限的，它會永遠存在下去。

老子把「道」稱作「天下母」，又比之為女陰（「玄牝之門」），某種意義上，老子是具有一定女性

（或者說母性）崇拜思想得。老子的思想貴柔守雌，他從「弱者道之用」出發，強調「天下之至柔，馳騁天下之至堅」，以「柔弱勝剛強」。他所崇尚的無為而無不為的「道」，就是以柔、弱、順、自然為主要特徵。在《老子》中，「負陰而抱陽」、「牝常以靜勝牡」、「知其雄，守其雌」等這樣貴柔崇陰的例子是很多的。

「綿綿若存，用之不堇。」這裡老子是說「道」是永遠存在的，並且用之不盡，直到今天它依然在起作用。科學家的很多研究和發現，不也正是老子所說的「道」嗎？

第七章 後其身而身先，外其身而身存

【原文】

天長地久①。天地所以能長且久者，以其不自生，故能長生。是以聖人，後其身②而身先，外其身③而身存。不以其無私邪④？故能成其私。

【注釋】

①長、久：均指時間長久。

②身：自身，自己。以下三個「身」字同。先：居先，佔據了前位。此是高居人上的意思。

③外其身：外，是方位名詞作動詞用，使動用法，這裡是置之度外的意思。

④邪（ㄧㄝˊ）：同「耶」，助詞，表示疑問的語氣。

【譯文】

天永恆而地無垠。天地之所以永恆無垠，因為它們並非為自己的存在而長久的運行著，因此才能得到永恆。同理，有「道」的人把自身利益擺在最後，反而領先得到利益；把自己的生命置於度外，反而得以保全自身性命。這不正是因為他的無私嗎？所以反而能成就他的自我。

【解讀】

老子認為，一個人沒有私心，反而能成就大私。這裡，老子用天道推演人道，他認為，天地之所以能長久存在，是因為它們並非為了自已的私利而存在。聖人也一樣，以公為先，所以生前身居高位，死後名垂千古，反而成就了大私。

北宋范仲淹的「先天下之憂而憂，後天下之樂而樂」，可謂得老子「後而先、外而存」的神髓，他本人的經歷也是由大公達至大私的典範。他推己及人、先人後己，深得部下擁戴，坐鎮北部邊陲十數年，令匈奴不敢越雷池一步；他一心公事，不念私利，以至朝中上下無不欽服，最後官居宰相。他這麼無私，最後功名利祿樣樣不缺，不是成就了大私嗎？

有人會說：誰沒有私心？難道大人物一心為公、一點私心雜念也沒有嗎？

應該注意到，老子提倡的先人後己、先公後私，絕非只顧他人不顧自己，更不是只辦公事不講私利。連自己該得的那一份也不要，不是一個傻瓜嗎？無論是耶穌、范仲淹，他們都沒有拒絕當得之利。畢竟每個人都要吃飯、要生活，而且要吃飽吃好，營養充足才有精力去辦公事。完全輕視私利怎麼能行呢？

無論私心或公心，每個人都會有，但有層次之分，就像讀書有年級之分、下棋有段位之分一樣。同樣是讀書，小學生怎麼能跟大學生相提並論呢？同樣的道理，人人有私心，境界卻大不一樣。有些人故意混淆概念，好像大家都自私，誰也不比誰高尚。但是，雖然大家都自私，也有公心，擺到一起比較一下，差得就太多了，有的是「國際名牌」，有的是「假冒偽劣」。

有的人在私利與公利明顯發生衝突時，優先滿足私利。這是人之常情。有的人就低一等，馬路上的井蓋要搬去賣錢，電線桿上的電纜要割去賣錢。井蓋並未妨礙他走路，電纜也沒有絆他的腳，為了一點點私利，竟不惜損害一大批人的利益，境界明顯差多了。還有的人，為了私利去殺人越貨、坑蒙拐騙，境界更低了一層。

按照老子「後而先」的邏輯反面推斷，私心越重的人，所失越大。事實也是如此，那些自私自利，「拔一毛以利天下而不為」的人，他們的人際關係必然很糟糕，朋友厭棄他，同事冷落他，甚至親人也背離他。不管他在利益方面的收穫大小，生活在一個冷冰冰的人際環境中，必然感到孤獨、壓抑，這已經是一大損失。至於那些為了私利違法亂紀的人，會受到法律的威脅，甚至因此喪失自由和生命，損失就更大了。

最近幾年，中國男子足球隊的表現不盡如人意，看電視的時候，球迷們真是又愛又恨。最大的一個因素就是前鋒進球少。他們在門前的機會很多，可是每當機會來臨的時候，他們那臨門一腳，不是把球打偏，就是把球打到橫樑上面去。事實上，就連不會踢球的人都看得出來，有許多球，他只要一蹭就能進門，他把球打到門外面去比打進門難度大多了，費勁多了。

有一位足球報的記者調侃說：「當你感覺到往門外實在不好打時就往門裡打！」

有時候，並非我們的隊員技術差，其實是心態在作怪。他們太想進球了，他們太想立功了，他們太想表現自己了。當他們站在球門前的時候，當機會來臨的時候，他們腦子裡踢球以外的訊息太多了。

你是否有過這樣的經歷：某一件事情，越是想做好越是很難做好，越想不出差錯越出錯。而許多感覺實在難以完成的任務，心裡不去想了，以聽之任之的心態去對待，往往卻又輕而易舉地做得非常漂亮。

一公則萬事通，一私則萬事閑。在生活中，我們不能完全拋棄私心，但應該把握一個原則：用正當手段實現私利，不取非分之得。

第八章 上善若水

【原文】

上善①若水。水善利萬物而不爭，居眾人之所惡②，故幾於道。居③善地，心善淵④，與善仁，言善信，政善治，事善能，動善時。夫唯不爭，故無尤⑤。

【注釋】

①上：上等，崇高。善：名詞，與人為善。

②惡：厭惡。幾：接近、差不多。

③居：居住。善地：以眾人之所厭惡的地方為善地。

④淵：深。這裡形容內心深沉，表面平靜。

⑤尤：擔憂、幽怨，怨恨。

【譯文】

最高的品德就如水的品德。水具有滋潤萬物的本性，而與萬物毫無利害衝突；水具有寬廣的胸懷，甘居於人們所厭惡的卑下、垢濁的地方，所以，水之善就接近於「道」了。居住時善於選對地方，心胸善於保持沉靜而深奧。交往善於運用真誠，說話善於講究信用，執政時善於治理，做事能夠善於發揮特長，行動時善於把握機會，最善的人正是擁有不爭鬥的美德，所以永遠不招怨恨。

【解讀】

周朝覆滅後，老子朝逃往楚國，回到了家鄉。這時比老子小二十歲的孔子曾拜訪過老子，向老子請教學問，典故「孔子問禮」就是這樣來的。孔子將老子比作「龍」，來形容老子的深不可測。二人見到山中流淌的溪水，孔子說：「逝者如斯夫」，老子卻說：「上善若水」。

老子為什麼說「上善若水」？水沒有一種固定的形狀，因而能因物賦形。無論多小的縫隙，水都能鑽過去；無論遇到多麼不規則的石頭，水都能繞過去；無論多麼混濁或清澈，水都照樣可以生存。

老子在自然界萬事萬物中最讚美水，認為水德是近於道的。為什麼說水德近於道呢？王夫之解釋說：「五行（金、木、水、火、土）之體，水為最微。善居道者，為其微，不為其著；處眾之後，而常德眾之先。」水滋潤萬物而無取於萬物，而且甘心停留在最低窪、最潮濕的地方。

居善地，也就是安居自己應處的地位。說通俗一點，就是「待在自己應該待的地方」。姜子牙的才能足以勝任宰相，在商紂王手下卻連一個小官也當不好，只好溜之大吉；而當時有些人才能平平、貪贓枉法，卻能在很高的位置上如魚得水。這是價值觀是否相容的問題。

心善淵，就是說，心要像深潭一樣清澈平靜，不受外界環境所擾。靜而後能定，定而後能安，安而後能慮，慮而後能得。人生在世，凡事要靜，靜靜地來，靜靜地去，靜靜努力，靜靜收穫，切忌浮躁。

有一天，一個工人不小心把自己的錶丟在倉庫裡。十幾個同事翻箱倒櫃地找手錶，結果一無所獲，出去吃飯了。此時，一個小孩偷偷進來，伏在地上，靜靜地聽。手錶自然找到了。

偌大的倉庫，要找一只手錶，是有點難度。但大家找，沒有找到，一個人卻找到了；大人找不到，一個小孩找到了，而且是很輕易地找到。

與善仁，就是說，與人交往，要心存友善。對強者要尊重，對弱者要理解和嘉許。

言善信，就是說話要講信用。這個道理不用多說。

政善治，就是要治理好國家。治的本義是水名。後來引申為治水。理所當然，農耕文明的時代治水是頭等大事。所以，大禹治水的事蹟從上古流傳至今。大禹治水改變了其父親堵塞的做法，而是以疏導為主。大禹並不是一味地攔河築壩或者加固堤防，而是溝通了當時九條河流，形成一個利用自然條件來分洪的水系。實際上也就包含了無為而治的思想。

事善能，就是做力所能及的、發揮特長的事。一個人不可能什麼都能幹，要幹就幹能發揮自己最大價值的事情。天下的事情太多，我們操心得過來嗎？再說心都讓我們操了，那讓人家專業人士幹什麼去呀。要多做理性的實事，少做無聊和衝動的事。

動善時，就是合理把握辦事時機。機遇有時候比努力更重要。

老子的這七個排比句，共二十一個字，可謂是字字珠璣。最後的結論是：為人處世的要旨，即為「不爭」。正因為不強求結果，才不會招致怨恨。

老子用水性比喻有高尚品德者的人格，一是柔，二是停留在卑下的地方，三是滋潤萬物而不與爭。最完善的人格也應該具有這種心態與行為，不但做有利於眾人的事情而不與爭，而且還願意去眾人不願去的卑下的地方，願意做別人不願做得事情。

那些深通權謀的人，他們之所以能夠成為俊傑，是因為像水一樣，能夠適應不同的環境，採用不同的生存方式，能曲則曲，能伸則伸，就像《鬼谷子》中所說的：「或陰或陽，或柔或剛，或開或閉，或弛或張。」

這樣說來，一時遇到了失利，在小事上要忍讓，盡量大度些。就像水一樣，遇到了小石頭，就先繞過去。這樣，可以避免那些不必要的麻煩或糾纏，甚至可以避免掉不必要的犧牲，才能在曲折中繼續前行。「留得青山在」，還怕沒柴燒？

像水一樣，遇到了小石頭，就先繞過去，並不是我們怕，而是要看到人生的兩種境界。

一是逆境，在逆境中，困難和壓力逼迫身心，這時應懂得一個「屈」字，委曲求全，保存實力，以等待轉機的降臨。

二是順境。在順境中，幸運和環境皆有利於我，這時當懂得一個「伸」字，乘風萬里，扶搖直上，以順勢應時更上一層樓。

許多時候，我們應該改變自己來適應環境。

A先生和B先生都是初出茅廬，涉世尚淺，剛剛走上工作崗位，便遇到了一連串不適：待遇差，受排擠……

A先生在一次次挫折和不公面前怨氣沖天，抑鬱成病，最終於事無補，無甚成就，一晃青春不再，悔之晚矣。

B先生則大度為懷，含蓄忍讓，見怪不怪，努力適應環境，加強自身，積累經驗，等待時機，逆境反而使他變得更堅強、更成熟，他揚長避短，屢出成就，積小勝為大勝，終於功成名就。

剛強對一個人來講很重要，是人身上最可貴的品質，但剛強也有限度，有了困難和挫折寧折不彎是對的，卻不可一味地剛強到底。剛強的人都是心勁足、血性大的，遇到困難耗盡心血，硬撐死撐，直到精血耗盡，無可再撐，一旦受挫很難再有重新站起的機會。

柔弱卻可得長久，柔者有包容力，海納百川，就是靠兼容並蓄的力量吞吐含納。但是如果一味柔弱，就會遭到欺凌。俗話說，一個人要是沒剛沒火，便不知其可。就是說一個人要是只會軟弱，不懂剛強，那麼什麼事情也做不成。

現實生活中，我們常常感到周圍環境不盡如人意：自然條件的惡劣，人與人之間的相互傾軋，工作壓力太大，報酬太低……面對這種種煩惱，不少人整天抱怨生活待自己太薄，牢騷滿腹，怨天尤人。其實，靜下心來想一想，就會明白，即使是皇帝，也沒有能力讓周圍的一切如他所願。對周圍的環境，我們可以想辦法來改變它，將現實中令人不滿意的成分降低到最低限度。但改變環境是很困難的，這時候，我們應該透過改變自己來適應環境。

山不過來，我就過去。路還是原來的路，境遇還是原來的境遇，而我們的選擇靈活了，路和境遇所給予我們的感受也就截然不同了。

第九章 富貴而驕，自遺其咎

【原文】

持①而盈之，不如其已。揣②而銳之，不可長保。金玉滿堂，莫之能守。富貴而驕，自遺③其咎。功遂④身退，天⑤之道。

【注釋】

①持：通「恃」，積累。盈：滿。已：止。

②揣：通「捶」，鍛造，錘打，治煉。保：守住。

③遺：留給，送給。咎：災禍。

④遂：成就。功遂：就是功成業就的意思。

⑤天：指「道」或自然的意思。

【譯文】

與其握持得很盈滿，不如適可而止。常顯露鋒芒，其銳氣必不會長久的保持。金玉滿屋，誰能萬世守住；富貴而驕，必然自招禍災。事情圓滿解決時選擇收斂，這才是符合自然規律的。

【解讀】

「持」的意思是用手拿著，手裡拿著東西，還想拿更多，一直拿到雙手盈滿，結果，很容易把東西掉在地上，砸壞了，或者潑撒一地，圖省事反而更費事。不如其已，「已」是止的意思，不如適可而止。

「揣」是錘鍊的意思。看著已經磨好的刀刃，仔細估量後，覺得還不夠鋒利，於是再磨，磨得更加鋒利。這鋒利的刀，開始時用起來很舒服，但是，用不了多久就鈍了，甚至捲口或崩刃，不能夠長久保持鋒利。

金玉滿堂很難守住。俗語所謂「富沒有扎住根的」，「窮沒有窮到老的」，過了荒年是熟年，走完下坡是上坡。很多人喜歡金玉擺飾，有一兩件欣賞倒也可以，但是，太多了，金玉滿堂，就太顯眼了，即使來的客人看了不眼紅，消息傳出去，很容易招來盜賊。

財富再多，也不可能子子孫孫萬世享用。一個人錢再多，他也只能跟其他人一樣消受一點，大部分都積攢在寶庫裡，永遠只是財富的象徵而已，並不都能給人帶來幸福。人生在世，活得瀟灑快樂才是最重要的。商人們為自己「錢途」奔波，不辭勞作不也是為了這個目的嗎？人一輩子，只需要那麼一部分錢，多出的其實並不能給自己帶來多少幸福。這麼多錢怎麼處置呢？藏在金庫裡，成色再好的金子也不會發光！金錢不用，它就是金屬！把這些錢用到它該用的地方去，發揮它的效用，才能實現其價值。

「富貴」的意思與「富」不同，指有錢又有地位。富貴了往往使人高興，欲望得到了滿足，覺得幸福，覺得自豪，但是，不能驕傲。驕傲會引起別人妒忌，受到對抗、打擊，甚至陷害，富貴而驕，自遺其咎。「遺」是遺留，「咎」是怪罪、災難。富貴而驕傲，給自己留下應當怪罪的地方。也就是自找麻煩。

「遂」是完成的意思。「功遂身退」的意思，不是在成功以後從職位上退下來，而是說事業成功以後，「身退」，不要居功，不要索取個人利益。

這是老子為人處事的原則，不出風頭，不爭功奪利，功成身退。這與儒家「不成功，便成仁」、「捨生取義」、「矯枉過正」等為人處事原則形成對比。

二〇〇六年世界盃開賽後，「足球皇帝」貝肯・鮑爾儼然成了「空中飛人」。為了方便他在十二個賽場之間奔波，贊助商阿酋航空公司為他提供了一架直升機。德國媒體將這架專機命名為「空中老子」。

貝肯・鮑爾欣賞老子，這在德國並不算新聞。早在青少年時期，喜歡讀書的他就涉獵了老子的著作，「千里之行，始於足下」成了當時他最喜愛的格言。他帶領德國隊奪得大力神盃後卻突然「隱退」，很多人表示不解。在接受《明鏡》週刊採訪時，他引用老子的一句話：「功遂身退，天之道也。」

第十章 生而不有，長而不宰

【原文】

載營魄抱一①，能無離乎？專氣②致柔，能如嬰兒乎③？滌除玄覽④，能無疵乎？愛民治國，能無為乎⑤？天門開闔⑥，能為雌⑦乎？明白四達，能無知⑧乎？生之、畜⑨之，生而不有，長而不宰。是謂玄德⑩。

【注釋】

①載營魄抱一：載，用作助語，相當於「夫」；營魄，即魂魄；抱一，即合一。一，指道，抱一意為魂魄合而為一，二者合一即合於道。又解釋為身體與精神合一。

②專氣：專，結聚之意。專氣即集氣。

③能如嬰兒乎：能像嬰兒一樣嗎？

④滌除玄覽：滌，掃除、清除。玄，奧妙深邃。覽，觀看。

⑤無為：即無為而治。

⑥開闔：動靜、變化和運動。

⑦能為雌：雌，即寧靜的意思。

⑧知：通智，指心智、心機。

⑨畜：養育、繁殖。

⑩玄德能夠與「道」高度統一的那種「德」。

【譯文】

靈魂與形體相合一，能永不分離嗎？專注精氣使之輕柔溫順，能夠像一個嬰兒一樣嗎？蕩除雜慮而深入心靈去觀察，就能夠看不到瑕疵嗎？懷愛百姓治理國家，能夠不用計謀遵行自然無為嗎？人的意念和外界事物相互接觸，心靈能寧靜嗎？內心明白而神智通達，能夠不費心機嗎？讓萬事萬物生長繁殖，產生萬物、養育萬物而不佔為己有，作萬物之長而不主宰他們，這就叫做「玄德」。

【解讀】

「一」是古代計數中最小的數字，由一可以產生任何數字，比如3=1+1+1，4=1+1+1+1，因此，一可以代表自然狀態。「抱一」，是性與命這一對陰陽的結合整體，性、命只有抱成一團，形成一體，才構成了生命，結合成為一個整體，維持著生命的存在。這是一種普遍的規律，也是一般的自然法則。

人身如一部車乘，其中裝載了「營」和「魄」兩樣重要東西。思想得紛繁，情感的躁動，常使自己魂靈營營困擾，常在放射消散之中，散亂不堪。體能的勞動，生活的奔忙，常使精魄渙散，不可收拾。如此這般，動用不休，不能持盈保泰，終至死亡而後已。老子說，倘使人能將營魄合抱為一，永不分離，便可得長生的希望了。

專氣：集氣，與「摶氣」同。「摶氣」的意思是把能量聚在一起。「摶氣致柔」，能量聚合一起，內部和諧協調，從而達到柔的狀態。「柔」不是指柔弱無力的柔，而是摶氣達到內部和諧呈現出的柔。水的氣摶在一起達到最柔的狀態，由於能量聚在一起，一旦釋放，就能夠沖走石頭。蒸饅頭的時候，揉麵是把麵摶在一起，越揉，麵的氣越摶聚在一起，麵越柔和，蒸出的饅頭越有勁道。

「能如嬰兒乎？」嬰兒能夠摶氣，由於嬰兒的氣摶在一起，從而特別柔，哭的時候聲音特別洪亮，能夠吸引大人的注意。嬰兒呈現人的自然狀態，應當像嬰兒一樣「抱一」，把氣摶聚起來達到柔。

「滌」是洗滌、清垢、去濁、歸淨的意思。「滌除」後面省略了兩個字，那就是雜念。玄，深遠。玄覽，也就是用深遠的眼光看問題。一般事物可以透過學習，日積月累，耳聞目見，去增加知識，即老子說的「為學日益」；如果要認識事物最高的原理，則必須從複雜多樣的耳聞目睹的感覺經驗中解脫出來，要站得更高，才能認識它。這種方法就是老子說的「滌除玄覽」。

愛民治國的時候，能夠不憑藉自己的智慧嗎？這裡的「智慧」是違背自然規律的小聰明的意思。怎樣治理國家，老子向來主張無為，無為則無不能為。政令過多，反而越治理越混亂。

「愛民治國，能無為乎？天門開闔，能為雌乎？明白四達，能無知乎？」這三句都是主張無為的意思。人不要太聰明了，有時候聰明反被聰明誤。

最後一句話的意思是，自然天道使萬物出生，自然天德使萬物發育、繁衍，它們養育了萬物，使萬物得以一定的形態、形狀存在、成長。所以，萬物沒有不尊崇「道」和珍貴「德」的。「道」之所以被尊崇，「德」之所以被重視，並沒有誰來強迫命令。它是自然而然，自己如此的。

「道」使萬物生長，「德」使萬物繁殖。它們使萬物生成、發展、結果、成熟，對萬物愛養、保護。它們生養了萬物而不據為己有，推動了萬物而不居功自恃，統領萬物而不對萬物強加宰制，這才是最深遠的「德」。「生而不有，為而不恃，長而不宰」，就是老子理想得「德」，能夠與「道」高度統一的那種「德」。

相反，在現實生活中，一個永遠想佔有你的人，想永遠主宰你的人，未必是愛你的人，未必對你忠心耿耿，有時只是這種腦袋不清醒的強烈佔有欲者，他們才會做出各種「損人不利己」的事情，還如此理所當然。在心中如果有「曾經擁有就永遠不要失去」的偏執狂與佔有欲，越想要獲得愛的永久保證書，只會越走越偏離。

有一個令人震驚的例子：

一位在婚姻關係中不斷有外遇的丈夫，在因前妻以驗傷單為由訴請離婚後，過了幾年還來潑前妻硫酸，導致前妻一眼失明，全身百分之四十燒傷。她失去工作，嚴重地破了相，更必須撫養兩個孩子，還在擔心因傷害罪入獄的前夫假釋出獄，繼續傷害她。更可怕的是她的前夫沾沾自喜地叫人來傳話：「現在你沒人要了吧，我還是可以要你，你乖乖把孩子帶回來……」

誰說喜歡一樣東西就一定要得到它。有時候，有些人，為了得到他喜歡的東西，殫精竭慮，費盡心機，更有甚者可能會不擇手段，以至走向極端。也許他得到了他喜歡的東西，但是在他追逐的過程中，失去的東西也無法計算，他付出的代價是其得到的東西所無法彌補的。也許那種代價是沉重的，直到最後才會被他發現罷了。其實喜歡一樣東西，不一定要得到它。

有時候為了強求一樣東西而令自己的身心都疲憊不堪，是很不划算的。再者，有些東西是「只可遠觀而不可近瞧的」，一旦你得到了它，日子一久你可能會發現其實它並不如原本想像中的那麼好。如果你再發現你失去的和放棄的東西更珍貴的時候，你一定會懊惱不已。所以也常有這樣的一句話「得不到的東西永遠是最好的」。所以當你喜歡一樣東西時，得到它並不是你最明智的選擇。

有一首歌這樣唱：「原來暗戀也很快樂，至少不會毫無選擇」；「為何從不覺得感情的事多難負荷，不想佔有就不會太坎坷」；「不管你的心是誰的，我也不會受到挫折，只想做個安靜的過客。」所以，無論是喜歡一樣東西也好，喜歡一個人也罷，與其讓自己負累，還不如輕鬆地面對，即使有一天放棄或者離開，你也學會了平靜。

喜歡一樣東西，就要學會欣賞它，珍惜它，使它更彌足珍貴。

喜歡一個人，就要讓他快樂，讓他幸福，使那份感情更誠摯。如果你做不到，那你還是讓它錯過吧，所以有時候，有些人，也要學會放棄，因為放棄也是一種美麗。

錯過了太陽，不是還有渺渺的繁星嗎？

第十一章 有之為利，無之為用

【原文】

三十輻①共一轂②，當其無③，有車之用。埏埴④以為器，當其無，有器之用。鑿戶牖⑤以為室，當其無，有室之用。故有之以為利，無之以為用⑥。

【注釋】

①輻：車輪中連接軸心和輪圈的木條，古代的車輪由三十根輻條所構成。此數取法於每月三十日的曆次。

②轂：音ㄍㄨˇ，是車輪中心的木製圓圈，中有圓孔，即插軸的地方。

③當其無，有車之用：有了車轂中空的地方，才有車的作用。「無」指轂的中間空的地方。

④埏植：埏，和；植，土。即和陶土做成供人飲食使用的器皿。

⑤戶牖：門窗。

⑥有之以為利，無之以為用：「有」給人便利，「無」也發揮了作用。

【譯文】

三十根輻條彙集到一根轂中的圓孔裡。正是由於轂中有空洞，所以才有車的用處。揉製黏土作成陶土器皿，正是由於它中心是空的，所以才有容器的用處。鑿開門窗做成一個居室，正由於門窗四壁間的空間，所以才有房屋的用處。總之，事物的「有」給人便利，事物的「無」發揮了其作用。

【解讀】

「輻」，指車輪上連接軸心和輪圈的木條。「轂」，套在車軸上的部分。「當」是中間，當中。

現實社會生活中，一般人只注意實有的東西及其作用，而忽略了虛空的東西及其作用。對此，老子在本章裡論述了「有」與「無」即實在之物與空虛部分之間的相互關係。他舉例說明「有」和「無」是相互依存、相互為用的；無形的東西能產生很大的作用，只是不容易被一般人所覺察。他特別把「無」的作用向人們顯現出來。

老子舉了三個例子：

（一）古代的車輪是用木頭做得，由四部分組成，輪、輻、轂、軸。這四個字都是「車」字旁，其中「輪」是最外面的部分，「軸」是最裡面的部分，就是軸心。「轂」是套在車軸上的部分。「輻」是連接輪轂的木條。

這些部件是「有」。在「轂」和「軸」中間必須是空的，否則就無法轉動了，正因為有中間空的，是「無」，所以這個車輪子才可以轉起來，如果中間不空，是實的，那車輪怎麼動啊？這個「無」，看不見，摸不著，但是起著關鍵作用，沒有它，三十根車輻與一個車轂只是一堆木材，有了它，三十根車輻與一個車轂就成了一個車輪。沒有無，車子就無法行駛，當然也就無法載人運貨，其「有」的作用也就發揮不出來。

（二）一個碗或茶盅中間是空的，可正是那個空的部分發揮了碗或茶盅的作用。

（三）房子裡面是空的，可正是那個空的部分讓人們住得舒服。如果是實的，人怎麼住進去呢？

在老子的眼裡，「有」和「無」不可分割，相輔相成，這是「道」。這是《道德經》的哲學精華，貫穿《道德經》全書。

科學時至今日已夠發達，但卻面臨越來越多的難解之謎。人們透過分析光譜發現，宇宙99％以上的物質隱藏在暗處，迄今不能被技術手段捕捉。微粒細分到夸克或中微子，微粒及其能量常常失去蹤影，誰也不知它們到了何處。這些都是「無」，但正是這些「無」，影響著這個世界的運行。

愛，摸不著，看不見，看似「無」，實為有。自古以來多少人為它哭，為它笑？現代人擇偶強調太多的「有」——學歷、外貌、房子、汽車……唯獨缺少那個摸不著，看不見的「愛」！太多外在條件的「優秀」，掩蓋了生命力和愛的能力的貧乏。

在《道德經》一開始，老子用大部分篇章，透過認識天地、芻狗、風箱、山谷、水、土、容器、銳器、車輪、房屋等具體的東西去發現抽象的道理。他的學說往往是從具體到抽象，從感性認識到理性認識，而並非總在故弄玄虛。馮友蘭先生曾說：「老子所說的『道』，是『有』與『無』的統一，因此它雖然是以『無』為主，但是也不輕視『有』，它實在也很重視『有』，不過不把它放在第一位就是了。」

第十二章　為腹不為目

【原文】

五色①令人目盲②；五音③令人耳聾；五味④令人口爽；馳騁⑤畋獵⑥，令人心發狂⑦；難得之貨⑧，令人行妨⑨。是以聖人為腹不為目⑩，故去彼取此。

【注釋】

①五色：青、黃、赤、白、黑五種顏色，泛指各種各樣的顏色。

②目盲：指「眼花撩亂」，不能認識應該認識到的事物的「睜眼瞎子」。

③五音：古代音樂中的五種音級，即宮、商、角、徵、羽。這裡卻喻指「贊成、反對、讚揚、抵制……等」各種各樣的聲音。

④五味：指辛、酸、甘、苦、鹹。

⑤馳騁：馳，趕馬快跑；騁，跑。馳騁，騎馬奔跑、縱橫奔走。這裡隱喻心情放蕩而縱情乃至無所顧忌、隨心所欲的行為。

⑥畋：音ㄊㄧㄢˊ，打獵。

⑦心發狂：自己已經不能控制自己的心情，才是「瘋狂」。

⑧難得之貨：不是民眾（人民大眾）所生存、生活的必需之「貨物」。這裡指「金玉珠寶」等與民眾的生存、生活毫不相干的物品。

⑨行妨：行：操行；妨：害，傷害。行妨是指讓人的操行受到傷害。

⑩為腹不為目：在西周當時的民眾，「安飽」是大問題。統治者能夠律己而只求安飽，不追求「聲色之欲」，著力於「民得」，這才是好的統治者！

【譯文】

色彩繽紛令人眼花撩亂，聲音喧囂令人聽覺失靈，五味錯亂令人敗口。癡心於奔馳遊獵令人心狂，一味追求稀有寶貨讓人操行受損。所以，聖者只求飽腹不求悅目，應當去除「五色」等那些奢侈享受，而取「為腹不為目」的方針治理國家。

【解讀】

五色，青、赤、黃、白、黑；五音，角、徵、宮、商、羽；五味，酸、苦、甘、辛、鹹。老子從色、聲、味以及打獵、藏寶的角度說明聲色犬馬的物質享受、感官刺激具有極大的危害性。

一個人，色彩繽紛就容易使眼睛看不清楚，看不明白。如果晚上你去歌廳、舞廳裡去，那種五顏六色的燈光晃啊晃啊，你看得清楚嗎？看不清楚。你長期在這樣的環境下視力就會下降，分辨能力就下降，所以叫「五色令人目盲」。

老子認為正常的生活是為腹而不是為目，務內而不逐外。物欲的生活，但求安飽，不求縱情於聲色之娛。「為腹」是物質滿足，「為目」是精神享受。

老子的這個說法現在看來好像有點過時，哪能僅僅安於溫飽呢？沒錯，人應該有點追求，要努力追求好的生活。但是關鍵的問題是不要「縱」，不要刻意去強求。

人不能沉溺於「色」。咸豐皇帝在位十一年，他20歲登基，31歲去世。歷史很多時候驚人地相似。明朝的正德皇帝31歲去世，清朝的咸豐皇帝也是31歲去世。這兩位皇帝唯一的共同點，都是那個朝代最荒淫的皇帝，最喜歡女人的皇帝。咸豐對治理國家沒什麼辦法，他治理女人還有點辦法，不是弄了個慈禧嗎？其實他也沒治理慈禧，最後還讓慈禧把他治理了，最後都是慈禧說了算。

人也不能不色。人人都像太監似的，生活還有什麼意思。君子好色，發乎情而止乎理。所謂「食色，性也。」但現代社會對色的要求是：色而不淫，色而不貪，色而不亂。

佛祖在《佛說四十二章經》告誡世人說：「財色之取，譬如小兒食刀刃之飴，甜不足一食之羹，然有截舌之患也。」其實，在古人的眼裡，「富貴」兩字，是人人都可以做到的。「不取於人謂之富，不屈於人謂之貴」，白衣草鞋，自有一股飄逸清雅的仙氣，粗茶淡飯，自有一份閒適自在的意趣。如果我們為名利所左右，為名利的不能滿足而受煎熬，那麼人生還有什麼滋味？

美食聲色中獲得的趣味常常是短暫的，粗茶淡飯中獲得趣味才顯得純真。生活本來是一杯白開水，它給人清澈、透明、淡泊的感覺，這就要看你如何去調色；酸甜苦辣鹹都品嘗，未必不是好事，只有這樣才能咂出真正的人生味道。

美國一位著名心理學家認為：現代人之所以活得很累，心裡很容易產生挫折感和種種焦慮，甚至不快，是因為迷失和被淹沒在各種目標中的結果。

所以，一個人物論貴賤高低，都應該認清自己，不要崇尚自己達不到的境界，徒增煩惱。應該在現實中「無貪」，從而「入靜」。專注下來，一心一意地去做事，這樣，你就會變得快樂而又有成效，也不會被那麼多的目標所淹沒。

「入靜」，就不再會有什麼負擔和壓力，你是清醒的。清醒的你，在你自己的軌道上運行。只有在自己軌道上運行的人，才不會受到外界的擺佈。

上下五千年，人們都在極力探求真正的生活態度，今人呢？

工作裡的紛爭，為個人利益得失的煩憂所左右；情愛的患得患失，為伊消得人憔悴的悲喜；人際的紛繁……累的東西太多！有沒有淨土？有沒有可以歇息的地方？有沒有不設防的交流之地？

第十三章　及吾無身，吾有何患

【原文】

寵辱若驚①，貴大患若身。何謂寵辱若驚？寵為下，得之②若驚，失之若驚，是謂③寵辱若驚。何謂貴大患若身？吾所以有大患者，為吾有身，及吾無身，吾有何患？故④貴⑤以身為天下，若⑥可寄天下；愛⑦以身為天下，若可托⑧天下。

【注釋】

①寵：寵愛，偏愛，賞識；辱：恥辱，侮辱，貶低；若：則，乃；驚：驚恐，驚喜。

②之：句中的兩個「之」字都是指寵和辱。

③是謂：這就叫……

④故：所以。

⑤貴：珍惜，看重。

⑥若：則，乃。

⑦愛：愛惜，愛護。

⑧托：依賴，依附，委託，意義同前面的「寄」。

【譯文】

寵愛和侮辱都使人驚慌困擾，人們常把榮辱大患看作自己的生命一樣珍貴。什麼是「寵辱若驚」呢？恩寵是上對下給予的額外恩賜，所以受寵者就會感到震驚，如果失去了額外賜予，也會因為失寵受辱而感到震驚。這就是「寵辱若驚」的意思。什麼叫貴大患若身？我們之所以有大患，是因為我們總是強調自身存在的緣故，如果能夠達到忘我的程度，怎麼會有大患呢？因此，只有像重視自己的身體那樣治理天下，才可以把天下交付給他；只有像愛惜自己的身體那樣愛惜天下，才可以把天下託付給他。

【解讀】

寵，是得意的總表相。辱，是失意的總代號。老子認為，得到了榮譽、寵祿不必狂喜狂歡，失去了也不必耿耿於懷；憂愁哀傷，這裡面有哲理，即得失界限不會永遠不變，一切功名利祿都不過是過眼雲煙，得而失之，失而復得這種情況都是經常發生的，意識到一切都可能因時空轉換而發生變化，就能夠把功名利祿看淡看輕看開些，做到「榮辱毀譽不上心」。

「榮辱毀譽不上心」，就要「寵辱不驚，去留無意」。當一個人在成名、成功的時候，如非平素具有「寵辱不驚，去留無意」的真修養，一旦得意，便會欣喜若狂，喜極而泣，自然會有驚震心態，甚至有所謂得意忘形者。

例如在清代，民間相傳一則笑話，便是很好的說明。

有一個書生，每次考試都不中，但年紀已經步入中年了，這一次正好與兒子同科應考。到了放榜的那天，兒子看榜回來，知道已經錄取，趕快回家報喜。他的父親正好關在房裡洗澡。兒子敲門大叫說：父親，我已考取第幾名了！父親在房裡一聽，便大聲呵斥說：考取一個秀才，算得了什麼，這樣沉不住氣，大呼小叫！兒了一聽，嚇得不敢大叫，便輕輕地說：爸爸，你也是考取第幾名了！父親一聽，便打開房門，一衝而出，大聲呵斥說：你為什麼不先說。他忘了自己光著身子，連衣褲都還沒穿上呢！

這便是「寵為下，得之若驚，失之若驚」的一個寫照。

有關人生的得意與失意，榮寵與羞辱之間的感受，古今中外，在官場，在商場，在情場，都如劇場一樣，是看得最明顯的地方。以男女的情場而言，眾所周知唐明皇最先寵愛的梅妃，後來冷落在長門永巷之中，要想再見一面都不可能。世間多少的癡男怨女，因此一結而不能解脫，於是構成了無數哀豔戀情的文學作品！

還有的人在榮譽寵祿面前也許能經得起考驗，但他未必能經受得住屈辱和打擊。所謂：「富貴不能淫，威武不能屈」，「寧為玉碎，不為瓦全」，「士可殺不可辱」等，都是對古往今來那些豪傑英雄的讚美詩。面對邪惡，為了正義，寧死不屈，這就是至高無上的榮譽。但在特殊情況下，「忍辱」也是為了真理和正義，為了更多的人贏得榮譽。這就是「忍辱負重」。

所以，道家認為，在榮辱問題上，做到「難得糊塗」、「去留無意」，這才叫瀟灑自如，順其自然。當你憑自己的努力、實幹，靠自己的聰明才智獲得了應得的榮譽、獎賞、愛戴、誇耀時，應該保持清醒的頭腦，有自知之明，切莫受寵若驚，飄飄然，自覺豪光萬道，所謂「給點光亮就覺燦爛」。

聰明的人對一切事物的態度是無可無不可，寵辱不驚，當如古人阮籍所說「布衣可終身，寵祿豈足賴」，一切都不過是過眼雲煙，榮譽已成為過去時，不值得誇耀，更不足以留戀。另一種人，也肯辛勤耕耘，但卻經不住玫瑰花的誘惑，有了點榮譽、地位，就沾沾自喜，飄飄欲仙，甚至以此為本錢，爭這要那，不能自持。這些人往往被名譽地位沖昏了頭腦，忘乎所以。

老子所說的「無身」，也就是「無我」。老子認為，人一旦達到「無我」的境界，就沒有什麼憂患了。

北宋王安石在《老子注》裡說：「聖人，無我也。有我，則與物構，而物我相引矣。萬物，敵我也，吾不與之敵，故後之。」也就是說「得道」的人都必須達到「無我」的狀態，否則，就會「與物構」，思維就會受到世俗的左右，就無法做出正確的判斷了。

佛家有「跳出三界外，不在五行中」之說。「三界」，指欲界、色界、無色界，共有二十八重天。「五行」金、木、水、火、土（微觀）。

為什麼要「跳出三界外，不在無行中」？因為：不識廬山真面目，只緣身在此山中。是為了認清自然萬物。只有認識世界，才能改造世界，包括改造人自身。

更可貴的是，老子進一步把「貴身」「無身」的思想推廣到「貴大患」「治天下」，這正說明老子「身國一體」的說理方式和以天道明人道、以人道證天道的思維方式。試想，一個連自己的身體都不重視的國君，他怎麼會珍惜自己的百姓以及天下的人民呢？反之，一個重視自己身體而不追求聲色物欲的國君，他怎麼會不珍惜自己的人民而去侵略別人、擾亂天下呢？只有這種人「若可托天下」。

第十四章 能知古始，是謂道紀

【原文】

視之不見，名曰夷①；聽之不聞，名曰希②；搏之不得，名曰微③。此三者，不可致詰④，故混而為一⑤。其上不皦⑥，其下不昧⑦，繩繩兮不可名，復歸於無物。是謂無狀之狀，無物之象，是謂惚恍⑨。迎之不見其首，隨之不見其後。執古之道，以御今之有。能知古始⑩，是謂道紀。

【注釋】

①夷：無色。

②希：無聲。

③微：無形。以上夷、希、微三個名詞都是用來形容人的感官無法把握住「道」。這三個名詞都是幽而不顯的意思。

④致詰：詰，音ㄐㄧㄝˊ，意為追問、究問、反問。

⑤一：本章的一指「道」。

⑥皦：音ㄐㄧㄠˇ。清白、清晰、光明之意。

⑦昧：陰暗。

⑧繩繩：不清楚、紛紜不絕。

⑨惚恍：若有若無，閃爍不定。

⑩古始：宇宙的原始，或「道」的初始。

【譯文】

看它看不見的東西，名叫「夷」（隱）。聽它聽不到，名叫「希」（暗）。捉它卻捉不到，名叫「微」（無）。這三者，形態難以窮究，它們原本就是渾然而一體的「道」。它出現也不明亮，消失也不暗昧。綿綿不斷不可名狀；來來去去歸於虛無。所以它是無形態之形態，無現象之現象，它的名稱就是「恍惚」。迎上去見不到它的頭，追上去見不到它的尾，人們只能從它的過去，而把握它的現有。能認識宇宙的初始，也就能認識「道」的規律。

【解讀】

這一章開頭用了三個「不」：「視之不見」「聽之不聞」「搏之不得」，是形容道的神妙，不是人的感覺所能把握的。

「視之不見」，說明「道」是無形的，用肉眼去看是看不見的，只有透過內觀才能體悟得到。「聽之不聞」，說明道是無聲的，用耳朵去聽是聽不到的，只有透過內聽才能體悟得到。

老子說：「聽之不聞，名曰希」，是說聽不到的叫「寂靜」。老子這話隱含的意思是要人聽到「寂靜」，聽到無聲之聲。老子在另一處說「大音希聲」，是講最大的聲音充盈世界，以至聽不見。聾人雖聽不到喧囂之聲，卻未必聽不到彌漫寰宇的天籟之音。再比如，睡在夜晚的海船上，開始時聽見波濤，漸漸地就什麼也聽不到了。其實波濤依舊存在。這樣，我們就知道寂靜其實是一種聲音，正如寂寞其實是一種語言。之所以讓人感覺不到寂靜的聲響，是因為它已完全佔據我們的心靈，合二為一。

「摶之不得」，說明「道」是無物的，「道」不是一個有形的東西。「摶」應該是個「摶」字，是「摶之不得」。「摶」是什麼意思？手字旁，這裡是用手抓的意思。「道」用手去抓它，是抓不住的。微是細微的意思，極其細微，以至於細微到看不見。不過，實際上不是指其微小，而是說這種物質是看不到的，然而，又是實實在在的存在。

夷、希、微，這些都是老子用來描述道的這種難於感知。因「道」無形無狀，所以難以用感官來感覺它，而只能以我們的經驗，用我們的思維去覺悟。「道」既是萬物的本原、本體，又是萬物生成變化的普遍規律。

《呂氏春秋．仲夏紀》中說：「道，視之不見，聽之不聞，不可為狀。有知不見之見、不聞之聞、無狀之狀者，則幾於知之矣。道也者，至精也，不可為形，不可為名，強為之，謂之太一。」

現代科學家也認為，天體是由分子構成，分子是由原子構成，原子是由帶正電的原子核和帶負電的原子構成，原子核又是由夸克構成，而夸克是看不見的。

其上不皦，是說天地之始，混沌一氣，其景象不太顯明。「其下不昧」，是說天地萬物生成之後，這些有形的東西，其生長變化卻是有規律可循。這萬物賴以生成變化的東西，它綿延不絕又時刻存在，卻又難以說清楚，只好復歸於「無物」之稱謂。

「無狀之狀」是說其不可見但可知，卻又無法形容的「道」的無形狀態。世界運行的法則，欲說其無，萬物都要遵守；欲言其有，而又看不見，所以說它是「無狀之狀，無象之象，惚恍難名」。

老子把古往今來宇宙萬物的變化，都納入「道」的範疇進行思維，把規律從混沌的總體中整理出來，使之清淅化和有序化。而客觀世界的起始和終結，卻實在是難以見知，所以老子說「迎之不見其首，隨之不見其後。」

道，自古就有，其原始雖然恍惚不清，好像什麼也沒有，但實際卻是一種真實的存在，它就是造就萬物的元物質和這些元物質在萬物演化時所依循的法則。

老子就是根據其下造就的這些清清楚楚的萬物和較為清楚的萬物演化所遵循的規律，推知了那遠古以來就存在的恍惚的「道」。

第十五章　孰能濁以止？靜之徐清

【原文】

古之善為道者①，微妙玄通，深不可識。夫唯②不可識，故強③為之容：豫④兮，若冬涉川；猶⑤兮，若畏四鄰；儼⑥兮，其若客；渙⑦兮，其若凌釋；敦⑧兮，其若樸；曠兮，其若谷；混⑨兮，其若濁。孰能濁⑩以止？靜之徐清。孰能安以久？動之徐生。保此道者，不欲盈。夫唯不盈，故能蔽而新成。

【注釋】

①善為道者：「道」，帛書乙本作「道」。王弼本作「士」。「善為道者」：善於將道（自然哲學思想）用於實踐的人。

②夫唯：複合型句首發語詞，「正因為」。

③強：勉強。

④豫：「禁於未發之謂豫」。小心謹慎。

⑤猶：與「豫」意近。警惕、不決。

⑥儼：恭敬、莊重。

⑦渙：散開。指影響力，潤物無聲。

⑧敦：品格篤厚。

⑨混：合而不同謂之混。雜處曰混。這裡指得道之人與人相處可以有原則的團結。

⑩濁：渾。渾：合而同之。密而不分曰渾。這裡指得道之人與人相處從表面看，似乎無原則。

【譯文】

古代那善於運行「道」的人，見解微妙而能洞察幽隱，其心靈深不可測。由於深不可測，所以只能勉強形容為：他謹慎小心，彷彿在嚴冬跋涉冰河；他警覺戒備，彷彿提防所有鄰國的進攻；他恭敬鄭重，彷彿在作客；他貌容可親，彷彿一塊正在消融的冰。他敦厚淳樸，像沒有加工的原材料；他豁達大方，像一座空曠的山谷；他渾厚深沉，彷彿一道濁流。什麼能讓混濁和動盪停止？靜下來沉澱，自會清澈。什麼能讓安定長久？不斷地更新創新，自會永遠保持生機。堅持這個真理的人，不會自滿，只有不自滿，才會不斷除舊迎新，保持生機。

【解讀】

這是對得道之人的精彩描寫，寫得很美，像一首詩。「道」是玄妙精深的，當然得道之人也是玄妙精深的。

這裡我們分析一下這個「妙」字。中國傳統文化裡的「美」字，多有「媚」的含義，如「美人」、「美女」之說，不僅僅是「美麗」、「漂亮」的意思，也總包含有「豔麗」、「妖豔」，甚至「淫褻」的色彩，正如西方人說的「美」包含著「性感」之義。中國人喜歡讚賞的美，往往一言以蔽之曰「妙」！據考證，上古時代老祖宗造漢字時，合「少」「女」二字為「妙」，是說少女的美，不僅美麗，而且還充滿著純潔、善良、天真、含蓄等色彩，毫無「淫褻」之義。老子《道德經》裡的「妙」字，不僅把

「美」的概念人格化，而且還富有崇尚自然美、內涵「奇妙」的思想深度。從少女的「觀其妙」到少婦、慈母、祖母的「觀其徼」，生生不息，自然而然，充滿著對少女美的讚賞和對母性生機的神聖崇拜。正如《道德經》第一章裡講的「此兩者，同出而異名，同謂之玄。玄之又玄，眾妙之門。」道即自然規律，生成並支配著這一切的一切，真是妙不可言！

本章講到「古之善為道者，微妙玄通，深不可識。」再一次用到了「妙」字，是說上古時代善於研究掌握自然規律的人（比如伏羲氏等人文始祖們），率先認識了天地之道，內涵非凡，微妙深奧、通達大度、神秘莫測。

因為神秘莫測，所以無法描寫，迫不得已，老子只好用了七個「若」字，用了七個形容詞來描述。這七個形容詞沒有一個是對外貌的描述，全是對得道之人精神風貌、人格特徵的讚美。

「豫」，猶豫。「涉」是徒步行走的意思。冬天過河一定要小心謹慎，稍一大意，弄濕了衣服或滑倒水中都非常難受。為道者處事非常謹慎。

「猶」，警覺戒備。「畏四鄰」，自己是在四鄰的監督中，行為稍有不妥都會被四鄰看得一清二楚，引起四鄰的譏笑或不滿，甚至引來四鄰的攻擊，所以要時刻有憂患意識。有道之士，心德純全，動靜自然，處處謹慎小心，無論獨居一室，還是行於野外，他們舉心運念，一言一行，唯恐違背天道，逆物失理，猶如四鄰在身旁監視一樣。

「儼」，認真。「客」，客人。一個高踞顯位的最高統治者只像「客人」一樣的和大家相處，這是一個怎樣恭敬嚴肅的氣氛？可想而知。

「渙」，慈祥和悅。慈祥是人氣質的張揚。是春天的雨水，潤物細無聲；是秋天的和風，輕拂你的臉。慈祥不是矯揉造作，是知冷知熱，知輕知重，理解人，鼓舞人。

「敦」，厚道、誠懇；「樸」，樸實、樸厚、不奢侈、不華麗、淳樸誠實，一個人能夠有這樣的品德，的確難能可貴！

「曠」，曠達、心曠神怡、豁達大度；谷，山谷。得「道」的人就應該虛懷若谷。

「混」，渾濁。第二十三章說，「不自是故彰，不自見故明」，為道者不自以為是，也不自我表現。老子在通篇裡一直提倡「無為」、「不言」的處世態度，像污水的渾濁正是這種處世態度的體現。雖然外貌上表現渾渾噩噩的樣子，內心卻如明鏡。

以上七個形容詞主要表述了兩個方面的意思，一個是謹慎，一個是淳樸。

接下來，老子又提出一個很有趣的問題：誰能解決水的渾濁問題？很好辦，不要瞎攪和，讓水靜下來沉澱，慢慢就會變清了。

老子的時代是春秋戰國之際，當時天下大亂。怎樣才能使天下由亂到治？其實不需要諸子百家各種政治主張，只要統治者少一點稱霸天下的野心，多一點道家風範（今天說的「紳士風度」），讓老百姓們免遭戰亂之苦，社會自然就會穩定下來。可見老子對「無為而治」的核心思想念念不忘。文行至此，才是老子本章的真正用意。

現在的人，多沉淪於污穢環境中，酒色財氣，名利恩愛，混為一糟。今之人心昏暗，行為污穢，貪污、淫亂、奸邪等等污濁不貞的行為，已形成一股社會濁流。

清靜是洗滌人心污穢的良劑，道德是激濁揚清的法水。人心若能久住安靜處之，無欲無念，心中的濁陰邪氣，自然漸漸沉澱下降，身中的先天陽氣，自然徐徐滋生。

「保此道者」，是總結本章大義。古代的「善為道者」能「微妙玄通」，是因為能虛心達用、不要求圓滿的結果。虛其心，故而涉川、畏鄰、儼客、釋冰、若樸、若谷、若濁。正由於要求不圓滿，雖然保守一些，但仍能取得新的成功。「蔽」，敗棄的意思，就是守著被遺棄的道，韜光養晦，虛心自斂，進而去故更新。

這一句和首句相應，說明了「古之善為道者，微妙玄通，深不可識」的原因。

花兒開得最豔麗的時候，也就是枯萎凋零的開始；月亮最圓滿的時候，就是虧缺的開始，凡人到了最壯盛的時候，也就逐步開始走向衰老……根據太極圖的規律，宇宙萬物都是在變易中走向反面。這些都是自然規律，誰也無法抗拒和違背，怎麼可以將江河中的濁流靜止下來以澄清呢？怎麼可以使動盪的事態安靜下來並保持事物長久運動而生生不息呢？這都是難以辦到的。

所以，老子最後告訴我們，「保此道者，不欲盈。」我們可以透過上述的七條守則而走向成功，但是，成功之後最容易忽略的就是「盈」（自滿），一旦驕傲自滿，就很可能前功盡棄。只有保持大道的虛空，使自己經常處於謙卑進取的狀態，才能不斷獲得更進一步的成功。

第十六章　致虛極，守靜篤

【原文】

致虛極①，守靜篤。萬物並作②，吾以觀復③。夫物芸芸④，各復歸其根⑤。歸根曰靜，靜曰復命⑥。復命曰常⑦，知常曰明⑧。不知常，妄作，凶。知常容，容乃公，公乃全⑨，全乃天，天乃道，道乃久，沒身不殆。

【注釋】

①極、篤：意為極度、頂點。

②作：生長、發展、活動。

③復：循環往復。

④芸芸：茂盛、紛雜、繁多。

⑤歸根：根指道，歸根即復歸於道。

⑥復命：復歸本性，重新孕育新的生命。

⑦常：指萬物運動變化的永恆規律，即守常不變的規則。

⑧明：明白、瞭解。

⑨全：周到、周遍。

【譯文】

盡力進入虛無之境，安守於深靜厚重。讓萬物自由生長，我從而觀察它們往復的規律。萬物品類芸芸總總，但最後都要落葉歸根。歸了根就叫做清淨，而清淨就叫歸復其命運。規復命運是不變的規律，能認識到這種不變規律的人，就是聰明人。如果不認識這種自然規律而胡亂做事的人就會遭遇凶險！認識自然規律的人是寬容的，寬容就會坦然公平，公平就能周全，周全才會符合自然的「道」，符合自然的「道」則能長久，就永遠不會失敗。

【解讀】

道家認為，體道的過程是心靈淨化的過程。首先是「心齋」：「惟道集虛。虛者，心齋也。」然後是「坐忘」：「墮肢體，黜聰明，離形去知同於大通，此謂坐忘。」也就是忘卻天地萬物的存在和自我的存在，從而與天道混同為一，做到「朝徹」，達到「見獨」的境界，最終「得道」。

這種體道求真的心理歷程是老子思想得核心，與佛教的「禪定」有相似之處，在排除雜念的基礎上進入精神上的虛寂境界。中國「禪」的思想實際上是道家思想與佛教思想得結合。

不過，老子所追尋的精神境界，絕不是宗教所標立的「彼岸世界」。宗教把人世與天國、此岸與彼岸截然對立起來，以為人類的終極關懷就在於如何超越這短暫的、污濁的人世，到達那永恆的、絕對的天國或極樂世界。而老子所預設的理想境界，雖然也具有超越性，但他所追求的並非人死後所進入的「天國」或「淨土」，其終極旨歸仍然是人的現實存在，是以超越之境在人間世的落實為標的，最後達致體用不二，圓融無礙的至境。

「致虛極，守靜篤」就是這樣一種境界。

老子認為，守靜致虛，排除一切雜念，就可以達到大通，大通乃可大化。透過持守內修，使認識主體上升到一個新的境界。

道家這種「守靜致虛」的認識境界的原動力來自哪裡呢？哲人說，生活是一種心態。佛語中有一句話：「境由心造，煩惱皆有心生。」這些話是頗有道理的。由於心態的不同，即使是相同的境遇，在不同的人心中也會造成不同的心境，並產生不同的影響，導致不同的結果。

所以，良好心境的本原是內心。有內心的安詳才會有良好的心境，有良好的心境才會有良好的狀態，有良好的狀態才會有好的人生。

在現實生活中，這樣的心境有三種：

（1）不計較的心境。

（2）心理上平衡的心境。

（3）隨遇而安的心境。

（4）瀟灑地對待一切身外之物的心境。

當我們拚命在物質世界中尋求快樂的時候，往往忽略了我們的內心世界——自己的精神家園。而當我們真正靜下心來，重新審視自己的時候，卻會發現，真正的快樂只來自於自己內心的安詳。

老子還說：「知常容，容乃公，公乃全。」什麼意思呢？就是說要寬厚待人。寬厚待人，容納非議，乃事業成功、家庭幸福美滿之道。事事斤斤計較、患得患失，活得也累。

道家、儒家、佛家，都主張寬容。例如，有這麼一句話：「大肚能容，容天下難容之事；開口便笑，笑天下可笑之人。」凡有彌勒佛的寺廟裡，我們經常可以見到這副對聯。這副對聯，就是講度量的，人能達到能容天下萬事萬物的度量，其思想便是進入「禪」的高層境界了。度量，是對他人長處、短處和過錯的一種包容。度量大，能得人心、團結人、納眾謀，以成其強大，對創造和諧的工作環境，十分有益。

有首打油詩寫道：「佔便宜處失便宜，吃得虧時天自知。但把此心正直，不愁一世被人欺。」內心正直、胸懷雅量，才能包容萬物，才能以美好善良之心看待萬物。

寬容是放下，是風景。親人之間的誤會、矛盾，就如同擋在你們面前的一根立柱，只要輕輕地繞過去，繼續前行就可以了。當回過頭來看時，這些矛盾和誤會其實很渺小，不值得一提。親人之間的誤會和矛盾在得到互相寬容之後，立刻會轉化為一股強大的力量，讓親情更牢固，彼此從中獲取的利益比以往任何時候都更多。

寬容絕不意味著放縱，不是無原則的縱容、偏袒與遷就。寬容錯誤絕不是縱容對方犯錯，更不是對對方的錯誤視而不見，聽而不聞，不管不問，而是需要用一顆平常心去對待，對其正確的引導，給予其改過得勇氣與機會。

不要再為雞毛蒜皮的小事斤斤計較。但是，對於大是大非的問題，不該包容的就不能包容，否則，就會演變為包庇。無論對於自己還是別人，過分的包容不僅不會解決問題，反而會引來對方的得寸進尺。任何事情都有個度，過猶不及，就是這個道理。

懂得寬容的人，才懂得人生，懂得快樂。

天空收容每一片雲彩，不論雲彩美麗或醜陋，所以天空才能廣闊無比；高山收容每一塊岩石，不論岩石巨大或渺小，所以高山才能雄偉壯觀；大海收容每一朵浪花，不論浪花清冽或混濁，所以大海才能浩瀚無比。

允許自然成為自然，那就是寬容之翼。

第十七章 太上，不知有之

【原文】

太上①，不知有②之；其次，親而譽之；其次，畏之；其次，侮之。信不足焉，有不信焉。悠兮③，其貴言④。功成事遂，百姓皆謂：「我自然」⑤。

【注釋】

①太上：至上、最好，指最好的統治者。

②有：存在。

③悠兮：悠閒自在的樣子。

④貴言：指不輕易發號施令。

⑤自然：自己本來就如此。

【譯文】

最高的統治之道是使老百姓不覺察其存在。其次是讓人民熱愛他、讚美他；再其次是讓人民畏懼他；再其次是讓人民輕侮他。統治者如果誠信不足，百姓就不會相信他。最好的統治者多麼悠閒啊，他們慎於出言，很少發號施令，等一切舉措成就後，百姓都說：「我們本來就是這樣的自願。」

【解讀】

有一次潘石屹坐飛機趕到香港，按會議的時間安排他必須要在西安中轉。在西安停留的四個小時裡，潘石屹去參觀了漢代的陵墓。「我已經記不清楚這個陵寢皇帝的名字了，只記得第一個皇帝第二個皇帝的陪葬品都是一些粗糙的瓦罐什麼的，一大片堆在那裡。」他回憶說。

而在漢朝初年文帝、景帝時期，也就是漢朝的「文景之治」時期，他們實施了無為而治的管理，這時候漢朝就非常強大了。這一時期，皇帝陵寢裡面的陪葬品就非常好了，很明顯地那是一個富庶的時期了。「文景之治」是非常典型的無為而治，面對那片漢陵，潘石屹真切地感受到無為而治的力量，受到的震撼比看史書要大得多。

在潘石屹看來，無為而治實際上就是把管理者變成一個空心的竹子，一個甘願放棄自我的人。無為而治者對於表現自己的權力沒有什麼興趣，因為他明白，權力是在關鍵時候用的，出現問題的時候用的。

老子的這段話說得再通俗一點，就是最好的管理者，大家都不知道他的存在。水準差一點的管理者，大家熱愛他，讚美他；水準再差一點的管理者，大家都畏懼他；再其次的管理者，大家輕侮他。

管理專家余世維說：「好的管理者就是要組織離了你照樣轉！

有人認為，「管人」就是施展手中的權力，透過一條三寸不爛之舌，讓別人「俯首稱臣」。事實上，「管人」可不那麼簡單，它是一門高深的學問。有的人不怎麼管，但手下都服他；有的人忙得頭疼，制定各種口頭和書面的制度，結果，手下人卻抵制他，討厭他。

怎麼回事呢？老子曾教導我們，作為管理人員要「無為」。做到了「無為」，實際上也就是有為。不僅是有為，而且是有「大為」。《莊子》中有一段陽子臣與老子的問答。

有一次，陽子臣問：

「假如有一個人，同時具有果斷敏捷的行動與深入透徹的洞察力，並且勤於學道，這樣就可以稱為理想得官吏了吧？」

老子搖搖頭，回答說：「這樣的人只不過像個小官吏罷了！只有有限的才能卻反被才能所累，結果使自己身心俱乏。如同虎豹因身上美麗的斑紋才招致獵人的捕殺；猴子因身體靈活，獵狗因擅長獵物，所以才被人抓去，用繩子給捆起來。有了優點反而招致災禍，這樣的人能說是理想得官吏嗎？」

陽子臣又問：「那麼，請問理想得官吏是怎樣的呢？」

老子回答：「一個理想得官員功德普及眾人，但在眾人眼裡一切功德都與他無關；其教化惠及周圍事物，但人們卻絲毫感覺不到他的教化。當他治理天下時不會留下任何施政的痕跡，但對萬物卻具有潛移默化的影響力。」

這才是老子「無為而治」的至理名言。

當然，無為不是叫領導者完全撒手不管的意思，而是要多一些領導，少一些管理。

優秀的領導者不會讓手下覺得他在管人。領導和管理的最終目標是趨同的、一致的，基本職能也是互融的、相通的，但兩者仍然有著顯著的區別。

（1）領導者強調未來，是播種者；管理者著眼點在目前，是花匠，懂得怎樣修剪樹枝，美化環境。

（2）領導者是曹操，懂得用『望梅止渴』的遠見和激勵；管理者是孔明，擅長『草船借箭』的計畫與執行。

（3）領導者猶如建築師，知道怎麼設計最有效能的房子（組織）；管理者是包工，懂得怎樣把房子（組織）造得最有效率。

我們時常看到，有的地方天天喊管理，制度一個接一個的出爐，結果越管越亂，越管效率越低。導致人們「管得多，又管不住」的因素主要是：對下屬不信任、害怕削弱自己的職權、害怕失去榮譽、過高估計自己的重要性等等。歸根到底是人們對於領導的作用缺乏正確的認識。

謹記老子「太上，不知有之」這句話，就會受益無窮。

第十八章 大道廢，有仁義

【原文】

大道廢①，有仁義②；智慧出③，有大偽④；六親⑤不和，有孝慈⑥；國家昏亂，有忠臣。

【注釋】

①廢：廢棄。

②有仁義：才有了「仁義」治國思想。

③智慧出：有了「巧智」。

④有大偽：才會有人為的（違背規律的）現象。

⑤六親：原指父、母、兄、弟、妻、子。這裡指家庭成員之間的關係。

⑥有孝慈：提倡尊長愛幼。

【譯文】

自然之大道廢失了，於是才要講仁義。由於有了智慧聰明，所以才有大騙盛行。正是由於家庭族人間不和睦，才需要推崇孝道。正是由於國政混亂，所以才需要有忠臣。

【解讀】

中國文化從上古以來，就是一個「道」，「道」衰微了，後來的人便提倡仁義，結果越強調越糟糕，適得其反。

在上古時代裡，人和禽獸一樣生活，和萬物一起繁衍，哪裡知道什麼是君子和小人之分別？哪裡知道什麼是道德和不道德？人們提出道德仁義後，不道德和不忠義才產生。

其次，老子也反對智慧。換句話說，知識越發達，教育學問越普及，人類社會陰謀詭詐，作奸犯科的事也就越多，越擺不平。

大家都讀書，都要有智慧，都要發展自己的智商、智力，都要長心眼兒，可是這樣就有一個問題：智慧比較高了，會作偽了：他心裡這麼想，但說的是另外一套。尤其中國人有一個問題：講計謀，我們有三十六計，什麼瞞天過海、圍魏救趙、打草驚蛇、投石問路等等，這是老子反對的。

人和人之間用過多的計謀是他所反對的。這樣的話，人活著就會很累。他的反對不無道理，雖然不能夠絕對化。

老子說「六親不和，有孝慈」，這句話是什麼意思呢？在家庭中所謂的六親，那便是父、母、兄、弟、妻、子，彼此之間有了矛盾、衝突，才看得出來：何者孝？何者不孝？

如果家庭是個美滿的家庭，一團和氣，大家和睦相處，那麼個個看來都是孝子賢孫，根本用不著特別標榜誰孝誰不孝。如果家中出了個孝子，相對之下，便才有不被認同的不孝之子。老子並不喜歡這樣，由一個人的壞，襯托出另一個人的好，那是不幸的事，他希望每個家庭都和樂幸福。

反過來說，家中孝慈觀念太強烈了，一天到晚把孝慈掛在嘴邊，也正說明家中是不和睦的。比如說慈，指的是父母長輩對待自己的子女是很慈祥、慈愛的，是慈父、慈母。子女對待自己的父母是很盡孝、很孝順的，這也是人的天性。但無論是孝還是慈，都不能裝，否則反而說明家庭是不和睦的。

外國人什麼都要掛在嘴上，要表達的一定要說出來。比如「我喜歡你」「我愛你」或者是「我怎麼樣……」一定要當面說，送禮物也要當面打開，外國的孩子給父母送生日卡，底下都要寫上Love——我是愛你的。所以這個世界上的事也不是絕對的。兩人已經結婚三十年、五十年了，還不斷地說I love you（我愛你），對方就說Me too（我也是）。對於外國人來說，掛在嘴邊就是自然而然的，不掛在嘴邊反而是不自然的。外國人把「謝謝」、「對不起」永遠掛在嘴邊，把「我愛你」也永遠掛在嘴邊，這樣形成了他的一套生活方式，他要連續三天不說「我愛你」，那對方還真有一點不高興了。這種自然的流露老子是不反對的。老子反對的是沒有自然而然地、出乎你的本性去愛去幫助別人、去孝敬父母，太刻意就不好，故意造作也不好。

老子說「國家昏亂，有忠臣」，這話說得很重。我們老百姓的話不這麼說，老百姓說「家貧出孝子，國亂顯忠臣」。國家不出事你怎麼知道誰忠誰不忠呢？都說自個兒忠，公務員考試的時候你問一下：有認為自己不忠的舉手！誰也不舉手，他舉手就考不上這個公務員了。但是恰恰是國家有了事了，你會明顯地看出來誰是忠臣誰不是忠臣。

所以老子的意思還是說，你要合乎「道」，合乎自然而然之道。不合乎道的時候，才會有這許許多多人為的努力出現，而在合乎道的情況之下，美好的詞句不必掛在嘴上，也不要去作秀。忠臣在任何一個社會、任何一個國家都是被肯定的，是一個褒義詞，但是你掛在嘴上作秀就可能走向反面了。

老子不希望歷史上出現太多的忠臣義士，這並非好現象。我們歷史上所謂的忠臣，如岳飛、文天祥、史可法等人，皆為大家所景仰，因為他們對國家民族忠心耿耿，臨危受命，連個人寶貴的生命都可犧牲。然而，這些可歌可泣的忠臣事蹟，無不發生於歷史混亂、生靈塗炭的悲慘時代。一個忠臣的形成，往往反映了一代老百姓的苦難。假使國家風調雨順，永處太平盛世；社會上，大家自重自愛，沒有殺盜淫掠之事，那麼豈不個個是忠臣、人人是好人了嗎？因此，老子主張不須特別讚美某人好、某人不得了。

老子這幾句話，從字面上粗淺一看，似乎非常反對儒家提倡仁義道德，但有幾點我們必須注意。第一，老子在世的那個時代，正是春秋時期，社會面臨轉型時的種種變動，一個新社會形態逐漸形成，這中間產生了很多病態的現象。老子在此病態社會中，體會出他的人生哲學，才會有這樣的說法。他的話，乍看起來是唱反調，但仔細研究一下，這正是一種非常寶貴的正面教育。

第二，很多人讀了此章之後，不做深入一層的體會，便驟下錯誤的評語說，老子反對仁義，反對智慧，反對做忠臣，反對做孝子。這不曲解得太嚴重了嗎！其實老子並不反對這些，他只是要我們預防其中可能產生的不良作用而已。

第十九章　見素抱樸，少思寡欲，絕學無憂

【原文】

絕聖棄智①，民利百倍；絕仁棄義，民復孝慈；絕巧棄利，盜賊無有。此三者②以為文③，不足。故令有所屬④：見素抱樸⑤，少思寡欲，絕學無憂。

【注釋】

①絕聖棄智：此處「聖」不作「聖人」，即最高的修養境界解，而是自作聰明之意。

②此三者：指聖智、仁義、巧利。

③文：條文、法則。

④屬：歸屬、適從。

⑤見素抱樸：意思是保持原有的自然本色。「素」是沒有染色的絲；「樸」是沒有雕琢的木；素、樸是同義詞。

【譯文】

拋棄所謂的聰明和智慧，百姓的好處會增加百倍。放棄講仁和義，讓百姓回到天性的孝心中。放棄追逐利益，盜賊就會消失。僅僅將聖智、仁義、巧利寫成條文還不夠。讓我再囑告人們：要堅守於生活的樸素，減少私心與欲望，屏棄浮文的約束而減少困擾。

【解讀】

這一章屬於政治論，承接十八章，講明無為而治的要素。其實我們應該把仁義和道德當作人必須有的品質，沒必要去搞排名攀比，不要去弄什麼貴族賤民，人物高下，尊聖盲從，人人平等，各盡本分，一切都能以己度人，大家都能盡自己互相幫助的善良本性做事，自然就不會有那麼多的人生煩惱。

人們都不貪利，盜賊去偷盜的動機也就沒有了。

這一章其實跟上一章的意思一樣，上一章講，「人應該拋棄各種虛偽和巧詐」，而這一章講，「人應該減少各種私心欲望，保持內心的純真與質樸」，這其實是同一個意思。

樸素不是一種外在，而是一種內涵，一種淡淡的對自己的守望。這個「素」字，素雅，是個很乾淨的字眼，乾淨，清澈，中空，沒有塵埃，自己熱愛這種純粹的生活，它可能是沒有多少色彩的，但是它勝在乾淨和純粹，沒有虛偽和煩惱，也沒有狡詐和荒蕪。

樸素二字，代表了恆久，堅強，信仰，淡然，寧靜，乾淨，純粹，異樣的神秘，見素抱樸，守望自己心中的那份樸素，守望自己的人格和心靈份際，走自己的小路，唱自己的小歌，對這個世界的存在給予一個疑問，對自己的想法加一個微笑。

世上本無事，庸人自擾之，互相攀比，比完物質比學問，比完學問比道義，比道義久了又生厭便又比兇狠，比兇狠比累了，便比善良，比善良比到無趣了，雙比物質，比精神，比這比那，最後終免不了一死，其實比來比去什麼都不是。

寡欲，即控制自己的欲望。自我的欲望，必然源於自我對這個世界的需求，那又是什麼讓自己有了這個需求呢？或許是外界的刺激，或許是自己增加的視野、知識，或許是更好的東西，或許又僅僅只是一個小小的攀比心理。自我的欲望本身並沒有錯誤，它是我們生而為人很基本的一種反應，但是，卻很少有人能控制慾望的限度，所以，自我的欲望無限的膨脹。欲望的膨脹，必然伴隨著各方面感官對純淨世界的麻痺和視而不見，這樣的捨本逐末，只會讓自己到頭來累積了一堆生不帶來，死不帶走的東西，卻忽略了更多的好東西。

如今我們最愛「快捷」，寄信，最好是特快專遞。拍照，最好是立等可取。坐車，最好是高速公路、高速鐵路、磁浮。坐飛機，最好是直航。做事，最好是名利雙收。創業，最好是一夜暴富。結婚，最好有現房現車。排隊，最好能插隊。若不能，就會琢磨：為什麼別人排的隊總比我的快呢？

我們需要的是時刻看著鐘錶，計畫自己的人生：一步到位、名利雙收、嫁入豪門、一夜暴富、35歲退休……

特別值得注意的是，人們的生活水準有所提高，幸福指數卻不斷降低。房奴、車奴、卡奴，為了今天不得不透支明天的自由；愛情、事業、生活，何去何從？可以說，每個人都生活在對未來無法預期的慌亂之中，每個人都背負著巨大的生活壓力，每個人都活得很累。

沒有時間感的我們變成了最著急、最不耐煩的地球人，「一萬年太久，只爭朝夕。」

這都是老子所不主張的。

老子說「絕學無憂」是什麼意思呢？人之所以憂，只因知道的太多，很多東西都是這樣，不去尋根至底的探究，知道的少，所需要擔心的事就少。什麼人沒有憂愁，那就是傻子，整天笑呵呵的。什麼人最憂愁？智慧的人，愁得頭髮都掉了，眉頭緊鎖。所以，很多人為了排憂，就裝傻，雖然不能完全消除憂愁，但也能減輕一些。

實際上，這三句話，都是在指出一個道理：減少「心」對富貴、繁華、智巧和滿足各種欲望的追求，從而讓自己的心清靜，使自己深層的潛意識得到開發，讓自己在生活和事業中擁有更好的「智慧」。

第二十章 俗人昭昭，我獨昏昏

【原文】

唯①之與阿②，相去幾何？美之與惡，相去若何？人之所畏，不可不畏。荒兮③，其未央④哉！眾人熙熙，如享太牢⑤，如春登台。我獨泊兮，其未兆；沌沌兮，如嬰兒之未孩；儽儽⑥兮，若無所歸。眾人皆有餘，而我獨若遺⑦。我愚人之心也哉，沌沌兮！俗人昭昭⑧，我獨昏昏。俗人察察，我獨悶悶⑨。淡兮，其若海，望兮，若無止。眾人皆有以，而我獨頑似鄙。我獨異於人，而貴食母⑩。

【注釋】

①唯：對上恭敬的答應聲音。

②阿：對下慢應的聲音。

③荒兮：茫茫然啊。

④未央：「央」，盡頭。「未央」，無邊無際。形容廣大。

⑤如享太牢：「太牢」指祭祀用的牛、羊、豬三牲。也有專指祭祀用的牛。祭祀後的犧牲往往被賜賞或做成佳餚美味。因此「如享太牢」就借指享用美味佳餚。

⑥儽儽：音ㄌㄟˊㄌㄟˊ，疲憊、憔悴的樣子。

⑦若遺：「遺」，失，沒有。「若遺」，好像沒有財富。

⑧昭昭：小聰明現於外的樣子

⑨昏昏：暗昧的樣子。察察：很精明、仔細的樣子。悶悶：不開竅、不精明的樣子。

⑩食母：「食」汲取營養。「母」，本體，源頭。「食母」，從「道」那裡汲取營養。

【譯文】

順從與違逆，相距有多遠？美善與醜惡，相差又多遠？眾人所畏懼的，我們不能不畏懼。這種風氣從洪荒遠古就有，好像沒有盡頭。人們都熙熙攘攘，好像永遠被關在牲口圈裡的牲畜一樣，好像春日裡登臨高台觀賞美景。我則獨自淡泊寧靜，沒有絲毫漣漪。淳樸天真，好像未學會嬉笑的嬰孩，又疲倦又散漫啊，彷彿找不到歸宿。眾人都得到滿足，而我卻什麼也不足。難道我的心靈像傻子一樣嗎？愚蠢呵！世俗之人都聰明，只有我迷迷糊糊。世俗之人都明察，唯獨我這樣昏昧。惶惶忽忽啊，蕩漾有如大海，漂泊而沒有歸宿。眾人都精明有心機，只有我冥頑不化而笨拙。我之所以處處與人不同，只是因為我以守道為貴。

【解讀】

「唯」和「阿」，都是對上級的一種態度，「唯」是無條件地服從，所以有「唯唯諾諾」這個成語；「阿」是「對下慢應」，傲慢的意思。這兩種都是不好的行為，所以老子說：「相去幾何？」是一個反問句，也就是沒什麼差別。

「美」和「惡」，都是一種人為的態度，「美」是讚美、喜歡的意思，「惡」是厭惡、憎恨的意思，看似界限分明。但若是往深一層去觀察，那也許是劃分不出距離的。善惡之間，很難分辨。往往做了一件好事，反而得到惡果。疼愛孩子是美，是好事，但想想，倒覺得是件壞事。因為他們自己的很多能力退化了，沒有機會得到開發，這又何嘗不是惡呢？所以，善與惡的分際，簡直難以捉摸。而且，所謂善惡、是非、好壞，若真以哲學的立場徹底研究，那更無法確定出一個絕對的標準。

雖然絕對的道德標準難求，但是一個社會因時因地所產生的相對道德標準，一個修道人也應該遵守。這是「人之所畏，不可不畏。」即使你超越了常人的思維，在這個世界上，你仍有必要陪大家遵守這個世界的種種規則，避免舉止怪異，驚世駭俗。

接著，下面一段，可以說是老子的「勸世文」。「荒兮，其未央哉」，「荒」是形容詞，像荒原大沙漠一樣，面積廣大無邊，永遠沒有盡頭。這句話放在這一段裡，應作什麼解呢？我們看看歷史，看看人生，一切事物都是無窮無盡，相生相剋，沒有了結之時。

那麼，在這一個永遠向前推進的時空裡，一個修道人該如何自處呢？「眾人熙熙，如享太牢，如登春台，我獨泊兮，其未兆，如嬰兒之未孩。」

老子指出一般人這樣生活，自認「如享太牢，如登春台。」好像人活著，天天吃大餐，又好像春天到了，到郊外登高，到處遊山玩水，頗為愜意。

而我呢？應該「獨泊兮，其未兆」，要如一潭清水，微波不興，澄澈到底。應該「如嬰兒之未孩」，平常心境，保持得像初生嬰兒般的純潔天真。

而「眾人皆有餘」，世上的人，都認為自己了不起，拚命追求，什麼都想佔有；而我什麼都不要，「遺世而獨立」，好像世界上的人，都忘了我一樣。

老子又說：「我愚人之心也哉，沌沌兮。」「愚」，並非真笨，而是故意示現的。「沌沌」，不是糊塗，而是如水匯流，隨世而轉，但自己內心清清楚楚。要做到：「俗人昭昭，我獨昏昏，俗人察察，我獨悶悶，淡兮，其若海，望兮，若無止。」

眾所周知，人有聰明人和糊塗人之分；同是聰明人，又有大聰明和小聰明之分；同是糊塗人，又有真糊塗和假糊塗之分。老子應該歸為假糊塗，真聰明之類。

這正如喝酒，真醉和裝醉是完全不同的兩種情況，愚者和裝愚者是截然相異的兩種人。玩「醉拳」的，是「形醉而神不醉」，「醉」是「醉」在「虛」處，是迷惑對手，而「拳」卻擊在「實」處，招招乃致命。裝愚的，是「外愚而內不愚」，「愚」是「愚」在皮毛小事，無關大局，而「精」卻「精」在節骨眼上，事關一生命運。

所以，老子認為，絕頂聰明的人不喜歡擺弄自己的聰明，「俗人昭昭，我獨昏昏」，以免讓別人窺到自己的真實意圖；相反，他們更多的時候是揣著明白裝糊塗，「俗人察察，我獨悶悶」，不讓別人看透內心。

現實生活中，「糊塗」的用法很簡單，難的是對世態人情的理解。因此，對於那些對人性、人情沒有深刻認識的人來說，一般都不敢使用這個方法，即使用了，也會心存疑慮，畏畏縮縮的，總擔心送出去了就收不回來。結果，當然達不到自己的目的。

有智慧的人肯「糊塗」，主動「當傻子」是善於抓心理弱點的智慧。當你自願顯得有點「傻」時，別人既喜歡和你在一起襯托出自己的聰明，又不用擔心你有深藏的企圖。在所有商人都在力求更精明的時候，反其道而行之，不能不說是一種智慧。

只有目光遠大者才敢「糊塗」。很多商人在交易過程中看到了眼前的蠅頭小利，「不拿白不拿」，「不吃白不吃」。有小便宜就佔，有小虧就躲，這樣的人只看到了暫時，而別人也看出了這種人的貪婪和精明。在商場上，沒有人願意和太精明的人合作，因為那樣會顯得自己很傻，總讓別人佔小便宜畢竟是一件讓人覺得不舒服的事。反倒是甘願吃點小虧的人能夠吸引更多的合作者。能保持相對長久的合作關係，如此這般自然能獲得豐厚長遠的利益。

人人都願意做一個聰明的人，不願意成為一個糊塗的人。但是，有時候還需要一些「難得糊塗」的精神。因為這種「糊塗」才是頂級的聰明。其實，有的時候，一點點的「糊塗」和人情味比十足的「太精明」更容易得到回報。表面上你「憨」，其實最大的贏家還是你！

比如，有人找你幫忙，而你心裡實在是不願意，而對方又死纏爛打。這時你就可以隨時隨地，信手拈一話題。如果實在找不到合適的話題，插科打諢，扯扯閑淡，逗人哈哈一笑，也是可以的。

對於用此法的人，我們也並非沒有辦法對付。

日常生活中，有些人遇到有人上門求他辦事，便產生一種優越感，侃侃而談，越扯越遠。或者，對方故意說些不著邊際的話，消耗見面的時間，最終拒絕、搪塞。這樣的人我們最難說服他。如用一般手法，會中對方的計。但一味沉默，等於承認對方佔了上風。對付這類棘手的人物，要先干擾他的決策。最好的辦法是很頻繁地說：「有點道理。」「是這樣的嗎？」之類的話來打岔，或是故意注意別的東西。這些動作會打斷他的思考邏輯，結果紕漏百出，從而獲得插話的機會。

大智若愚，從一個角度來說，也可理解為小事愚，大事明。對於個人來說是一種很高的修養。所謂愚，並非自我欺騙，或自我麻醉，而是有意糊塗。

該糊塗的時候，就不要顧忌自己的面子、學識、地位、權勢，一定要糊塗；而該聰明、清醒的時候，則一定要聰明。由聰明而轉糊塗，由糊塗而轉聰明，則必左右逢源，不為煩惱所擾，不為人事所累，這樣你也必會有一個幸福、快樂、成功的人生。

老子主張的「獨異於人，而貴食母」的處世態度，雖然和眾人不同，卻不是標新立異，驚世駭俗。而是因為自己「貴食母」，「母」代表「道」。「貴食母」意即守「道」，而還我本來面目，永遠回歸到生母的懷抱——「道」的境界中去。

第二十一章 孔德之容，惟道是從

【原文】

孔①德之容②，惟道是從。道之為物，惟恍惟惚③。惚兮恍兮，其中有象；恍兮惚兮，其中有物；窈④兮冥⑤兮，其中有精⑥。其精甚真，其中有信⑦。自今及古，其名不去，以閱眾甫⑧。吾何以知眾甫之狀哉？以此。

【注釋】

①孔：大。
②容：容貌，形象。
③恍惚：模糊不清。
④窈：微不可見。
⑤冥：深不可測。
⑥精：精要，原旨。
⑦信：不可懷疑的。
⑧甫：本始。

【譯文】

大德的狀態，是從屬於「道」的。「道」這種東西，沒有具體的實體形態。它雖然恍恍惚惚，其中卻有萬象；雖然恍惚，其中卻有萬物；雖然昏暗深遠，其中卻有極其微小的物質顆粒，是真實的，並且是可信的。從古代到今天，它的名稱不可以變，這樣才能觀照萬物的初始。我怎樣認知萬物萬事的開始呢?就是根據「道」。

【解讀】

「孔德」就是「大德」。什麼叫「孔」?比如我們把一張紙捲起來，就形成一個孔，只有圓周，圓周內空，外無一物，故能容，容內之大，容外之大。

「孔德之容」不能局限於這個「孔」，而是要把視覺拓展到這個「孔」本身的兩端，天地之間，拓展到外面大範圍環境裡面，無所不包的大德裡面，這才稱之為「孔德」。「容」，或解釋為形態，或解釋為動作，都可以講通。人的意識決定行為。內心有多少智慧，外表及處事就會表現出來，所以說「孔德之容，惟道是從」。

德與不德，唯一的標準要看是否符合「道」。合乎「道」的，便是德；否則，便不德。如何合乎「道」，就要修德。所謂修德，就是調整自己在社會生活各個方面的思維、言行，更好地合乎「道」。

「精」指極其微小的物質，是指「道」最本質的存在。「恍惚」，「惚恍」，「窈冥」都是指「道」不是人的感官所能觸覺的物體。「道」是什麼東西?它若有若無，在有和無的矛盾統一中，存在著一種形態，一種實物。雖然是太微不可見，深不可測了，但是可以知道其中有極其微小的物質顆粒。這種微小的顆粒真真確確存在，它的生命力永遠發揮著功效，使人不得不信。

「組成萬物的最小顆粒是什麼?」老子沒辦法回答。今天來看，這不僅是一個物理學問題，本質上更是一個哲學問題。現在顯微鏡能看到最微小的顆粒是夸克，很多人所謂的「弦」只是一種理論，並不是一種可見的顆粒。弦理論認為構成物質的不是「顆粒」，而是更本質的——能量包，又可表達作「波」或「弦」。

「眾甫」即「眾父」，指萬物的本始；閱：觀察。意思是，從現在追溯到遠古，人類早知道「道」這個名字，並且用以考察萬物的起源。

世界上有許多事情是不可知的，最小的不可分的顆粒是什麼就是不能被破解的問題之一。和這個問題類似的還有：最大的維度是什麼？宇宙從哪裡來，將向何處去？人類的存在有沒有目的性？宇宙運動的原動力是什麼？等等。瞭解了這些問題，信仰就走到了盡頭，宗教就不能再存在了，人和上帝之間的界限也被模糊了。

老子生活的時代科技是不發達的，但他的眼界之寬廣實在令人讚嘆。他以幾千年前的一隅自識，就能夠認識到類似於現在的宇宙論！那時誰能想像地球是怎麼來的，人類是如何進化的呢？而那個時代的老子，便知道自己只不過是宇宙中微小得不能再微小的一個顆粒，一點塵埃。

人類從老子之後，經過兩千多年，我們才能在各種科學成就下知道宇宙的秘密，人類的起源，以自推古，老子也算是有史以來的第一人，老子如果在那個時候明確的提出宇宙論，想來給人類提供的科技進步一定會更加轟動，不過照那時的社會現狀，應該會被認為是一個瘋子，當作異端處理。因此老子只有用惟恍惟惚的大道之類來引導人們自今及古，尋找人類，尋找地球的遠古之名，遠古之存在，進而體悟萬物運行規律，來推斷我們的將來，明白參「道」給我們帶來的認識。

在恍惚中，老子對世界有了模糊的認識，對人生和社會運行的規律有了初步的認識。我們生活是為了什麼？

有時候自己都無法給自己一個準確的答覆，不正是惟恍惟惚麼？

「惚兮恍兮，其中有象；恍兮惚兮，其中有物。窈兮冥兮，其中有精；其精甚真，其中有信。」不正是如此？

我們好像沒有信仰，但我們總是在信仰著什麼；我們不想遵從什麼規矩，但我們總是有不得不遵守的規矩。在我們追尋自由的渴望裡面，不是也明白，有些不自由正是為了更多的自由。

因為有「道」的存在，使我們知道應該遵循一些東西，脫離了「道」的法則，我們為「道」所棄，自己被排棄在宇宙天道之中，只是自己自以為自己的世界，便是真正的狹隘。

第二十二章　聖人抱一為天下式

【原文】

曲則全，枉①則直，窪則盈，敝②則新，少則得，多則惑。是以聖人抱一③為天下式④。不自見⑤，故明⑥；不自是，故彰；不自伐⑦，故有功；不自矜，故長。夫唯不爭，故天下莫能與之爭。古之所謂「曲則全」者，豈虛言哉！誠全而歸之。

【注釋】

①枉：屈、彎曲。

②敝：凋敝。

③抱一：抱，守。一，即道。此意為守道。

④式：法式，範式。

⑤見：（音ㄒㄧㄢˋ），同「現」。

⑥明：彰明。

⑦伐：誇。

【譯文】

曲線能成為圓，彎弧能成為直，凹陷能成為滿盈，破舊能成為嶄新，少取反而多得，貪多則會迷惑。所以有道的人只抱持一個原則作為天下事物的範式。不表現自身，反能顯現自身；不自以為是，反能明見是非；不自我誇耀，反能得到成功；不自我封閉，反能有所進取。正由於不與人爭，所以天下無人能與他爭。古人常說委曲求全這個道理，難道會是空話嗎？這是真真正正的道理啊！

【解讀】

老子認為很多人之所以最後無所收穫是因為只知追逐而不知歸真。如果你的前方遇到了阻力，要靜下心來轉個彎，尋求解決的方法是最好的選擇。死腦子一根筋，那樣不僅於事無補，而且自己也會活得焦頭爛額。

現在人也常說「委曲求全」，「曲線上升」，意思是辦事不要直來直去，直通通的往往辦不成事，要繞個彎子到達目的地，才能辦成事情並保全自己。

我們思考問題、說話、辦事都要懂得「曲則全」的道理。雖然兩點之間直線最短最省事，但兩點之間有一溝坎不能硬越，因而不得不繞個圈子到達對方。

做人，善於運用巧妙的曲線只此一轉，便事事大吉了。換言之，做人要講藝術，便要講究曲線的美。

心理學家做過一個試驗：

將一條飢餓的鱷魚和一些小魚放在一個小箱的兩端，中間用一個透明的玻璃板隔開，剛開始，鱷魚毫不猶豫地向小魚發動進攻，牠失敗了。但牠毫不氣餒，接著，牠又向小魚發動第二次更猛烈的進攻，牠又失敗了，並且受了傷。牠還要進攻，第三次、第四次……多次進攻無望後牠再也不進攻了。這時候，心理學家將隔板拿開，鱷魚仍然一動不動。牠只是無望地看著那些小魚在自己的眼皮底下悠閒地游來游去。牠放棄了所有努力，最終活活餓死。

當你所要堅持的遲遲等不到結果的時候，不如轉個彎，換一種方法，這也是人生的一種大智慧，千萬不要像那條鱷魚到死也不知道轉個彎來尋找生路。

在人與人的關係以及做事情的過程中，我們很難直截了當就把事情做好。我們有時需要等待，有時需要合作，有時需要技巧。我們做事情會碰到很多困難和障礙，有時候我們並不一定要硬挺、硬衝，我們可以選擇有困難繞過去，有障礙繞過去，也許這樣做事情會更加順利。

任何事情發生以後，當事者如果一味愚昧地往牛角尖去鑽，最後一定會活活地憋死在那個暗暗的、尖尖的、全無退路的牛角裡。然而，只要輕輕地轉個彎。燦爛陽光、康莊大道都在那兒等著。

老子又說：「少則得，多則惑。」他認為，一個人要想有自己自由的棲居，就不要受拘於外物。外物總是短暫而易腐朽的，而生命靈魂才是永恆。不要做財富的奴隸，只能做財富的主人，這樣人才能真正地逍遙。否則，就可能迷失在追求財富的汪洋大海裡，失去自我，失去對人生的享受。

如果有一個地方，能讓我們心安，能讓我們拋卻浮躁，「不要為外物所拘，心安理得處」，那不正是理想的棲居嗎？何必刻意地去尋？一片生機盎然的花圃，一座巍巍蔥蘢的大山，一場密密匝匝的雪花，一本泛著墨香的書卷，都可以成為我們自由的棲居，都可以容納我們放逐的心靈和漂泊的意志。

老子所講的「少則得，多則惑」是一門哲學，需要有大智慧，需要有大捨棄。智慧會讓我們生活得快樂充實，捨棄會讓我們生活得輕鬆無羈。不要顧忌捨棄而拒絕簡單的生活，那樣的話，你將不堪重負，顧慮重重，心力交瘁，六神無主……

「少則得，多則惑」的內涵在於拋卻雜念，直指目標。生活沒必要有太多的彎子，彎子太多會加重你的心情，影響你的情緒，導致惡劣的結果。其實，只要你夠純粹，把握住人生最重要的，你會覺得前景一片廣闊。

老子又說：「不自見，故明；不自是，故彰；不自伐，故有功；不自矜，故長。」很多人都不明白其中的道理。

唐代詩人孟郊在他的七絕《登科後》有一句「春風得意馬蹄疾」。從字面上看，好像是在得意之時仍揚馬奮蹄不辭勞苦繼續努力，其實這是曲解。後面還有一句「一日看盡長安花」才是其真意。這是其在四十六歲中進士後的得意忘形之作，但終究沒有擺脫窮愁潦倒，也未能免於飢寒凍餓，而最終死於貧病中。其根源就在於其得意得太過了。

老子還說：「淡兮其若海。」意思是志得意滿時應平淡如海，不可驕傲侮慢，仍須心謙身平，不狂妄，心體瑩然不失人生之本，堂堂正正做人，踏踏實實做事。

得意之時淡然，意在你不要太看重自己一時的勝利，躺在成績上面睡覺而不思進取。仍用真誠經營情感，用執著追求事業，用微笑面對磨難，用寬容善待人間，便會無憂無慮，路也會越走越寬闊。

失意之時坦然，意在失意逆事之時，不可自暴自棄，自我作踐，更不可自我絕望，而要與之坦然。常想想那許多現在還不如自己的人，則怨憤自然消除。坦坦蕩蕩心境平如水，少了得失之煩心，多了自樂之恬愉。但失意之時也不應不思進取而給自己增加面對失意的機遇，應在坦然面對失意的時候思奮起。

人生得意的時候容易忘形，一忘形就不知道自己姓什麼，於是惡念和惡行就會趁隙而入。

人生失意的時候容易失態，一失態就不知道自己的未來，於是消極和絕望就會趁隙而入。人生多有曲折，都會有得意之時，得意之時不可忘乎所以，按老子說的去做不會錯。關於「夫唯不爭，故天下莫能與之爭」這個話題，在本書第六十六章中有詳細的講述。

第二十三章 希言自然

【原文】

希言①自然。故飄風②不終朝，驟雨③不終日。孰為此者？天地。天地尚不能久，而況於人乎？故從事於道者④，同於道；德者，同於德；失⑤者，同於失。同於道者，道亦樂得之；同於德者，德亦樂得之；同於失者，失亦樂得之。信不足焉，有不信焉。

【注釋】

①希言：字面意思是少說話。此處指統治者少施加政令、不擾民的意思。
②飄風：大風、強風。
③驟雨：大雨、暴雨。
④從事於道者：按道辦事的人。此處指統治者按道施政。
⑤失：指失道或失德。

【譯文】

少實施政令、不擾民是符合自然的。狂風不會颳一早上，暴雨也不會下一整天。誰能讓風雨這樣呢？天地。天地都不能長久狂暴，何況人呢？所以順從於道的歸化於道；追隨於德的歸化於德；追隨於亡失的人則必得到亡失。歸化於道的人，道也樂於歸化於他；追隨於德的人，德也樂於歸化於他；追隨於亡失的人，亡失也喜歡追隨他。所以統治者的誠信不足，百姓也會不信任他。

【解讀】

「飄風」「驟雨」是一幅多麼形象的畫面！看起來真是洶湧、猛烈，可是卻不可能長久。越兇猛的東西壽命越短，越柔靜的東西反而壽命越長。為什麼呢？老子認為這是天地之道，天地之道是公平的，萬物生長的規律是公平的，早熟必定早衰。所以暴風驟雨來得越猛去得越快。

飄風、驟雨，類似於大自然的「言」。颳大風，下大雨的天氣，總是少數的，如同人之言語，人是不可能總在講話的。

因為什麼呢？

無言，是常態。

言，是非常態。

常態多，非常態少。所以，希言自然。

《道德經》是寫給當時的統治者看的，是君王南面之術。這裡的「飄風」「驟雨」比喻暴政。老子給當政者提出一個警示，如果用暴政——用苛捐雜稅剝削人民、用嚴酷政令束縛人民，那麼必然不會長久。能逞兇於一時，不能逞兇於一世。

老子反覆強調了一個鐵的規則——那就是因果報應的規則。如果某一位統治者遵循的是清靜無為的「道」，表現的是符合自然無為的「德」，那麼人民必定會回報你清靜、柔順的「道」與「德」；你以誠信對待人民，人民必然回報你誠信，你的統治才能長久。這種統治者就是第一個層次：「民不知有之」。這個因果律，佛家說的是「善有善報，惡有惡報」；儒家說的是「積善之家，必有餘慶；積不善之家，必有餘殃」。

老子的這段話在我們的日常生活中也是很實用的。比如我們看股市的漲跌，凡真正的牛市，都是逐漸的啟動，緩步的逐漸上漲，當漲速突然加快，直線上升，那你要小心了，風險即將降臨。為什麼？老子說了，「飄風不終朝，驟雨不終日。」細雨能下一天，有時甚至連續幾天，淅淅瀝瀝，但暴雨總是一陣。

人生也一樣。人不可能一輩子都順順當當，也不可能一輩子都倒楣。往大裡說，前十年讓你吃苦，後十年讓你飛黃騰達；前十年讓你富貴，後十年讓你經歷些挫折。四季有週期，經濟發展有週期，人生也有週期。走過上坡就會有下坡，低谷後接下來就是反彈。

有一個朋友在自己的部落格裡寫道：「每天上下班騎摩托車經過一個不知道什麼原因造成有點輕微塌陷成了一個類似開口向上的拋物線路面，摩托車騎過去，先是衝向谷底，然後馬上向上衝回到水平路面，給人一種很難說出的感覺，久了，每次上下班對這個路面有一種莫名的期待。也許是因為在水平路面上，同樣的速度，一成不變，突然來個起伏，打破了原先的單調，讓人為之精神一振！」

人生有起有伏，才會豐富多彩，一成不變就會讓人覺得乏味，因此無論是起還是伏，我們都應該珍惜，伏時不必哀嘆命運不公，甚至一蹶不振，而應該鼓起勇氣與命運抗爭，頑強踏實地走出每一步，要堅信伏極必起，暫時的伏將意示著更大的起；而起時也無須洋洋自得，放鬆對自己的要求，失去對生活的執著追求，要知道一個細節上的失誤也可能把我們帶入谷底。

「信不足焉」，是說人們對以上所說自然大道的真理，不肯真信，所以便說「信不足焉！」同時也是指在上的統治者對百姓誠信不足之意。

「有不信焉」，是說世間大多數人，根本不相信在眼見世界之外，還有一個隱態世界，不相信還存在著一個形而上的自然之道，也不相信宇宙間存在著全息自然因果律，所以將道德視為虛無的東西，反而「大笑之」。

「信」為仁義禮智四德之根，在五行為戊已土。在河圖洛書位處中心一點「⊙」，主宰四面八方。在人則為心。信德是天下最大的凝聚力與黏合劑，是做人做君的根本。君對民的信德不足，民必以信不足而應之。在上者若能誠信於天下，則萬民必以誠信回應之。

第二十四章　企者不立，跨者不行

【原文】

企①者不立②，跨③者不行④；自見者不明；自是⑤者不彰⑥；自伐⑦者無功；自矜者不長。其於道也，曰餘食⑧贅形⑨，物或惡之，故有道者不居⑩。

【注釋】

①企：踮起腳尖。意為「勉強」。
②不立：不能久立。
③跨：小步慢行為「趨」；大步急行為「跨」。
④不行：不能久行。
⑤自是：自以為是。
⑥不彰：形象得不到彰顯。不會受到人們的尊重。
⑦自伐：自我誇耀。
⑧餘食：殘羹剩飯。
⑨贅形：贅疣，皮膚上長的肉瘤。比喻多餘無用的東西。
⑩不居：不去做。

【譯文】

踮起腳尖要站得更高，反而站立不穩，一步跨作兩步想要前進得更快，反而不能前行。只注重自己的人反而顯現不出自己；自以為是的人反而不會得到認同；自我誇耀的人卻往往得不到成功；自高自大的人也不會在眾人中顯現。這些急躁炫耀的行為對於「道」來說，只能是廢物剩料，是讓人厭惡的東西，所以有「道」的人是不會那樣做得。

【解讀】

踮起腳尖來，能站多久呢？其實，是難以長久立足的，練過功夫的人，也不過站短暫的時間。平常，人們很少那麼踮起腳來站立，也許是個矮子，為了與人比高，才這樣做，或者，偶然遠望，才那麼踮起腳來。但是，到底是站不久的。這便是「企者不立」的道理。

「跨者不行」是說跨開大步走路，只能是暫時偶然的動作，卻不能永久如此。如果你要故意跨大自己的步伐去行遠路，那是自取顛沛之道，不信，且試跨大步走一、二十里路看看。大步走，跨大步是走不遠的。因此，老子用這兩個現象來說明有些人好高騖遠，便是犯了最大的錯誤。「企者」，就是好高，「跨者」，就是騖遠。如果把最淺近的、基礎的都沒有做好，偏要向高遠的方面去求，不是自找苦吃，就是甘願自毀。

在時間就是金錢的現代社會裡，一切講求速度。放眼望去，吃得是「速食麵」，讀的是「速成班」，走的是「捷徑」，渴望的是「瞬間發財」，以至於造成社會追逐功利，普遍短視的現象。

古人告訴我們，雞肉要用小火慢慢的燉，才會好吃；拜師學藝，至少要三年四個月才會有成，任何工匠，講究的是慢工出細活。可是，我們已經把這套寶貴的生活哲學遺忘了。

在「速度」掛帥的前提下，人人不再腳踏實地，按部就班，處處顯得毛躁馬虎、急功近利。

有個小孩在草地上發現了一個蛹，他撿回家，要看蛹如何羽化成蝴蝶。

過了幾天，蛹上出現了一道小裂縫，裡面的蝴蝶掙扎了好幾個小時，身體似乎被什麼東西卡住了，一直出不來。

小孩子不忍，心想：「我必須助牠一臂之力。」所以，他拿起剪刀把蛹剪開，蝴蝶脫蛹而出；可是牠的身軀臃腫，翅膀乾癟，根本飛不起來。

小孩以為幾小時之後，蝴蝶的翅膀會自動舒展開來；可是他的希望落空了，一切依舊，那隻蝴蝶註定要拖著臃腫的身子與乾癟的翅膀，爬行一生，永遠無法開展飛翔。

大自然的道理是非常奧妙的，每一個生命的成長都充滿了神奇與莊嚴，瓜熟蒂落，水到渠成。蝴蝶一定得在蛹中痛苦地掙扎，一直到牠的雙翅強壯了，才會破蛹而出。小孩善意的一剪，反而害了牠的一生。

從這個故事裡，我們可體會「揠苗助長」，「欲速則不達」的真諦。燉、熬、磨練、挫折，這些都是成長必經的過程。急於成功的人，別忘了日本名將德川家康的一句名言：「人生必須背負重擔，一步一步慢慢地走。」

比如，讀書是件慢活，急不得。尤其是人文科學門類，知識有一個積累的過程，認識有一個深化的過程，功夫不到，水準就難達到，體悟不到，感覺就找不到。那種「活學活用，急用先學，立竿見影」的辦法實在是把學問當作了工具，當作了一件隨手可以抓來的用品，這樣的實用主義態度是最要不得的。因而讀書首要之事就是拋掉這種態度。

關於自見者、自是者、自伐者、自矜者這幾種人，我們在本書第二十二章有涉及，這裡亦不多言。

最後老子總結，這些急躁炫耀的行為（自見、自是、自伐、自矜）對於道來說，只能是廢物剩料，是讓人厭惡的東西。

第二十五章 道法自然

【原文】

有物①混成②，先天地生。寂兮寥兮③，獨立而不改④，周行而不殆⑤，可以為天地母⑥。吾不知其名，字之曰道，強為之名曰大⑦。大曰逝⑧，逝曰遠，遠曰反⑨。故道大，天大，地大，人亦大。域中⑩有四大，而人居其一焉。人法地，地法天，天法道，道法自然。

【注釋】

①物：指「道」。混成：混然而成，指渾樸的狀態。

②混成：渾然而成，指渾樸的狀態。

③寂兮寥兮：沒有聲音，沒有形體。

④獨立而不改：形容「道」的獨立性和永恆性，它不靠任何外力而具有絕對性。

⑤周行：循環運行。不殆：不息之意。

⑥天地母：一本作「天下母」。母，指「道」，天地萬物由「道」而產生，故稱「母」。

⑦強為之：勉強命名它叫「道」；大：形容「道」是無邊無際的、力量無窮的。

⑧逝：指「道」的運行周流不息，永不停止的狀態。

⑨反：另一本作「返」。意為返回到原點，返回到原狀。

⑩域中：即空間之中，宇宙之間。

【譯文】

有一種東西是渾然一團而成的。它先於天地而生，雖然它靜靜的聽不見，默默的看不見，但它傲然獨立永遠也不停息，反覆運行永遠也不止，可以把它看作是生育天地的母親。我不知道它名字叫什麼，只能把它記作為「道」。再勉強命名稱它為「大」。它無限運行，川流不息，這樣川流不息以至伸展到很遠，伸展得越遠就會返回本原。所以說道大、天大、地大、人也大。宇宙間有此四大，而人只是其中之一。人要效法於大地，大地要效法於上天，上天效法於道，道則效法於自然。

【解讀】

「有物混成」，這個「物」就是「道」。關於「道」的性質和「道」的規律，其基本點在第一、四、十四、二十一和本章裡都看到了。比如「道」是不可言說的，是「視之不見，聽之不聞，搏之不得」的。「道」是恍惚的，朦朧的，就像清純朦朧的少女，就像一首朦朧多情的詩。這裡又說「道」是混然而成的，混混沌沌，模模糊糊。「道」先於天地而產生，不僅是說先有「道」而後才有天地，而且是說「道」創生了天地。

第二十一章說「道」是「恍兮惚兮」「窈兮冥兮」，這裡又說「道」是「寂兮寥兮」。寂，是沒有聲音；寥，是沒有形狀。雖然道是沒有聲音，沒有形狀的，但不等於「道」是不存在的，它不僅是存在的，而且是「獨立」的，也就是不依靠別人而存在。它自己就能夠卓然自立，獨立存在，並且不可改變。

我們說過《周易》中的「易」字有三個意思：第一個是變易，第二個是簡易，第三個是不易（不變）。老子這裡說的「道」有點類似於《周易》中的「易」。「道」是不改的，不變的，是永恆的；「道」又是變化的。怎麼理解？萬事萬物都在變，但有一個東西是不變的，那就是變化的規律是不變的，「萬事萬物都在變」這句話是永遠不變的，是永恆的。

「可以為天下母」，「道」是天下萬物的母親，這句話是說「道」是產生天下萬物的總根源。它是不可言說的，所以也沒有辦法給它取名字，但人們對沒有名字的東西是無法理解的，所以只好勉強給它取一個字叫做「道」，又取一個名叫做「大」。

「大」一般有範圍大、年紀老、輩分高、德高望重等意思，這些意思「道」統統都夠得上，而且還不止。「道」不但夠「大」，而且還「逝」，「逝」就是運動的意思；不但「逝」，而且「遠」——非常遠，遠大，也是「大」的一種；不但「遠」，而且「反」，「反」不僅有反向的意思，還有返回的意思，最後它又回到了它最初的狀態。這是老子對「道」的第三段形容，主要是說「道」是很「大」的。

宇宙中與「道」一脈相承的還有「天」、「地」、「人」。天和地很好理解，前面已經說了「道」是「天地母」。「人」怎麼又扯進來了呢？那是因為在天和地之間的所有萬物中，「人」是傑出代表，最有靈性，最符合「道」，而且「人」是以「天」為父，以「地」為母的——在《易經》中「乾」卦既代表天，也代表父親；「坤」卦既代表地，也代表母親。

我們都知道佛教說「四大皆空」，這個「四大」指的是地、水、火、風。老子也說宇宙當中有「四大」，這個「四大」是人、地、天、道。因此，道——天——地——人，一脈相承，並稱「宇宙四大」就好理解了。

在這「四大」裡面，人是最渺小的。這一點道家和儒家不同。在儒家那裡，認為人是最偉大的，人可以頂天立地，成為一個浩然之氣的大人。而在《老子》這裡，人是最最渺小的，道是最偉大的，所以人要效法地，地要效法天，天要效法道。人要按照大地的規律來辦事，大地要按照天的規律來運轉，天要按照道的規律來運行。

「人法地，地法天，天法道，道法自然。」這句話就順理成章了，就是孩子服從母親，母親服從父親，父親服從祖宗。「道」呢？它服從誰？老子說了，「道法自然」。

什麼是「道法自然」？是不是自然比道還要高？前面說了有「道」才有天地自然，先有「道」後有天地自然。這裡怎麼又說道還要效法自然？究竟是自然高還是道高？其實這裡的自然不是指大自然，而是指自然而然，也就是本然，本來的狀態，本真、本性、本質。

剛才講了「道」是一個總源頭，是一個總規律，這裡是說「道」是一個自然本然的狀態，是天地萬物的總本質、總本體。在以後的章節中我們還會講到「道」是一個總法則，就是你做任何事情，比如說你治理國家、治理企業都要按照「道」的法則來做，養生要按照「道」的法則來做，為人處世要按照「道」的法則來做，所以說「道」還是一個總的法則。

第二十六章 輕則失根，躁則失君

【原文】

重為輕根，靜為躁君①。是以君子終日行不離輜重②。雖有榮觀③，燕處④超然。奈何⑤萬乘⑥之主，而以身⑦輕天下⑧？輕則失根，躁則失君。

【注釋】

①君：主宰。

②輜（ㄗ）重：通常解釋為「軍中載器械糧食的車」，這裡指厚重的品德，如謙恭誠信、兢兢業業等。

③榮觀：華麗的處所。這裡指奢華的生活方式。

④燕處：燕居，像燕子暫居巢穴一樣。指不留戀之意。

⑤奈何：怎麼、為什麼。

⑥萬乘（ㄕㄥˋ）之主：乘，兵車。古駟馬一車為一乘。萬乘，指大國。主，王、君主、大國之侯。

⑦身：自身。

⑧輕天下：輕率地治理天下。

【譯文】

厚重是輕浮的基礎，寧靜是躁動的主宰。所以，有道之士行事一貫謙恭誠信、兢兢業業，不敢稍有輕忽；雖然身處華美的宮殿、尊貴的地位，依然保持著平和樸實的心境閑淡處之。為什麼大國的君主常要去輕率妄動地製造事端呢？輕率就會喪失根本，從而失去控制，浮躁就易受制於人，從而喪失主宰的地位。

【解讀】

我們都知道，輕重相比，以重為根。這就是為什麼有不倒翁。不倒翁就是因為它下面重，上面輕，所以它上面怎麼搖，也不會翻過來。這就是不倒翁的「重為輕根」的原理。有的人一直處於人生的風口浪尖，但是他是永遠的不倒翁，這是有原因的，因為他知道他立足的那個根是什麼、在哪裡，如何永遠不離開這個根。

以木本植物來說，一般近根的那一端總比近梢的那一端要緻密、厚重得多。在地球的重力場範圍內，任何物體總是不斷地趨向重心更低的位置。無論車或是船，都講究保持「穩度」不傾覆，很重要的一個辦法就是加重它的底盤——盡可能降低它的重心。這就叫「重為輕根」。

重的根一般都是靜的，相對的那一端才是輕和躁的，是易動的、易變的。重是事物的「根本」，輕是事物的「枝葉」；「重」所代表的寧靜、鎮靜的部分當然就是「輕」所代表的輕率、浮躁的部分的主宰。

「靜」就是安靜、清靜、閒靜的意思。

老子認為，處理任何事情，都應冷靜觀察，謹慎從事，而不應搶先、從眾，蠻幹妄動。老子在第三十七章中又說：「不欲以靜，天下將自定」，即只要我們自身守靜無為，天下就會相安無事。所以，老子這裡說「重為輕根，靜為躁君」，「輕則失根，躁則失君」。

守靜是防止輕率的根基，冷靜是遏制躁動的主宰。輕舉妄動就會給我們的工作帶來危害，從而失去根本；不能把持住自己，魯莽行事，就會導致事業的失敗。

老子主張「靜」，但並不是絕對地反對「動」，而是要適時而動。

老子曰：「孰能濁以止？靜之徐清。孰能安以久？動之徐生。保此道者不欲盈。」只有以達觀的心態去順應事物自身的發展規律，才能以靜制動，以不變應萬變；只有看準走勢，不盲目從眾，適時出手，才能動而穩妥，制而有效。

《莊子・大宗師第六》曰：「喜怒通四時，與物有宜而莫知其極。」因為只有看透別人的內心，才能最有針對性的攻其心，而被人看透內心則比被人抓住命根子還要可怕，還要恐怖，猶如被抓住牛鼻子一樣陷入被動，只能聽命於人，受制於人了。

沉住氣的心態往往是成功的必要因素。一般來說，人們只要不是處在激怒、瘋狂的狀況下，都能保持自制並做出正確的決定。健康、正常的情緒，不僅平時給生活帶來幸福、穩定、暢快，而且能在大難臨頭時，幫助你逢凶化吉，轉危為安。

在英國倫敦的街頭，一些年輕男女穿著印有漢字「道」、「靜」、「無事」、「無為」的服裝，出街入市，視為時髦。

但他們真的理解「道」的涵義了嗎？如果理解了，那麼他們就不會把這種行為當成一種時尚。

怎麼能保持「重」和「靜」呢？所以有「道」的君子當然是「終日行不離輜重」。「輜重」是軍隊的術語——糧草、物資、攻堅的重兵器的總稱，這些東西決定了一支軍隊有多大的自持力和戰鬥力，因此是軍事根本，這裡的「輜重」就是根本的意思。因此，「君子終日行不離輜重」就是有「道」的人保持著穩重、持重、凝重的態勢，必要時能夠忍辱負重，為了守住做人和為「道」的根本。

「榮觀」可以理解為華美的宮殿、優越的環境、尊貴的地位、美好的名譽等好的待遇。但是和一般人癡迷於、驕傲於、炫耀於這些東西的表現不同，君子的做法是「燕處超然」。

「燕」就是常見的燕子，燕子有很多值得人們學習的美德。第一，牠善於利用已有的環境（屋簷）來築巢，可以節約工作量並且遮風蔽雨；第二，牠不一定要住在富貴人家，竹籬茅舍它也能安之若素，而且牠不會為了標榜清高而不去住那些高樓廣廈；第三、牠很會觀察環境和氣候，一旦感到不適宜居住的跡象出現，絕不會戀棧既有的溫暖巢穴，立刻全身遠害。

因此，君子就像燕子一樣對待「榮觀」，這種態度就是「超然」。

「萬乘之主」就是擁有強大武力國家的統治者，「身輕天下」就是去妄動、去造事。一個人真正能擁有的東西取決於他的心量有多大。對於一個沒有「道德」的俗人來說，日薪百元，他會只考慮溫飽的問題；日薪千元，他就要想娛樂的問題；日薪萬元，他就會行為放蕩；日薪十萬，他就驕奢淫逸了。暫時歸屬於你的東西並不見得就是你真正擁有的，「道」會來考察你配不配擁有它。如果你已經為「物」所轉，為「物」所役了，說明你「器小易盈」，那麼它就會收回你已經得到的東西，給你一個恰如其分的待遇。

「萬乘之主」的地位是來之不易的，他擁有的東西非常多。多到讓他的心態承受不了了，所以他才會去「身輕天下」，這樣就證明了他擁有的東西已經超過了他本身的那個「度」了，所以他不再「重」和「靜」，變得「輕」和「躁」了，那麼「道」就一定會讓他「失」——失去根本、失去主宰的地位。

可是，我們所處的世界——車水馬龍、霓虹閃爍、香車美女、別墅洋樓、魚翅燕窩、鮑魚熊掌……在這樣一個充滿誘惑的時代，面對這一切，人們便不由自主地浮躁起來。似乎我們什麼都想得到，似乎這些在我們心中是最美的。但我們的心靈呢？

我們應該讓它安靜下來，還它美麗。

第二十七章 常善救人，故無棄人

【原文】

善行，無轍跡①；善言，無瑕謫②；善數，不用籌策④；善閉，無關楗⑤而不可開；善結⑥，無繩約而不可解。是以聖人常善救人，故無棄人⑦；常善救物，故無棄物。是謂神明⑧。故善人⑨者，不善人之師；不善人者，善人之資。不貴⑩其師，不愛其資，雖智大迷。是謂要妙。

【注釋】

①無轍跡：合轍。駕輕的意思。
②瑕謫：瑕疵。這裡指留下話柄。
③善數：善於計算。
④策：籌和策是古代的兩種計算工具。籌為片狀，策為條狀。
⑤關楗：栓銷。古代家戶裡的門有關，有楗。關即栓，栓上有楗孔；楗即小木銷，插入楗孔以防止門栓滑脫。
⑥善結：善於捆綁。
⑦無棄人：沒有發揮不了作用的人。
⑧明：大道的智慧。

⑨善人：品行良好的人。不善人：品行不好的人。

⑩資：資材。可用（借鑑）的材料；貴：重。有重視、尊重之意。

【譯文】

善於行走的，不會留下轍跡；善於言談的，不會發生病疵；善於計數的，用不著竹碼子；善於關閉的，不用栓銷而使人不能打開；善於捆縛的，不用繩索而使人不能解開。因此，聖人經常挽救人，所以沒有被遺棄的人；經常善於物盡其用，所以沒有被廢棄的物品。這就叫做內藏著的聰明智慧。所以善人可以作為不善人的老師，不善人可以作為善人的借鑑。不尊重自己的老師，不重視那些借鑑，雖然自以為聰明，其實是大大的糊塗。這都是精深微妙的道理。

【解讀】

善行，就是善於行動的、行走的。這樣的人如「草上飛」，行走時連痕跡都沒有。

會說話的，講話沒有任何瑕疵，沒有任何毛病，沒有任何過失，不可挑剔。「瑕謫」的「謫」，就是指責、譴責，責備的意思。「瑕」就是斑點，次品的玉上的斑點叫瑕疵。

「計」就是計算的意思，「籌策」就是一些計算工具，就像以前的結繩、算盤等，都是屬於籌策類的。善數者就是腦袋瓜好使，用今天的話說就是數學能力很強的人。

我們要把門關起來，一般都要用門栓，這個就叫「關楗」。老子說，真正會關門的，不需要這個關楗，它就合起來了，天衣無縫。

「繩約」就是用繩子捆綁的意思。善於打結的，不需要用繩子，而你就沒有辦法解開。

講這五個「善」，還只是老子的鋪墊，他要講後面的話，或者就是要揭示後面的道理，後面的話是關鍵。即善行者、善言者、善數者、善閉者、善結者，可以說是各有所長。人都有長處，有都有短處，你看一個人不顯眼，不顯山不露水，也許他有特殊的才能。

所有聖人認為人無完人，也無廢人，每個人都有自己的特質。老子的這段論述，提出了怎樣用人的問題，即，「善救人」和「無棄人」的觀點。他認為，「金無足赤，人無完人」，一個聰明的領導者，應當善於發現下屬的優點和長處，用其所長，避其所短，不要總是求全責備。世上沒有不可用的人，只有未被發現的人才和不會用人的人。要做到「人盡其才，物盡其用」，這是當領導者的智慧。

《淮南子》在解說老子「無棄人」思想時講了一個故事。

楚國將軍子發喜歡尋求有技藝的人，他不顧部下的反對收留了一個偷竊高手。後來齊國軍隊侵犯楚國，子發率軍抵抗，三戰三敗，謀臣良將束手無策。正在危難之際，偷竊高手夜裡潛入齊營，連連盜取齊國將軍的帷帳、枕頭和簪子。偷者夜裡盜，子發在白天將所盜之物一一送還齊營。一連三天，第四天齊將摸著頭說，現在不撤兵，恐怕連我的頭也要取走了，於是回師而去。《淮南子》對此評價道：技藝是沒有細小的，才能是沒有菲薄的，在於國君如何使用罷了。

管理大師威爾許說過：「管理很簡單，就是將正確的人放在正確的地方。」完善有效的人力資源的開發，就是讓合適的人在合適的位置上。

聯邦德國最大的冷軋鋼廠領導人霍爾曼被西方企業界公認為最優秀的女經理，她在一九七九年接受訪問時曾說：「作為一個領導者，應該知人善任，瞭解每一個下級的工作能力和特長。在安排工作時，應將合適的人放在適合他能力和特長的崗位上。」

比如，善行者，就讓他辦具體的事；善言者，就讓他搞公關，搞談判；善數者，就讓他做財務。如果搞反了，「善言者」你讓他做保密工作，「善數者」你讓他去搞公關，都是不合適的，也做不好，或者說不能完全發揮他們的特長。

把合適的人放在適合的位置上，可以從兩個方面來理解：一是合適的人要放在合適的位置上，二是合適的位置上要有合適的人。這就要求，首先要識人，要知人所長、知人所短，瞭解他能幹什麼、瞭解他不能幹什麼，知道他能幹好什麼、知道不能幹好什麼，懂得他幹什麼輕鬆、懂得他幹什麼費勁，然後選擇他最適合的位置。

其次要識位置，要能把握這個位置的特殊要求，瞭解這個崗位需要什麼樣的人、不需要什麼樣的人，知道什麼樣的人能幹好、什麼樣的人不能幹好，懂得什麼樣的人幹得輕鬆、什麼樣的人幹得費力，然後選擇最合適的人放在這個位置上。

人無棄人，物無棄物，關鍵在於用人和用物的人。他們要善於挽救人，教育人，團結人，調動人的積極性、主動性和創造性，充分發揮每個人的作用，這樣才能做到人盡其才。

其次，這篇中還有一個暗含的邏輯，就是放棄：對於不合適組織發展要求的人，要有一個機制讓他離開組織。這方面，也包括兩層含義：當一個員工，感覺組織不適合自己的時候，要勇於放棄；同樣的，當組織認為發展遇到瓶頸了，個別員工趕不上了，也要勇於放棄。與其讓一個人在這個組織裡痛苦和備受折磨，還不如幫他找到合適的位置，對他來說，才是最好的，才是真正的關心員工——畢竟，只有在創造價值中才能體現價值，人，活著，意義在於此，而不在於一個飯碗。

老子最後提出，不善於用人的人要向那些善於用人的人學習，善於用人的人也要以那些錯誤的做法為借鑑。

總之，本章所講的內容，重在要求人們尤其是管理者要恪守「無為而治」的原則，說明有道者順任自然以待人接物，更表達了有道者無棄人無棄物的心懷。人無棄人，物無棄物，天下的善人不善人，善物不善物，都是有用處的。善者為師，惡者為資，一律加以善待，特別是對於不善的人，並不因其不善而鄙棄他，一方要勸勉他，誘導他，另一方面也給他一個成為善人的機會。

第二十八章 為天下谷，常德乃足

【原文】

知其雄①，守其雌②，為天下溪。為天下溪，常德不離。常德不離，復歸於嬰兒③。知其白，守其黑，為天下式。為天下式，常德不忒。常德不忒④，復歸於無極。知其榮，守其辱，為天下谷⑤。為天下谷，常德乃足。常德乃足，復歸於樸⑥。樸散則為器⑦，聖人用之，則為官長⑧。故大制無割⑨。

【注釋】

①雄：比喻剛勁、躁進、強大。
②雌：比喻柔靜、軟弱、謙下。
③嬰兒：象徵純真、稚氣。
④忒（ㄊㄜˋ）：過失、差錯。
⑤谷：深谷、峽谷，喻胸懷廣闊。
⑥樸：樸素。指純樸的原始狀態。
⑦器：器物。指萬事萬物。
⑧官長：百官的首長，領導者、管理者。
⑨大制無割：制，製作器物，引申為政治；割，割裂。

【譯文】

深知自身的雄強，卻安然堅守謙下的地位，寧作天下的小溪澗。如果寧作天下的小溪澗，永恆的品德就不會丟失，就會復歸於嬰兒般純淨的形態。瞭解自身的清白，卻堅守在暗昧的地方，甘願做天下的範式。甘願做天下的範式，永恆的品德就沒有差錯。永恆的品德沒有錯，可以回到宇宙的初始。深知自身的榮譽，卻甘願處於卑辱的地位，甘於做天下的低谷。甘於做天下的低谷，應該具備的德行就都有了。這其實就是回歸於淳樸的本性。這種淳樸的本性就是利器，有道的人利用它就可以成為百官之長。所以完善的政治是不可強制割裂的。

【解讀】

本章主要說的是如何將「道」用於為人處世的方法。老子用「三知三守」來說明這個過程。

「三知三守」的「知」都是指瞭解、明白的意思；「守」是指應該保守、安守的意思。三句話的共同特點其實都是「知其陽，守其陰」。一般人普遍都貴「陽」而賤「陰」，所以喜歡稱「雄」，不甘「雌」伏；喜歡清「白」，不願被抹「黑」；喜歡得「榮」，不願受「辱」。而從「道」的方面來說，這些東西本質上都沒什麼差別。但既然世人都貴「陽」而賤「陰」，那麼有「道」的人就不該去和俗人一樣去爭處「陽」位，而應該學習「水德」，去安守「陰」位，去安守「不爭」和「無為」，反世俗之道而行之。

「知其雄，守其雌」就是「不爭」。明知自己很有力量（雄），但是也要低調，讓別人看起來柔弱（雌）。

道家認為：那些得「道」的人烈焰不能燒灼他們，洪水不能淹死他們，嚴寒酷暑也不能把他們怎麼樣，飛禽走獸也無法傷害他們。但這並不是說水火、寒暑的侵擾和禽獸不能對他們怎麼樣，而是說他們「復歸於嬰兒那純真的狀態」，安於禍福，慎處離棄與追求，所以這些東西就不能夠傷害他們了。

所以老子認為，懂得人的行止，立足於自然的規律，居處於自得的環境，明白應變，屈伸自如，就可以說是「道」的較高境界了。

而人之所以有驚恐、疑懼、喜悅、苦惱、憂傷、快樂，是因為人向來有改變自然的衝動，人也就註定背起苦難去追求幸福。但實際上，人的本來樣子卻是另外一個樣子的。

人與世上的其他任何事物一樣，是自然的一部分，是能活動的「泥土」。不過人是有智慧的，人不過是能創造奇蹟的「泥土」。我們從天地而來，我們又回歸天地，但我們傳達了天地的神奇，發現了天地的奧秘。那就是我們的生命，那就是我們的生命創造，或者，那就是我們生命的意義。

「知其白，守其黑」就是有「道」的人在把一切都從根源上都看得清清楚楚以後，表面上反而呈現出一副懵懂昏沉的樣子。俗話說「不聾不啞，不做家翁」，「水至清則無魚，人至察則無徒」，說的就是這個道理。

有的人喜歡下圍棋，有的人喜歡練書法，書法家和圍棋高手經常說一句話，叫「知白守黑」，誰說的？老子說的。什麼叫知白守黑？寫書法，黑的地方是字，白的地方也是字，寫書法的人這麼看。真正懂書法的人他眼睛一看，黑的地方是字，白的地方也是字，所以守住黑要知道白，這樣就達到一種高級層次。

這樣「知白而守黑」，你才能「為天下式」——成為天下的表率。這樣，你的「德行」才會「不忒」——純正起來。「忒」是差錯的意思。這樣不斷地「韜晦」下去，你就能夠回歸到「無極」的狀態。「無極」是比「太極」還要早的狀態，是無陰也無陽的一個狀態，是混沌一體的狀態，是宇宙最原始的狀態，是「道」的基本態。「無極」的狀態沒有一切有形的跡象，但一切有形的東西都可以從中產生出來。它是壽命無限、變化無限、功用無限，一切都不可限量的狀態。

「知其榮，守其辱」就是明白榮辱的世俗規則和道的意義以後，自覺地身處低下——甘於淡泊、甘於寂寞、甘於寧靜、甘於卑微。

但老子這裡所說的「知其榮，守其辱」，並不是要人一味地去迎合別人。在生活和工作中，有的人一味迎合他人，強裝笑臉，自己屈心抑志，憋得慌，在一旁觀看的人，也覺得難受得很。有的人故作高傲，完全按自己的主意行事，與人交往時合則留，不合則去，比自己強的人不接近，比自己差的人不遷就，自己的心靈也很寂寞，也感到壓抑。

那裡趕得上自然地與人相處：比自己差的人，謙虛地和他相處；把功利放在一邊，把評價放在一邊，何況功利與評價並不是一成不變的呢！自然地與人相處，別人舒服，自己也舒服，這樣多好！

老子認為，這種淳樸、自然的本性就是利器，為什麼這麼說呢？這裡老子還是講「無為」。自然規律演化成具體的事物，聖人應順應萬物的本性因勢利導，所以最完美的治理是不會傷害萬物本性的。如果政令經常變來變去，百姓就會無所適從，結果非把國家搞亂不可。因此，高明的統治者要順從事物的本性，清靜無為，不要自作聰明，人為地制定許多政令出來，那樣會事與願違。

有道的人明白這個道理，就能治理好國家，就能成為百官之長了。

第二十九章　無為，故無敗；無執，故無失

【原文】

將欲取天下而為①之，吾見其不得已②。天下神器③，不可為也，不可執④也。為者敗之，執者失⑤之。是以聖人無為，故無敗；無執，故無失。夫物或行或隨⑥，或歔⑦或吹，或強或羸⑧，或載或隳⑨。是以聖人去甚，去奢，去泰⑩。

【注釋】

①為：做、行、做事。這裡指治理。

②不得已：「已」，止也。「不得已」，得不到。

③天下神器：天下者神器也。祭祀用的鼎，重器。象徵王權帝業。

④執：《正韻》守也，持也。掌握。這裡有「視為己有」之意。

⑤失：《說文》縱也。一曰錯也，過也，遺也。

⑥隨：後隨。

⑦歔（ㄒㄩ）：緩慢出氣。

⑧羸（ㄌㄟˊ）：羸弱。

⑨載：承載。承受能力強則安。這裡作「安」理解；隳（ㄏㄨㄟ）：毀壞，墜落。不能承受則危。這裡

作「危」理解。

⑩甚：極端的；泰：即「太」，過度的。

【譯文】

想要奪取天下並統治據有它，我可以肯定他達不到目的的。天下（人類社會）是大自然神聖的產物，是不能憑主觀意志去改造的。硬要這麼做必敗，堅持執行改造的人就會失去它。所以有道的人不去統治，就沒有失敗；不把持，就不會失去。世間萬人萬物，有前行則必有後隨，有吸入則必有呼出，有強盛則必有衰弱，有上升則必有跌落。所以有道之人要放棄過分的、奢侈的、極端享樂的想法。

【解讀】

「天下」，這是多麼誘人的一個字眼啊！這是可以看得見的並且可以據為己有的最大的一個東西了。多少人嚮往擁有它，多少人想要佔有它！可是有多少人能夠擁有它，能夠佔有它？能夠長久？很難，很少，幾乎沒有。為什麼？老子說出了一個規律，那就是不可得。

《三國演義》第一句話就是天下大勢，分久必合，合久必分。既然是分久必合，那麼老子為什麼說不能「取天下而為之」呢？

老子這裡的意思不是不能取天下，而是不能把天下認為是自己的，想怎麼樣就怎麼樣。天下是天下人的天下，如果把天下認為是自己的，那這樣的統治者就是昏君，就不能得到老百姓的擁護。在封建社會，如果一個皇帝只顧自己享樂，認為天下是自己的，所以橫徵暴斂，置老百姓的生死於不顧，那這樣的朝代是長久不了的。什麼叫做盛世，只皇帝一個人過得好不叫盛世，天下老百姓都能過上好日子，都能安居樂業才叫盛世。

「天下」，它是個器。與一般的「器」相比，這個「器」很大。「天下」，可以具體為一個國家或當時的周朝。

老子把「道」都當個「物」來講，所以這個「天下」肯定也是個物。這個東西可不是一般的東西，它叫「神器」。「神」，就是很高級、很特別、很超越、很玄妙，我們一般把這樣一個東西叫「神」。不可捉摸的，就叫「神」。就是說，這個東西，太難把握了，是不可為的。你想佔有「天下」就佔有「天下」，你想橫行「天下」就橫行「天下」？不可以這樣的，你這樣就要失「天下」的，「天下」就要丟光了。就像做周天子，把一塊一塊的地全部都分出去了，最後這個「天下」就沒了，就變成春秋戰國了。

本章是老子對於「有為」之政所提出的警告：治理國家，若以強力作為或暴力把持，都將自取敗亡。世間的物性不同，人性各別，為政者要能允許差異性與特殊性的發展，不可強行，否則就變成削足適履了！

所以，老子認為理想得政治應順任自然，因勢利導，要捨棄一切過度的措施，去除一切酷烈的政舉。

老子還認為，物或行或隨，或噓或吹，或強或羸，或載或隳。什麼意思呢？就是自然界有前後、強弱，有上坡、下坡，有升也有落。大海不可能永遠是漲潮，也有退潮的時候。所以，盛時要為衰時想。所以老子說要去甚，去奢，去泰，也就是說不能太享樂。一個國家很強大，但一旦過分奢侈、享樂，那就是衰敗的開始。

秦始皇厲害吧，他建立的國家強大吧，結果他死後幾十年這個國家就完蛋了。一個富豪，積累了億萬家產，他認為幾輩子用不完，子子孫孫都能過上好日子，但如果遇上一個敗家子，幾十年甚至幾年就能敗壞光。中國民間有富不過三代之說，不是沒有道理。

古代有一個遠近聞名的闊少爺，很風光，連「走路時鞋子的聲響，都像是銅錢碰來撞去的」；娶的女人是城裡米行老闆的女兒，「有錢人嫁給有錢人，就是把錢堆起來，錢在錢上面嘩嘩地流。」他從來不走路，要雇工背著走，愛往妓院鑽，喜歡賭博；家裡的事情不管不顧，還經常打罵懷了身孕的妻子；半年下來，就把祖輩留下來的家產全輸光了。什麼都沒有了，搬出居住了幾代人的祖屋，住進了茅屋裡。租種了幾畝本是自己家的田地，過上了艱辛苦難的日子。

所以老子告誡人們，即使現在很富有，很強大，也要去甚，去奢，去泰，保持淳樸的本色。

現在美國的很多富豪都有一個口號，叫「不留鉅資害兒孫」。巨大的遺產與負擔成正比，甚至會變成繼承者的夢魘，害了他們一生，希臘船王之女克莉絲蒂娜的悲劇就是一例。

即使如此，世界上的大多數富豪還是將自己龐大的財產傳給家人，希望子孫永享太平。但他們都是在不經意中害了自己的子女。美國卡耐基基金會就曾經做過一項調查，在繼承15萬美元以上財產的子女中，有20％的人放棄了工作，他們大多數一事無成，整天沉溺於吃喝玩樂，直到傾家蕩產；有的則一生孤獨、出現精神問題，或是做出違法犯罪的事。

不過，有很多智慧的富豪們可不這麼想，他們寧願少留或是不留鉅資給後代，以免孩子成為躺在遺產上只知享樂而不思進取的人。早年的美國鋼鐵大王卡內基，汽車大王福特等都是非常有名的例子。

他們為什麼這麼做，就是希望自己的兒女去甚，去奢，去泰。

比爾．蓋茲將他的巨額財富，只分給每個孩子一千萬美元，剩下的將捐給慈善機構，目的是不希望子女過著偏執無意義的生活。

巴菲特曾公開表示，那種以為只要投對娘胎就可以一輩子衣食無憂的想法，有損他心中的公平原則，所以在他和太太的遺囑裡，將大部分的財產捐了出來，巴菲特對子女說：「想要成為億萬富翁，不要指望你們的老爸，我不想傷這個腦筋。」

第三十章 物壯則老

【原文】

以道佐人主者，不以兵強天下，其事好還①。師之所居，荊棘生焉。大軍之後，必有凶年②。善有果③而已，不以取強④。果而勿矜，果而勿伐，果而勿驕，果而不得已，果而勿強。物壯⑤則老，是謂不道⑥，不道早已⑦。

【注釋】

①還：還報、報應。
②凶年：荒年、災年。
③善有果：果，成功之意。指達到獲勝的目的。
④取強：逞強、好勝。
⑤物壯：強壯、強硬。
⑥不道：不合乎於「道」。
⑦早已：早死、很快完結。

【譯文】

以「道」輔佐君王的人，不會以兵力稱雄天下，窮兵黷武這種事必然會得到報應。軍隊所過之處，就會遍生荊棘。一場大戰之後，必有大荒之年。所以善於用兵的人，只要達到戰略目的就立即罷手，絕不會長久地逞強爭鬥。即使有戰果也不會得意洋洋，即使有戰果也不會炫耀，即使有戰果也不會驕傲，即使有戰果也會覺得沒有得到一樣，即使有戰果也不會逞強。凡事物發展強大到一定程度就會衰老，因為這違背了「道」，違背「道」則接近於滅亡。

【解讀】

「人主」指國家領袖，在春秋時代是指侯王（周王與諸侯）。「強」是強硬的意思，強則不柔，與兵打仗是強硬的行為。

這個「佐」，很多版本或絕大多數的版本是「作」，作為的「作」。因為在老子《道德經》中，很少講輔佐仁主的。也就是說，對於大臣之道，他基本都沒講。只有這裡出現這個「佐」，其他大多數的版本都是「作」的意思，可能更合理一些。「以道作仁主」，是在講這個最高統治者，他如何經營天下的意思。

老子厭惡戰爭，並認為戰爭違反「道」的規律的行為。以兵逞強於天下，殺死了人，人不能復生，滅亡了國家，國家不能復存，而且，打仗就欠下了憎惡和仇恨的債，怨冤相報何時了？人心都是相同的，沒有人願意被欺負，沒有人願意受強權。

而且戰爭導致百姓死亡，田地荒蕪，到處荊棘叢生。所以，戰爭這樣的事情，當然是越少越好，甚至沒有才好。

老子認為，善於治理邦國的人，取得結果即適可而止，不要再以其結果謀取強權。「善者」指善為侯王者。「不以取強」，包括不要依靠兵力採取強硬的做法，也就是說，不要依仗兵力謀取霸權。不僅如此，「不以取強」還包括以下五點：

（1）果而勿矜。就是說達到目的了也不得意洋洋。取得了成果以後，應當保護成果和發展成果，應當甘「為天下谷」，以空曠和處下的態度對待百姓和對待輔佐侯王的人；如果自尊自大，則不能保持空曠和處下的態度，從而失去柔，因此侯王應當果而勿矜。

（2）果而勿伐。「伐」的意思是砍，如伐樹、砍伐等等。「自伐」就是自己砍自己，當然，不是自己拿刀砍自己，而是炫耀自己，誇張自己，失去柔，從而引起別人的輕視、反感和妒嫉，削減對自己的支持。

（3）果而勿驕。擁有了果，或者說人家歸順了你，你卻沒有以此驕傲，以此誇耀，以此自以為了不得，這是智慧，是超越「其事好還」的可能性，或者，作為一個君主，一個仁主，這些就是禁忌。

（4）果而不得已。即有效果、有成果，卻不以為有得，是已得不得，是得而不以為得。「果而不得已」中的「已」就是「矣」的意思，是語氣詞。「果而不得已」，是比前三者更進一步，是更超越的智慧。已得而不以為得，這真的是很了不起的境界。

（5）果而勿強。取得成果以後，沒有變成進一步的強取豪奪。或者說這個強是用武力來統治的意思。人家歸順你，你最後用武力來統治，實行軍事管制嗎？當然不能。美國趕走阿富汗的塔利班後，並沒有佔領阿富汗，而是讓阿富汗人自己管理自己的國家。美國為什麼這麼做，因為美國的戰略目的達到了，就無須強制管制，而且也是管不了的。

最後老子總結，「物壯則老，是謂不道，不道早已。」為什麼這麼說？一般都認為強壯是好事，希望兵強馬壯，然而，大自然的規律是物極必反，日中則昃，月盈則虧，太陽過了正午就偏斜，月亮過了

十五、六就開始缺損。所以，老子認為，「凡事物發展到了強盛的極點就會衰老」，為什麼呢？因為一直強盛下去就是「不道」，就「違背了自然規律」。

所以，花要半開，人要半醉。凡是鮮花盛開嬌豔的時候，不是立即被人採摘而去，就是衰敗的開始，況且，花全開了，把自己暴露在外，容易受到損傷，別人也失去了興趣；人要全醉了，就不是自己了，腿腳和大腦就不聽使喚了。

如果把它放到我們的人生上，道理也是如此。比如在為人處世上，是不要過親，也不能過疏，保持一段合適的距離為好。這就是中國人講究的中庸之道。

為什麼這麼說呢？一般來講，人與人密切相處當然不是一件壞事。否則怎麼會有「親密的戰友」、「親密的夥伴」、「如膠似漆的伴侶」等譽詞呢？但任何事情都不能過分，過分就會走向極端。俗話說，「過儉則吝，過讓則卑」，就是這個道理。在現實生活中，這種「親則疏」的現象較為普遍。因此，朋友之間不可以過密，夫妻之間不可過膩，上下級之間不可以過親，鄰里之間不要過私。否則就會造成彼此的傷害。

懂得適可而止，可以避免遭受凶險，如此可以長久。大千世界的自然規律是物極必反，富貴到了頂峰，接著就走下坡路了，甚至是傾覆了。

第三十一章　兵者，不祥之器

【原文】

夫兵者①，不祥之器。物或惡②之，故有道者不處。君子居則貴左③，用兵則貴右。兵者不祥之器，非君子之器，不得已而用之，恬淡④為上。勝而不美，而美之者，是樂殺人。夫樂殺人者，則不可得志於天下矣。吉事尚左，凶事尚右。偏將軍居左，上將軍居右，言以喪禮處之。殺人之眾，以悲哀⑤泣之，戰勝以喪禮處之。

【注釋】

①夫兵者：一本作「夫佳兵者」。兵者，指兵器。夫，作為發語詞。

②物或惡之：物，指人。意為人所厭惡、憎惡的東西。

③貴左：古人以左為陽以右為陰。陽生而陰殺。尚左、尚右、居左、居右都是古人的禮儀。

④恬淡：安靜、沉著。

⑤悲哀：一本作哀悲。

⑥泣之：哭泣。

【譯文】

一切兵器都是不祥的東西，人們都厭惡它，所以有道義的人不使用武器。君子居住時以左邊為貴，用兵打仗則以右邊為貴。武器是不祥之器，不是君子使用的東西，只有不得已才會使用它。即使使用它也會恬淡處之。取得勝利也不會自鳴得意，因為那樣就是喜歡殺人的表現。喜歡殺人的人，是不會得志於天下的。在吉慶的禮儀上，坐在左邊的最尊貴，而在凶喪的禮儀上，都以坐在右邊的為最重要。打仗時，兵權小的偏將軍在左邊，兵權大的上將軍在右邊。（這是為什麼呢？）是因為用兵打仗，當然就得以凶喪的禮儀處理。殺的人太多，就應該悲哀哭泣，即使打了勝仗，也應該以喪禮來處理。

【解讀】

「兵」是不祥之器，因為它是生殺之事，是不祥的，是和死亡有關的，所以它叫「不祥之器」。這個「兵」也是個「器」，也算是天下一器。

「處」，就是處理，以此為工具的意思。「有道者不處」，有道者對這個兵不用，而且要厭棄。但是在實際的生活中，它仍然會有。在一個國家的這些行動中間，它一直會有。所以有一些其次的辦法，這個其次的辦法就是下面要講的。

君子居則貴左，用兵則貴右。為什麼呢？在中國古代的禮中間，應該是「右尊左卑」。《禮記・王制》記載：「殷人學國老於右學，學庶老於左學」，鄭玄注曰：「右學為大學，左學為小學。」周朝的開國大典上尚父姜子牙就是站在武王右邊，而周公等王子則站在武王左邊。

「居」，就是建設、駐紮，我們就具體為造房子，或者居住的意思。為什麼「居則貴左」呢？老子又解釋了，因為吉事尚左。為什麼「用兵則貴右」，因為凶事尚右。這裡老子把屬於建設的、居住的事情，都歸於「吉」的事情，而把「用兵」之類的事情都歸於「凶」的事情。

本文中的「不得已」就是無可奈何的意思。無可奈何而用之，叫「恬淡為上」。美國著名將領巴頓將軍是一位很有才能的軍事指揮家，好戰，對於戰爭甚至有些著迷。為什麼？因為他感覺到自己有用啊，才能易於發揮啊，他老打勝仗他就覺得有勁啊。這個就不是恬淡啦，他正好是相反的。但是君子不得已而用，叫恬淡為上。君子很少用，不得已才用，比如敵人來犯，又沒有講和的餘地，就只得迎戰。

老子對於勝利的態度，也與那些好戰的人不一樣，叫「勝而不美」，就是你勝利了，不以為美，不以為高興，不感覺喜孜孜。

老子在本章最後的話是最高明的。一般來說，如果戰勝了，你應該慶賀才是。但是老子說，真正有智慧的做法是，殺了很多的人，要以悲哀泣之，要有悲哀心，要用哭泣表示有這個心。

敵人也是人，也要悲痛，而悲痛就合於「悲兵必勝」了，但是勝了也不當是吉慶之禮，而是喪禮，因為戰爭的一開始就是失敗的。有一部電影《三毛從軍記》，在影片的末尾是人們在慶祝勝利，而三毛卻在墓地中哭泣，這個鏡頭也表達了老子的這個意思。

古代的聖人說：「天下有受飢餓的人，如同自己受到飢餓；天下有落水的人，如同自己落水。」這就能看出他的偉大，就能看出他的仁德如同天地。

人間需要每個人都永存愛心，然而這卻是一件很不容易的事。要做到永存愛心需要從以下幾個方面加強修養。

一要有自愛之心。自愛心是人的本性，是個體生存的基本特徵。自愛心的進一步發展，就會產生自尊心、羞恥心、責任心和自信心，這有助於塑造自我道德形象。

人若沒有自愛心，生命便缺乏根基。正如魯迅所說：「無論何國何人，大都承認『愛己』是一件應當的事。這便是保存生命的要義，也就是繼續生命的根基。」自愛包含著對自己做人的準則、人生意義、道德信仰、價值觀念、人格榮辱等諸方面的理解、信奉和實行。它體現著一個人對真、善、美的珍視和追求。

二要有愛人之德。一個人如果只能自愛而不能愛人，那只能說是一種低層次的狹隘的愛；人只有做到愛人如己，以愛己之心愛人，才算有了愛人之德。正如古人所云：「以愛己之心愛人則盡仁。」

三要有利人之行。在社會生活中，「愛語」會給人們帶來溫暖和快樂，甚至有「回天之力」。但是，人們之間的相愛，不能只停留在漂亮的語言上，而要體現在實際的行動上。佛教有這樣一句格言：「一個救人性命、出於純正之愛的行動，比在侍奉佛祖的宗教活動中獻祭大象和馬匹而度過一生時光要更偉大。」

然而，人際關係也常常像自然界一樣，種瓜得瓜，種豆得豆，播什麼種子結什麼果。正如墨子在《兼愛》篇中所云：「夫愛人者人必從而愛之，利人者人必從而利之，惡人者人必從而惡之，害人者人必從而害之。」現實生活中，許多寬厚的人，常有「己愈予人己愈多」的感受。在人們的交往中，總是有思想感情的交流與溝通。把自己的感情真心實意地奉獻給他人，而自己的感情並不會因「給予」而減少；相反，我們給予他人的愈多，那麼自己所得的也會愈多，從而也就使自己的思想境界更加豐富、高尚。

第三十二章 知止可以不殆

【原文】

道常無名，樸①。雖小②，天下莫能臣③。侯王若能守之，萬物將自賓④。天地相合，以降甘露，民莫之令而自均⑤。始制有名⑥，名亦既有，夫亦將知止⑦，知止可以不殆⑧。譬道之在天下，猶川谷之於⑨江海。

【注釋】

①無名、樸：這是指「道」的特徵。

②小：用以形容「道」是隱而不可見的。

③莫能臣：臣，使之服從。這裡是說沒有人能臣服它。

④自賓：賓，服從。自將賓服於「道」。

⑤自均：自然均勻。

⑥始制有名：萬物興作，於是產生了各種名稱。名，即名分，即官職的等級名稱。

⑦知止：止，界限。這裡是指知道不該做得就要停住。

⑧不殆：沒有危險。

⑨猶川谷之於江海：之於，流入；一說正文應為「道之在天下，譬猶江海之與川谷」。

【譯文】

道永遠是無名之物，並且很質樸（未加裝飾）。即使小得看不到，天下卻無人能征服它。作王侯的若能按照「道」的原則去治理天下，一切人事將自然地歸化。天地間陰陽兩氣相交會產生甘露，人們不需要命令它就會自動均勻的落下。開始治理天下就要制訂有名分的各種制度，制度有了名，人們就要知道這些制度的界限。知道界限後就可以適可而止，就不會失敗。這就是「道」被放之於天下，就像江河流入大海一樣，萬物回歸順於「道」。

【解讀】

此承上章不以兵強天下，所以說人主當守道無為，則萬物賓而四海服，天地合而人民和，自然利濟無窮也。

「常」，終古不變的意思。凡有名的東西，必有遷變。比如人都有一死，比如樹木終有枯萎的那一天。「道」之所以不變，是因為其「無名」。故老子說「道常無名」。

木之未製成器者，謂之「樸」。木之未，即沒有細加工的木料，喻不加修飾。「樸」沒有名字，但若製而成器，則有「名」了，比如說木碗、木勺、船、馬車等等。老子這裡說的「道」就好像還沒有製而成器狀態下的「樸」一樣。

我們在第二十五章看到老子的「道」又叫「大」，「道大」是「四大」中的第一「大」，這裡為什麼又說「道小」？其實兩者並不矛盾。「道」本來就是「其大無外，其小無內」的，它大到無邊無際，小到無邊無際；它大到無形無狀，小到無形無狀。這裡的「小」是指小到看不見，隱而不見，就是第四十一章所說的「道隱無名」。其實大小只是從不同角度看的結果，其本質都是「無」。大的東西我們未必看得見，像宇宙，很大，誰能告訴我們宇宙是什麼樣子的呢？小的東西我們也未必可以看得見，比如細菌，肉眼很難看得見。

在我們一般人的觀念中，小的東西它的作用肯定也不大，殊不知，「道」雖小，卻具有無比巨大的作用。正是因為「其小無內」，所以誰也戰勝不了它。

前面有很多章節描述了「道」具有產生天地萬物的作用，具有使萬物生生不息的作用，按照「道」來做人、做事、治理國家，就可以安寧、長久、不殆，這裡進一步表達了老子的「無為」的政治思想，認為侯王若能依照「道」的法則治天下，順應自然，那樣，百姓們將會自動地服從於他。

老子用「樸」來形容「道」的原始「無名」的狀態，這種原始質樸的「道」，向下落實使萬物興作，於是各種名稱就產生了。立制度、定名分、設官職，不可過分，要適可而止，這樣就不會紛擾多事。老子認為，「名」是人類社會爭端的重要根源。

比如草原要發展牧業，平原要發展農業，沿海要發展漁業等等，這是指生產方面的體制，也是因地制宜的體制。一旦這個體制確立了，那麼就有了有形的「名」，這樣，這個體制就要受到時空的限制。因此，一方面要控制住體制的適用範圍，比如不要把農業推廣到草原上去；另一方面要注意體制的適用時限，知道什麼時候應該對舊的體制革新、甚至是廢除舊體制。這個就叫「知止」。

「知止」就是凡是有「開始」就一定要考慮如何「結束」；有「運動」就要知道如何去「停止」。懂得「結束」和「停止」才不會失敗。開汽車的人應該最重視煞車和安全裝置的功能；喜歡浪漫愛情的人一定要考慮到當浪漫結束後愛情該往哪裡去；做生意的人一定要明確自己所能承受損失的底線。只有這樣，車才開得長，愛情才持久，生意才穩定。

老子最後說：「譬道之在天下，猶川谷之於江海。」「川谷」和「江海」是什麼關係？「川谷」位於上位，「江海」處於下位；「川谷」是「江海」的來源與根本。「道」和「天下」就是這樣的關係。海納百川，有容乃大。天下有「道」，天下才「大」，才長久；天下無「道」，海要枯，江要乾，天要崩，地要塌。

第三十三章 知人者智，自知者明

【原文】

知人者智①，自知者明②；勝人者有力③，自勝者強④。知足⑤者富⑥，強行⑦者有志，不失其所者久，死而不亡者壽。

【注釋】

①智：小聰明。智在這裡以貶義詞出現，狡詐。

②明：睿智。

③有力：過人能力。

④強：堅強。

⑤知足：知；識也。足：《廣韻》滿也，止也。

⑥富：厚，多。

⑦強行：負重而行、有毅力。「強」有多種釋義，從本文文意看不是剛強的意思，應該是「襁褓」的引申——負重的意思。古「強」即「襁褓」，「強闊八寸，長八尺，用約（用於束縛）小兒於背而負行。」

【譯文】

能瞭解別人是智慧的表現，能瞭解自己是聰明的表現。能戰勝別人是有力量的，可是能克服自己的弱點才算是強大的。知足的人總是很富有。堅持到底，努力不懈的人就是有志氣的人。不失去自己本分的人是可以長久不衰的人，身體死亡而道義永存的人才是真正的長壽。

【解讀】

老子在此把「知人」和「自知」、「勝人」與「自勝」進行對比，明確表示後者比前者更難。在老子的眼裡，智，就是自我之智。明，就是心靈之明。「知人者」，知於外；「自知者」，明於道。智者，知人不知己，知外不知內；明者，知己知人，內外皆明。智是顯意識，形成於後天，來源於外部世界，是對表面現象的理解和認識，具有局限性和主觀片面性；明，是對世界本質的認識，具有無限性和客觀全面性。欲求真知灼見，必返求於道。只有自知之人，才是真正的覺悟者。

人類的通病往往喜歡自以為是，幾乎沒有人不認為自己具有瞭解他人的能力。一個人善於瞭解別人，就是知彼，那就是明智。因此老子把知人作為極大的智慧。

光瞭解別人還是不夠的，還得瞭解自己，有一句話，叫「人貴有自知之明」。老子對這個問題看得很清楚。「自知者明」，就是說能清醒地認識自己、對待自己，這才是最聰明的，最難能可貴的。按照我們的普通想法，不能真正瞭解別人，總應該能夠自己認識自己吧？其實卻大不然。

老子認為：有的人自以為清醒，好像什麼都知曉，什麼都明瞭。其實是很愚昧。

有些人只知道瞭解別人，把持別人，管理和領導別人，卻不能更好的瞭解自己，把持自己，管理自己。只有瞭解自己，才能控制自己和管理自己的行為，使自己獲得一種自己能夠認可的成功。只有知道自己的優缺點，才能發揮優點，克服缺點。

在現實生活中，也有不少人總是喜歡孤芳自賞，自以為是。一般來說，這主要可以分為兩種類型：

第一種是自命清高，我行我素。

這種類型的人覺得別人的行為習慣都是庸俗淺薄、低級無聊的，不值得與其接近，有點傲視一切的味道。即使有時想「遷就一下」，「屈駕俯就」他人，也顯得極為不自然，別人也不願意接受這種俯就，因此他就變得更獨來獨往了。

另一種是跌倒在自己的優勢上。

許多時候，我們不是跌倒在自己的缺陷上，而是跌倒在自己的優勢上，因為缺陷常常給我們提醒，而優勢卻常常使我們忘乎所以。

做人難不僅難在要能認清別人，更難在能認清自己。怎樣才能做到既不盲目驕傲又不妄自菲薄呢？這就需要我們進行廣泛的社會交往，人也和其他任何事物一樣，是在相互的比較中獲得對自己的正確認識的。

講道理容易，實行起來困難。清楚的認識自己，確實不是一件容易的事情。知人者不一定知己，所以要學會讀懂自己，把自己的一生看作是一本書，我們去讀，讀懂了自己也就瞭解了生命。

所以說，自認為聰明的人，往往很愚蠢；自認為不太精明的人，其實是十足的精明。但也只有到了這一境界，才能明白人生是怎麼一回事。

在這一章裡，老子還說「知足者富」，也就是說，只要是知足的人就是富有的人。他為什麼這麼說？在知足的人看來，有飯吃，有水喝，有地方睡覺，就覺得是幸事；在知足的人眼裡，不生病，沒有大的災難便是莫大的福澤。

知足是一種境界，知足的人總是微笑著面對生活，在知足的人眼裡，世界上沒有解決不了的問題，沒有過不去的河，他們會為自己尋找合適的台階，而絕不會庸人自擾；知足是一種大度，在知足的人眼裡，一切過分的紛爭和索取都顯得多餘，在他們的天平上，沒有比知足更容易求得心理平衡的了；知足是一種寬容，對他人寬容，對社會寬容，對自己寬容，這樣才會得到一個相對寬鬆的生存環境，這難道不值得慶賀嗎？

老子雖然一直強調「柔」，對「強」很迴避。但這裡，老子還是對「強行者」給予了認同。老子認為，強行者是有志向的人。這裡所指的「強行者」是指不但擁有堅強的、不懈的、持之以恆的奮鬥志向，而且能切實地付諸行動的人。

說白了，就是在艱難困苦中能夠堅持往前走的人。走過風雨，才能見到彩虹；走過今天的黑暗，才會迎來明天的朝陽。

本章的最後兩句可以說是至理名言。

人生的目的，無不是為了幸福、健康、長壽。人們追求幸福、健康、長壽，卻忽視了心靈的自由，反而導致生命早夭。那些真正懂得厚生的人，始終關懷的是內在的心靈，是以有形養「無形」，而不是以有形養有形，卻因此獲得了相對長久的生命。更有那些一生為了人民的人，雖肉體死亡了，但是他們的英靈永存，這樣的人才是真正長壽的人，因為他們的英靈是屬於人民的，人民永存，他們的英靈永存。

本章是老子對有道者的高度讚揚。指出人生當自知、自勝、自強。唯有如此，才能實現天地之志，並與世長存。

第三十四章 大道氾兮，其可左右

【原文】

大道泛①兮，其可左右②。萬物恃之而生，而不辭③，功成而不名有④。衣養⑤萬物而不為主，可名於小⑥；萬物歸焉而不為主，可名為大。是以聖人終不自為大，故能成其大。

【注釋】

①泛：漫湧，滲透。

②左右：無處不在。

③辭：言語，表白，辭謝。

④有：據為己有。

⑤衣養：愛護，養育。

⑥小：視之不見，抿之不得，感覺不到。

【譯文】

最為博大的自然規律，它廣泛地滲透在天地萬物之中，可以主宰（世界的運行）。萬物正是倚仗著「道」的法則賴以生存發展，雖然它造就了萬物，但功勞並不據為己有。它給萬物提供了生存條件，但它從不把自己當成萬物的主宰，可以說，它是對自身地位的弱化；儘管萬物都要歸屬於「道」這一法則，然而它又不把自己當成萬物的主宰，可以稱它為大。正是由於它始終不自以為大，所以能高居主宰地位。

【解讀】

本章主要說明「道」的作用，這是老子在《道德經》書中再次談到「道」的問題。他認為，「道」生長萬物，養育萬物，使萬物各得所需，而「道」又不主宰萬物，完全順任自然。這些觀點，老子在前面某些章節中已經做過論述。這一章是繼續闡發三十二章的道理，講「道」可以名為「小」，也可名為「大」，雖然沒有明確指出「聖人」、「侯王」，實際是在期望統治者們應該像「道」那樣起「樸」的作用。

「道」是一個物質性的概念，它雖然是耳、目、觸、嗅諸感覺器官都不能感受到的，但它卻實實在在地存在於自然界，而不是僅憑人們的主觀臆想存在的精神性概念。此外，老子在本章裡發揮的「不辭」、「不有」、「不為主」的精神，可以消解佔有欲、支配欲，從「衣養萬物」中，使人們感受到愛與溫暖的氛圍。

這講的是「道」的境界，就是「無為」的境界。「無為」的功德是實實在在的，是萬物可以「恃之以生」的，只不過「道」不去「辭」——干預罷了；是有「功」的，只不過「道」不去「有」——居功罷了。

「無為」的境界是很高的境界。父母生育了子女，有多少父母能不以種種藉口去干預子女的自由發展呢？哪怕是以「愛」和「保護」的名義，其實根本上還是「自見」兩字；有多少父母能不把養育之恩掛在嘴上、甚至放在心裡呢？其實根本上還是「自私」兩字。即便是父母子女之親，尚且不見得都能做到「無為」，更不用說其他種種待人接物的行為了。

所以老子說：「萬物歸焉而不為主，可名為大。」「無為」是「大為」、「大愛」；「有為」只是「小為」、「小愛」。

最後，老子認為，做人不能「自居為大」，正是由於其「不自居為大，所以它才是真正的大。」而要避免「自居為大」，就必須正確對待自己，正確對待他人，多看自己的不足，多看他人長處，也就是要謙虛做人。

地球離開誰都照轉，公司沒有誰都一樣運作。一個人本事再大，也是孤掌難鳴。成績突出的人，除了個人的能力和努力之外，離不開組織的支持和同事的配合，集體的成績不完全是個人作用的結果。

中國舊時的店鋪裡，在店面是不陳列貴重貨物的，店主總是把它們收藏起來。只有遇到有錢又識貨的人，才告訴他們好東西在裡面。倘若隨便將

孔子問禮於老子　雕像

上等商品擺放在明面上，豈有賊不惦記之理。不僅是商品，人的才能也是如此。俗話說「滿招損，謙受益」，才華出眾而又喜歡自我炫耀的人，必然會招致別人的反感，吃大虧而不自知。所以，無論才能有多高，都要善於隱匿，即表面上看似沒有，實則充滿的境界。

這也正符合了道家提出的「意怠」哲學。「意怠」是一種很會鼓動翅膀的鳥，別的方面毫無出眾之處。別的鳥飛，牠也跟著飛；傍晚歸巢，牠也跟著歸巢。隊伍前進時牠從不爭先，後退時也從不落後。吃東西時不搶食、不脫隊，因此很少受到威脅。表面看來，這種生存方式顯得有些保守，但是仔細想想，這樣做也許是最可取的。凡事預先留條退路，不過分炫耀自己的才能，這種人才不會犯大錯。這是現代高度競爭社會裡，看似平庸，但是卻能按自己的方式生存的一種智慧。

謙虛做人，還必須凡事都做到心中有數，自己有本事要在最恰當的時候拿出來，即使成功也不驕傲。因為你不被重視，你不顯山露水，那麼你做什麼事情都會很順利，經過一段時期的積累，獨立、坦然、自律，也就很容易走向成功之路。而成功後更要保持謙虛，只有這樣你才能有更大的成功。

第三十五章 執大象，天下往

【原文】

執大①象，天下往。往而不害，安平泰②。樂③與餌④，過客止⑤。道之出口，淡乎其無味，視之不足見，聽之不足聞，用之不足既。

【注釋】

①大：道。

②安、平、泰：安：安寧，和諧，自由。平：平等，和睦。泰：平安、穩定。

③樂（ㄩㄝ）：音樂、舞樂。

④餌：糕餅、果餅，這裡指好吃得食品。

⑤過客止：行路之人停下來。

⑥既：已經完了，盡。

【譯文】

若能把握天下總體的陰陽規律，普天下的人們便都來向他投靠。嚮往、投靠他而不互相妨害，於是大家就和平而安泰、寧靜。有好聽的音樂、好吃得食品招待客人，使過路的人，看到這樣殷勤好客都不想離開了。自然規律之道，說起來枯燥無味，因為它既看不到，也聽不到，用也用不完。

【解讀】

「象」就是形象、圖象、氣象，是與「理」相對的。「道」的內在規律可以用「理」來表示，「道」的外在表現就用「象」來表現。「象」不是「道」所獨有的，天下萬物都有各自的「象」。

「象」是人們接觸事物最早的直觀感受，「象」又通「相」，這個「相」，後來發展成「手相」、「面相」等多種「相學」。「相學」就是根據外在的具體特徵來推斷出內在乃至一段時空上具體狀態的學問，它的理論依據就是「有諸內而形諸外」的全息論和「大制不割」的系統論。所以才有「吉相」、「凶相」、「富貴相」、「長壽相」、「貧賤相」、「夭折相」等等，而且「相」還是會改變的，所謂「相由心生」，積善的人「凶相」消而「吉相」長，積惡的人「凶相」長而「吉相」消等等。當然這不是本文要討論的主要內容。

「大象」就是「大相」，宇宙中真正稱得上「大象」的，只有「道」的「象」。我們知道，「道」的內在機理是很難為人所掌握甚至是談論的，所以才有「道可道，非常道」的說法，但是道的「象」卻是有目共睹的。

有道之士就是「執大象」的人，由於執大象者「無我」，沒有自己的強烈意志和欲求，那麼人民的負擔就不重，正常的生產生活就不會遭到干涉。自由發展加上適當的「損餘補缺」調節，人人各得其所各安其業，所以「天下」人都很嚮往他。他的國家也會國泰民安，百姓富足，一派祥和的景象。就是老子所說的「安平泰，樂與餌，過客止。」

絕大多數的老百姓要求的只是太太平平地過好日子，那麼作為統治者就應該全力以赴地去滿足老百姓這個起碼而基本的願望，否則，他就沒有資格來當這個獲得了「天下往」的統治者，他就辜負了所有老百姓對他的期望和信任。

從歷史的記載來看，周文王所統治的西歧國就是這樣一個國家，他真正把國家治理得夜不閉戶、路不拾遺，而且還能畫地為牢，說明整個國家的誠信已經到了很高的地步。他的統治是最接近老子主張的「無為之治」的，因此四方諸侯國的賢能之士、百姓紛紛前往、投奔他的領地。百姓並不理解周文王有多大的道德，但是百姓知道跟著文王，他們可以過上豐衣足食、無憂無慮的生活，可以「甘其食，美其服，安其居，樂其俗。」所以他們就向風一樣的跟從，像水一樣的歸附於他們所認定的明主、奔向他們所嚮往的家園。

在之後的歷史中儘管沒有做得象周文王這麼好的君主，但是只要哪個時代有人能比別人更接近「大象」，那麼老百姓還是會全心地追隨和擁護。

「道」不是譁眾取寵的東西，不是低級媚俗的東西，不是華而不實的東西，它當然不會像那些東西一樣具有新奇刺激的特點、可以吸引目光。

「道」永遠都是那些老生常談的東西，老生常談的東西往往是最有生命力的東西，最有生命力的東西才能老生常談，而不是像曇花一現那樣成為過眼雲煙。

所以，「道」這種東西，說起來、聽起來都是「淡乎其無味」的。但是「無味」卻是最高層次的「味」，「五味」會「令人口爽」，而「無味」不會，粗茶淡飯就是「無味」的，但它卻是最養人的。

「道」的「無味」就是這樣的。看看嘛，實在沒什麼了不起的；聽聽嘛，也實在沒什麼了不起的，所以一般小聰明的人會說：「這有什麼呀，我三歲就知道了。」是啊，三歲就知道的東西，八十歲的時候也不一定真懂，不一定會用，用了也用不完。

就像《中庸》裡說的那樣：「君子之道，造端乎夫婦；及其至也，察乎天地。」——愚夫愚婦也懂一點「道」的皮毛，但到了它最深的地方，可以奪天地的造化——「用之不足既」。

第三十六章　國之利器不可以示人

【原文】

將欲歙①之，必故②張③之；將欲弱④之，必故強⑤之；將欲廢⑥之，必故興⑦之；將欲取之，必故與之。是謂微明⑧。柔弱勝剛強。魚不可脫於淵，國之利器⑨不可以示人。

【注釋】

①歙（ㄒㄧˋ）：收斂。
②故：本應該。
③張：張開。
④弱：削弱。
⑤強：加強。
⑥廢：不再繼續。
⑦興：興盛。
⑧微明：微小的、一般的規律及見識。
⑨利器：制勝秘訣。

【譯文】

想要收縮它，必先擴張它；想要柔弱它，必先強固它；想要廢棄它，必先興盛它；想要得到它，必先給予它。這就可稱之為略微明白一些道理。天下萬物總是透過內在的柔弱來支配表面的剛強。魚不可能離開有水的深淵，國家的制勝秘訣也不能隨便炫耀。

【解讀】

在遇到一個對手、必須決一勝負的時候，應該怎麼做呢？一般人容易想到的方法是發動自己的力量，去打擊他，削弱他，直至消滅他。但這首先需要力量對比上絕對的優勢，而在對立的勢態中，哪裡總是能夠保證佔有這麼大的優勢？再說，「殺敵一千，自損八百」也是常有的事，你又經得起多少次的損耗呢？所以老子提出的制勝之道，正與常人之設想相反。

老子認為，凡事到了「張之」、「強之」、「興之」、「與之」的狀態，說明它已經走到了「盈」的狀態，既然到了那個狀態，等待它的命運就是——「歙之」、「弱之」、「廢之」、「取之」。

所以說，老子提倡安守柔弱，因為柔弱是生機旺盛的；提倡「守雌」，「雌」就是柔順安忍。要「處其實不居其華」，要「處其厚不居其薄」。這種明悟就叫做「微明」。說它是「微明」，是因為它是隱蔽而微妙的，是不容易為世人所發現、所領悟的。

福盡禍來，不堪受福，又何堪受禍？若得微福而不驕，即使是禍來，心也不驚。福不喜，禍不憂的人，在失意逆事之時，不自暴自棄，自我作踐，更不絕望。坦坦蕩蕩心境平如水，少了得失之煩心，多了自樂之恬愉。

欲降福而先降禍，是天之善意。不明禍何能降福？一旦福去禍來，又豈能消受得了？

老子在最後提到「國之利器」，什麼是「國之利器」？

這裡我們說說老子當時的工作。老子當年是周朝的「守藏室之史」，我們都知道上古的周朝是一個非常著名的文明時代，這是連儒家孔聖人也仰慕的時代。我們可想像上古的周朝有很多文明的精髓被收藏在國家最重要的寶庫中—「守藏室」，而周朝歷代也有嚴格的規定，不許一般人看到、擁有。孔子當年曾找「守藏室」的官員老子走後門，想進入「守藏室」參觀但也被拒絕了！所以孔子也只知道有很多寶貴的東西，但沒能親眼目睹！在本章中老子認為：「國之利器不可以示人！」這句就說明「不許一般人看到」這一觀點。「守藏室」當中所藏的東西就是所謂的「國之利器」。因此，所謂的「國之利器」不是刀槍劍等利器，而是周朝的文明文化等一些比較重要的理論、理念！

老子因逃避戰火西行出關所帶走的是上古周朝「守藏室」中的周朝文明寶庫，是周朝的秘密。魚為什麼不能離開深淵？因為深淵是魚的根本，是魚的藏身之地，魚躲在深淵裡，可以自由自在，人不能發現牠更加進一步地去想傷害牠。如果魚非得跳出來顯示自己的存在，那麼魚的災難就開始了。「國之利器」為什麼不可以示人？因為「國之利器」是國家的根本。一旦有意地炫耀和無意地洩露之後，就會把「無形」的利器轉化為「有形」，天下所有有形的東西都是可以破解的，這樣，再好的「國之利器」也就形同虛設了，國家的災難就要來了。

第三十七章 不欲以靜，天地將自正

【原文】

道常無為①，故無不為。侯王若能守之②，萬物將自化③。化而欲④作，吾將鎮之以無名之樸⑤。鎮以無名之樸，夫亦將不欲。不欲以靜，天地將自正。

【注釋】

①「無為」：指順其自然，不妄為。「無不為」是說沒有一件事是它所不能為的。

②守之：即守道。之，指道。

③自化：自我化育、自生自長。

④欲：指貪欲。

⑤無名之樸：「無名」指「道」。「樸」形容「道」的真樸。

【譯文】

由自然法則所形成的「道」，往往是無為的，所以它才無所不能為。侯王們若能把握這一自然法則，萬物就會自生自長。若某一事物發展得過於旺盛，貪欲萌作時，就用「道」的真樸來穩定它。就會不起貪欲，不起貪欲必然會清靜無為，天下就自然復歸於安定。

【解讀】

武術上有一句話叫「無招勝有招」。「無招」不是什麼招式，而是一種境界。那些苦練武功的人，一招一式地比劃，可是後面突然來一個人，一板磚就把他拍倒了。道常常是無為的，而無為勝有為。很多東西，越做得具體、越講究技巧就越容易教條化。無為，卻很有效果，這裡面就有一個營造氣場的問題。用「氣場」這個詞語，是想比喻這種無形力量。一個有修為的人，即使在靜止狀態，也能影響到他人，這種影響的效果，其實就是無為而治。

侯王如果能明白這個道理，那麼他就沒必要再去做其他多餘的事情了。因為「萬物將自化」——萬物自己會遵循著「道」去生長發育。

好比農夫種田，只要看好天時、選好土地，合理地播種，種子就會生長成為秧苗、各種作物。這是自然之功，很神奇。人學不來，再高明的科學家也不能利用化學物質合成哪怕一個細菌。但農夫有必要去揠（ㄧㄚˋ）苗助長嗎？沒必要，它自己會一點點慢慢長高、成熟的。揠苗助長是違背作物生長規律的，所以只能導致惡性的後果——反而使秧苗全部死亡，顆粒無收。

在「萬物自化」的過程中，隨著萬物的發展，世界的繁榮，人類的要求越來越高，享樂也越來越多，貪欲產生了，虛榮膨脹了。古人所謂「飽暖思淫欲」。「淫欲」，並不是單指性欲，而是指過分的、越度的欲望。這種欲望是最可怕的，因為它永遠不會滿足於現狀，它會不斷惡性膨脹。

怎麼辦呢？老子說：「吾將鎮之以無名之樸」，也就是說用「無名」的「樸」。我們前面講過，樸就是沒有細加工的木料。「樸」沒有名字，但若製而成器，則有「名」了，比如說木碗、木勺、船、馬車等等。無名之樸就是還沒有製而成器狀態下的「樸」。這裡比喻不加修飾，淳樸。就是從思想上讓人們回到純真的狀態。

這樣，人們的各種欲望就淡化了，也就是老子說的「夫亦將不欲」。

只有用「樸」來制服「欲」，才會讓天下所有人都能保持「不欲」——沒有非分的、越度的欲望，甚至是思想。這樣天下才能「靜」，「靜」就是「復命」——回歸到清淨自然的本來面目。這就叫「天下將自正」。

下篇 德經

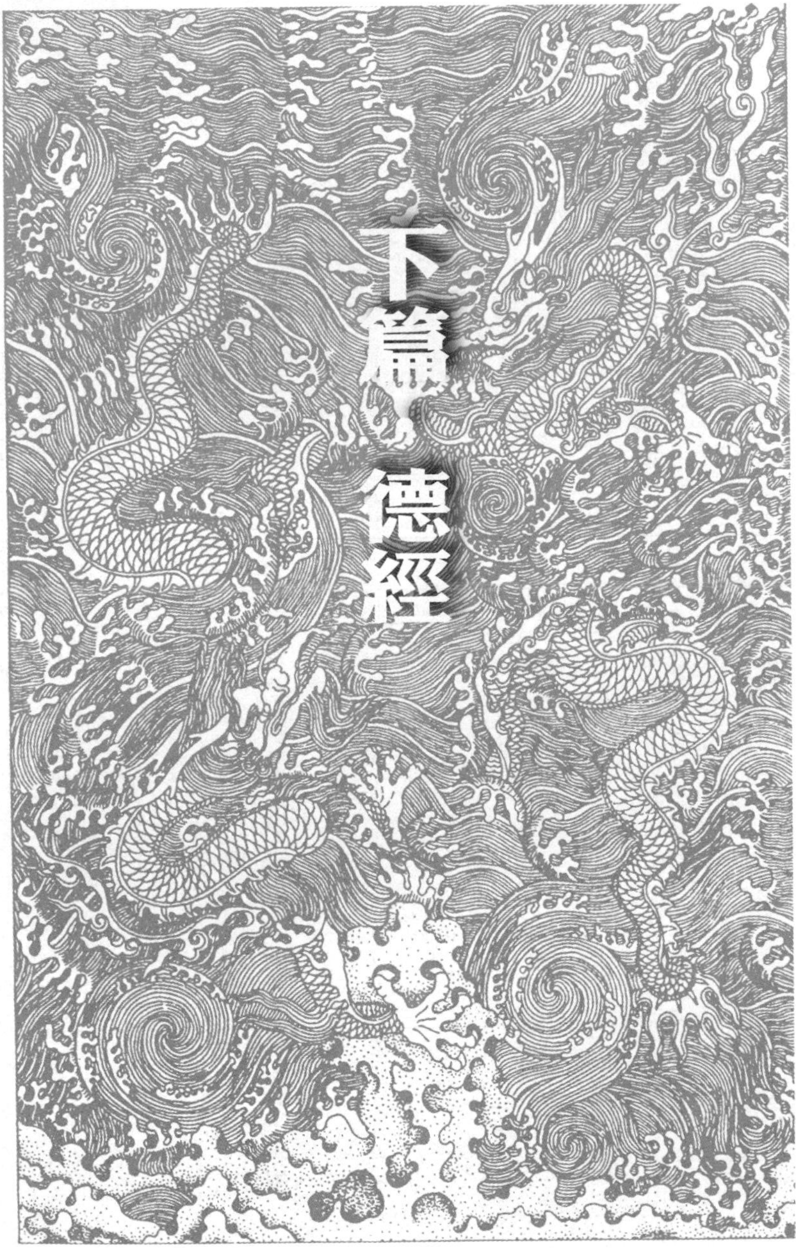

第三十八章 上德不德，是以有德

【原文】

上德①不德②，是以有德；下德③不失德④，是以無德。上德無為而無以為；下德無為而有以為。上仁⑤為之而無以為；上義為之而有以為。上禮為之而莫之應，則攘臂而扔之。故失道而後德，失德而後仁，失仁而後義，失義而後禮。夫禮者，忠信⑥之薄，而亂之首。前識者，道之華，而愚之始。是以大丈夫處其厚⑦，不居其薄⑧；居其實⑨，不居其華。故去彼取此。

【注釋】

①上德：最高境界的德行。

②不德：不是為了德而德。

③下德：次於上德的德。

④不失德：怕失去德而有意識地追求德的形式。

⑤上仁：最高境界的仁。

⑥信：誠實，不疑。

⑦厚：篤厚。指大道的厚重。

⑧薄：這裡指下德、仁、義、禮。（注：道、德、仁、義、禮在儒家學說形成之前就有。這裡不是針對儒家學說。）

⑨實：果實。道的實質——無為。

【譯文】

具有上乘品德的人，從來不追求形式上的「德」，這才是真正具備了「德」；而下乘品德的人，從來不放棄形式上追求「德」，實際上沒有真正具備「德」。真正具備「德」的人，一切順其自然而無所作為，而且也是無心作為；形式上具備「德」的人，喜歡人為地加以施為，而且也是有心作為。上仁之人勉力博施於人，但無私心目的；上義的人勉力施為，但常有私心目的；講禮儀的人去做一件事情，是勉力施為，如果沒有人回應，就不再有禮，露出本來的面目。所以，喪失道的人才去講德；喪失德的人才去講仁；喪失仁的人才去講義；喪失義的人才去講禮。

所謂的禮儀啊，是人心不夠忠厚，是社會動亂的禍首。自以為有先見之明，那不過是道的虛華，是愚昧的開始。所以，大丈夫選擇淳厚而不選擇輕薄，選擇樸實而不選擇虛華。因此，便捨棄後者而選擇前者。

【解讀】

老子這段話的意思實際上是說，一個人要求名求利，立功立德，必須首先要從不求名利做起，不能自恃有德，假如處處表現自己有德，唯恐失去自己的「善」名，那實則就已失去了德、名。

我們也可以從字面上理解這句話：「上德不德」，做善事是應該的，做到了沒得名氣可撈，別人不曉得你在做善事，我們可以理解為「做善事不是去追求名聲」。這裡省略了兩個字，本意應該是不故意做好事去追求名聲，也就是不為名聲而故意去做好事，這樣才能安心，心平氣和。為了做好人而做好事，為了讓人家去讚揚，為了讓人家叫我們好人，看到我們做了善事，那就不算做善事了。比如，有很多人捐款救助別人而不留下姓名，不求任何回報，這就是「上德不德」。

從這裡我們可以看出，老子「上德無為而無以為，下德無為而有以為」實際上是說拋開功利心，自然而然地去做善事，這樣心靈才能得到昇華，才能「養護精神，享盡天年。」

漢朝的大將軍韓信小時候是個市井流浪兒，當不了官，做不了買賣，常貼著人家吃白食，人們都厭煩這個「嘴上抹石灰」的青年。有一回他在城下釣魚，很多老媽媽在那裡漂洗棉絮，有一個老媽媽看見韓信沒飯吃，就把自己的午飯分給他一些。就這樣一連漂洗了數十天，韓信跟著那位好心的老媽媽吃了數十天飯。韓信非常感激，說以後一定重重報答她，老媽媽生氣地說：「男子漢大丈夫不能自己掙飯吃，我可憐你才給你飯吃，哪裡希望你回報啊！」

這位老婆婆不是故意為善，而是出於慈母之愛心，絕不望報，真是上德、上善！

老子主張「上德不德」，就是叫你不要逃避，真為善，也不要為了因果報應，故意求善，卻往往是無果而終。比如，常常碰到一些朋友，他們覺得自己做了許多善事，磕了好多頭，拜了好多佛，念了好多經，天天到教堂做禮拜，為什麼親人還會遭遇不幸呢？這種心理就是為了一定目的，或者為了自己的私利去行善，其結果往往讓人失望。

這就是老子所說的「下德不失德，是以無德」。

如果我們為老子的這段話作一個總結，那就是：不要故意行善，更不要為名或利行善；大錯莫犯，小錯要慎，最好別犯。小的迷惑，使人迷失東西南北，大的迷惑叫人失去天然性情。真正的聰明，不要過分，安於自然常態，不可畫蛇添足。順著自然規律去做，就可以養護精神，保護自己不受傷害，善始善終，得以安享天年。

「上仁為之而無以為」，什麼意思呢？統治者想要實行「仁政」，那就只能憑感情用事，背離了「道」的原則，已經是主觀上有意的個人行為，但還好，這樣的人往往沒有私心目的。

老子說：「上義為之而有以為。上禮為之而莫之應，則攘臂而扔之。」也就是說義和禮都是人們有意而為之，都是懷著某種目的的。而上禮更甚，如果沒有人回應，就「扔之（禮）」，不再有禮，露出本來的面目。

我們都知道周公制禮，在一切重要的社會領域內建構了一套「貴賤有別、上下有序」極具權威性和嚴肅性的規範體系。老子的時代，周朝的那套禮儀儀規範已演化成為一種繁文縟節，越來越外在化、形式化，已失去了它原有的內在本質。並常常為王侯名士們所盜用，成為一種盜名竊利的工具。與此相應，則是人心日益荒廢，機巧百出，詐偽紛呈。正如老子所痛切指出的「大道廢，有仁義；智慧出，有大偽；六親不和，有孝慈；國家昏亂，有忠臣」。

人們沒有得道，沒有悟到道，才必須講究德心、德性、德行的修持。因為心身合乎於大道，身心處於無為先天之中，萬事皆合乎自然。還沒有得道，那就必須日復一日，年復一年地重德、修德、守德。如果你連德也缺乏，那就要重視和修持仁、義、禮的整體修持。

所以老子說「失道而後德，失德而後仁，失仁而後義，失義而後禮」。不過這裡的仁、義、禮，都是指虛偽的仁、義、禮。

大家都離道、失德、遠仁、失義，經過這幾個不同層次的下滑以後，已經距仁遠了，離義也遠了，靠禮來規範、制約心中的德。看一看兩千多年的歷史，道德丟失了就靠仁來治世，然後再到以義為治，然後再降到以禮而為。

所以，老子最後說：「大丈夫居其厚，不居其薄；居其實，不居其華。」也就是說要厚道。這裡，老子是站在統治者的角度要人們這麼做，但話又說回來，具體到現實生活中，我們老百姓又不能過於厚道。應該讓毒蛇的狡詐與鴿子的純真調和一下。沒有人比一個善良人更容易被愚弄。從來不說謊的人很容易相信他人，從來不騙人的人總是信任別人。

人生活在複雜的環境中，如果一味地厚道，遇到險惡就無法保護自己，更談不上駕馭對手和實現自己的抱負。跟著別人的指揮棒打轉轉，永遠成不了贏家。要想在心理上戰勝對方，制人攻心，一味的厚道絕不可行，必須學幾招護身的武功。但如果一味的強攻又不一定有效，這時就需要發揮亦柔亦剛、亦正亦邪的功效。

第三十九章　祿祿如玉，珞珞如石

【原文】

昔之得一①者：天得一以清；地得一以寧；神②得一以靈；谷得一以盈；萬物得一而生；侯得一以為天下正。其誡之也，謂天無以清，將恐裂；地無以寧，將恐廢④；神無以靈，將恐歇⑤；谷無以盈，將恐竭；萬物無以生，將恐滅；侯王無以貴高，將恐蹶⑥。故貴以賤為本，高以下為基。是以侯王自謂「孤」、「寡」、「不穀」⑦。此非以賤為本邪？非乎⑧！故致數譽無譽。是故不欲祿祿⑨如玉，珞珞⑩如石。

【注釋】

①得一：得道。「一」就是太極圖的文字化表述。太極圖是中國文字產生前的自然哲學觀的圖形化表述。老子用「道」給予命名。得一即得道，得道即尊重規律。

②神：神祇（ㄑㄧˊ），擬人化主宰天地萬物不可知的力量。

③正：多種古本有作「貞」、有作「正」。其實「貞」假借為「正」、「定」。這裡以「貞」的本義用端方正直——端正解釋，也說得過去。用「正」的本義「守一」解釋則更加貼切。取後者。

④廢：荒蕪，塌陷。

⑤歇：停止，消失。失去人們對它的敬畏。

⑥蹶：摔倒，垮台。
⑦孤、寡、不穀：孤德、寡德、不善。古代王侯的謙稱。
⑧非乎：不是嗎？
⑨琭琭：華貴稀少。單獨一個「琭」形容玉的光澤。琭琭形容稀少。
⑩珞珞：石頭堅硬的樣子。

【譯文】

自古以來，那些保持了自身與道相統一的有以下幾種情形：蒼天得到了就清朗；大地得到了就寧靜；神靈得到了就英靈；谷得到了盈滿，萬物就能夠自由生長；侯王得到了就能為人首領，讓天下太平。這也就告誡我們：蒼天不清朗，將可能崩裂；大地不寧靜，將可能不會孕育萬物；神靈缺乏靈應，值得人們敬拜的根本就會消失；穀物長不飽滿，糧倉就可能空竭；萬物若不能自生自長，就可能滅絕；侯王不為天下宣導正義，就可能會垮台。因此，貴總是以賤為基礎，高總是以低為基礎。正是由於這一原因，故侯王自稱為「孤」、「寡」或「不穀」，這不是以低賤為根本嗎？其實不是！這樣會導致追求過多的榮譽則沒有榮譽。所以不要希望自己像一塊美玉一樣中看不中用，而要做一塊不經雕琢的石頭。

【解讀】

古代，「一」是最小的數字，由一可以產生任何數，一可以代表最原始的自然狀態。

「天得一以清」。「以」是連詞，表示相承關係。「清」指清澈。天保持自然狀態，因而日夜清晰，四季分明，風雲雨雪變幻莫測，雨過天晴。

「地得一以寧」。地保持自然狀態，因而安寧而穩定。萬物得以在地上生長，社會得以在地上建立、發展和繁榮。

「神得一以靈」。春秋時代普遍信神，一般，神指祖先的神靈。即使是神，也得保持自然狀態，神保持自然狀態才能夠顯靈保佑百姓。

「谷得一以盈」。第六章有「谷神不死，是謂玄牝」，谷保持空曠而處下的自然狀態才能夠充滿山嶺流水，匯聚泥沙，保持生氣盈然。

「侯王得一而以為天下正」。侯王保持自然狀態，維持天下沿著正道健全發展。從天以清、地以寧、神以靈、谷以盈的對比襯托，可見，「為天下正」是侯王的自然職責。

「其誡之也」。「其」指上面列舉的事例。「誡」指告誡，讓人警惕。

哪些事令人警惕呢？老子說天不保持清澈，將可能開裂；地沒有保持安寧，沒有保持自然狀態，將分散開而重返混合物狀態；如果神沒有保持自然狀態，神將不再顯靈；谷沒有保持自然狀態，谷將枯竭；侯王不保持自然狀態，就可能會垮台。這都是不守「道」的結果。

「故貴而以賤為本，高以下為基」。承接上句，從侯王尊貴位高這個社會自然狀態，轉而指出保持自然狀態應當以賤為本，以下為基。賤為低，相當於最小的數字一，以賤為本是得一。下是低位，最低的數字是一，以下為基也是得一。因此，必定是貴而以賤為本，必定是高而以下為基。也就是說，侯王保持自然狀態必定要以賤為本，以下為基。侯王是尊貴的，老百姓是貧賤的，侯王要以老百姓為本，要尊重老百姓，為老百姓服務。在高與下的關係中，高以下為基，侯王的職位高，侯王應當依靠位於其下的臣民和老百姓。

那麼，很多侯王自稱為「孤」、「寡」或「不穀」，這不是以低賤為根本嗎？其實不是。

那是什麼呢？「致數譽無譽」，是為追求別人的讚譽，而追求過多的榮譽則沒有榮譽。無譽是自然狀態，追求過多的榮譽，不如保持自然狀態，不如不追求榮譽。

最後，老子說不要做美玉，而要做一塊石頭。因為美玉是從平凡的石頭琢磨雕塑出來的。如果生活像石頭一樣的純樸，是保持自然狀態；如果像美玉那樣地華麗，不是保持自然狀態。因此，一個遵循「道」的人，不希望生活得像閃閃發光的美玉，而願意像樸素無華的堅硬的石頭，這就是保持自然狀態，就是得一。

第四十章　萬物生於有，有生於無

【原文】

反①者，道之動②，弱③者，道之用④。天下萬物生於有⑤，有生於無⑥。

【注釋】

①反：往復。《說文》復也。《注》師古曰：反，謂回還也。

②動：運動。

③弱：柔弱，似無力。

④用：作用。

⑤有：存在，有形質的存在。有形之器，意指萬物。

⑥無：無形質的力量。也是一種存在，能被人感知。這裡主要指道體所包含的規律。

【譯文】

向事物此時存在的相反方向轉化，是「道」的運行規律。守弱，是道的具體應用。宇宙萬物均是從有形的狀態呈現在人面前的，這些有形的事物又是在虛無的自然法則中產生的。

【解讀】

在老子看來，道所顯示出的自然萬物矛盾的普遍性，它又突出地表現為以下兩個方面：其一是它的相互依存；其二是矛盾雙方的相互轉化。

關於矛盾雙方的相互依存，老子說：「禍兮，福之所倚；福兮，禍之所伏。」這就是說，事物矛盾的雙方是互為依存的，你中有我，我中有你；你離不開我，我也離不開你，誰也離不開誰，矛盾的雙方相互對立統一地存在著。如果雙方分離，雙方失去一方，就會造成對方的損失。

萬事萬物都是這樣，順著順著就會出現不順。但逆著逆著又會出現順，相反運動，也是大道運行的普遍規律。所以，當人遇到不順，應該想得開，還有什麼憂愁煩惱的呢？

懂得此理，我們就不至於看見一個男人落淚就以為他是懦夫，聽到一個女子哭泣就以為她是弱者。我們也不至於看到別人滿面堆笑地恭維，就心花怒放，聽到別人憤怒的指責就耿耿於懷。我們還能辨得出殷勤背後的勒索，悟得出嚴厲中深藏著的愛意。

弱者道之用，意思是說，人們不能爭強好勝，不然物極而反，只要不爭，不走向極端，才是修道的根本。人只有守弱守柔，這是修行的根本。所以，知足才能常樂。爭強就是傷害。比如吃多傷胃，色多傷精，爭財積勞成疾，爭懶則精氣耗散。

世界上萬事萬物的生老死滅，不都是按照「有無相生」的規律在演變著的嗎？「離離原上草，一歲一枯榮，野火燒不盡，春風吹又生。」一切有生命的東西，單從個體來說，都是從無到有的，又從有到無的不斷地發展著。青草在春天發芽，從土裡長出來，到了冬天就會枯死，又待來年的重新發芽復生等等，這些現象，不就是這樣的嗎？

再擴大一些，從天文學上來說，宇宙的每個天體，也同樣是如此。如地球、月亮、太陽系、銀河系和其他各種星系等等，也都是從無到有，是從星雲中產生出來的，以後也會在不斷演變中走向滅亡，又從有到無。有了地球、太陽才有了萬物，這就是「萬物生於有」，那麼太陽又是從哪裡來的呢？是源於一次宇宙大爆炸，而宇宙大爆炸前的狀態，按科學家的解釋就是一個點，一個質量無限大的點。

而在這個點之外呢？必定是空的，就是「無」。空無一物。空無一物是不是就沒有東西呢？不是的，還是有東西的。這個「有」是因為它有空，它就能夠容。這是老子在前面幾章裡面所講的思想。陶器是空的，裡面才能盛進物體。無以為用，當你要用它的時候，它必須是空的。

從以上的分析來看，整個宇宙的生滅過程就是老子所言道的法則的體現，是有限與無限的矛盾的統一。

第四十一章 不笑不足以為道

【原文】

上士聞道，勤①而行之；中士②聞道，若存若亡；下士③聞道，大笑④之。不笑⑤不足以為道。故《建言》有之：「明道若昧，進道若退，夷⑥道若纇⑦，上德若谷，大白若辱，廣德若不足，建德⑧若偷⑨；質真若渝，大方無隅，大器晚成，大言希聲，大象無形。」道隱無名，夫唯道，善貸⑩且成。

【注釋】

①勤：勤勞，勤於應用。
②中士：一般的人。
③下士：沒有潛質、不可教之人。
④笑：譏笑，嘲笑。
⑤不笑：不被嘲笑。
⑥夷：平坦。
⑦纇：崎嶇，高低不平。
⑧建德：剛健之德。
⑨偷：怠惰、鬆垮的樣子；無隅：沒有角。

⑩貸：施捨，給予。

【譯文】

聰明的人聽到這些自然法則後，能盡力去奉行；普通人聽到這些自然法則後，則是半信半疑；愚頑之人聽到這些自然法則後，總是會嘲笑看不起的。如果這種愚拙人不笑的話，就不能稱為是高深的「道」了。所以《建言》中說：「光明之道恰似黑暗，進取之道恰似退守，直達之徑反而似曲折。大德崇高又好像低谷，純真的品質彷彿似污染，大德廣大好像不足，大德剛健好像怠惰，貞潔的德好像被污染一般，大方之形彷彿無稜角，貴重的器物總是花費很多時間才能做成，真正有本事的人反而很少說話，真正的大『道』反而是看不見的。」「道」雖隱藏於萬物之中，只有「道」，善於施予萬物而且成就萬物。

【解讀】

「道」是天地萬物的來源和根本，它所講述的道理不是一般人能夠理解的，而且有時甚至是與普通常識看起來背道而馳的，因此，「道」傳播出來的時候，在一般人看來很像是癡人說夢。聽不明白的人不會認為是自己層次太低，只會認為講的人是白痴，所以會「大笑之」。

這種「笑」，是譏笑、嘲笑，是道德層次很低的人所特有的笑。真正有道德的人聽到非常不符合「道德」的事情，他也不會去譏笑、嘲笑，他只會覺得憐憫，看不見宇宙真相的人才是真正可憐的。就像井底的青蛙，牠只能看到井這麼大的範圍和頭上小小的一個井口那麼大的「天」，所以牠就不能想像這個世界上還有大海和天空這麼廣泛而浩瀚的東西，誰如果跟牠講大海、講天空，牠肯定會「大笑之」。

比牠高一個層次的人，是「若存若亡」的「中士」，就是半信半疑的人。為什麼他半信半疑？就因為他對「道」的感覺是「若存若亡」的。在這個世界上，這樣的人是可以引導的，因為他有「道心」、「慧根」，他不是那種故步自封、自以為是的人。但是這樣的人也是很不穩定的人。今天他可能聽了「道」的教誨而向「道」走近一步，明天他可能又聽了非道的東西而離「道」遠了一步，他是那種游離徘徊於「道」和「非道」之間的人。

再高一個層次的人，就是「上士」，他一旦接觸到「道」，他就會「勤而行之」。為什麼呢？因為他的「道心」和「慧根」非常的厚實，在他以往的生命中，他和「道」就有著極深厚的緣分，他會和「道」一見鍾情，就像找到了多年失散的伴侶。一旦找到，就終生奉行，矢志不渝。

這樣的人不要說他真正接觸到了「道」的教誨，就算一直沒有，他自己一個人也有可能憑著累世的修行重新找到修道的法門。佛家講的「獨覺」就是講這種人，釋迦牟尼就是「獨覺」的。

「明道若昧，進道若退，夷道若纇，上德若谷，大白若辱」，這幾句話都是說知「道」的人都不是平常人。你看他在後退，其實是在前進，是以退為進；你看他很糊塗，其實他很聰明，難得糊塗。有的人很低調，其實是他斂翼待時。這都是一般人所不能理解的。

綜觀歷史，也有借鑑的鏡子。三國劉備再三低頭讓步：從三顧茅廬到孫劉聯合，每一次低頭，都會踱到「柳暗花明又一村」，終於達成「三足鼎立」中的輝煌。低頭就意味著軟弱嗎？不見得。這是古人的典範。

老子又說「質真若渝，大方無隅」。據《史記》記載，孔子曾經拜訪過老子，向他請教「禮」。老子也告誡孔子說：「一個聰明而富於洞察力的人身上經常隱藏著危險，那是因為他喜歡批評別人。雄辯而學識淵博的人也會遭遇相同的命運，那是因為他暴露了別人的缺點。因此，一個人還是節制為好，即不可處處佔上風，而應採取謹慎的處世態度。」

老子還對孔子說：「君子盛德，容貌若愚。」這裡的盛德是指「卓越的才能」。整句話的意思是，那些才華橫溢的人，外表上看與愚魯笨拙的普通人毫無差別。

「大器晚成」這個詞，一般被用來安慰那些少年不得志的人。但這並不是老子本來的意思。「晚」不是指年齡。姜子牙八十歲當宰相，是大器晚成；甘羅十二歲當外交官，也未嘗不是大器晚成。「晚」是指時間。準確地說，是刻苦努力的時間。無論年齡大小，只要為成功付出了相當努力，就可望成功；反過來說，一定要將成功希望寄託在長期努力上，不可急於求成。

人就如一棵樹，根深土厚，則茁壯茂盛，必成參天大樹棟樑材；根淺細土貧薄，則生長無力，懨懨欲睡，到老也是又細又矮的小材料，只能夠個扁擔的料罷了。因此，要想成為撐柱國家的棟樑，必須進行艱苦持久的「培土固根」，大器之所以成為大器，很大一部分是由於晚成，因其晚而準備充足。

大音希聲更是大智慧。當初，釋迦牟尼佛在蓮花池上，面對諸位得道弟子，突然作拈花微笑，眾人不解其意，而只有迦葉尊者領悟了佛祖的意思，他會心一笑，於是就有了禪宗的起源。

釋迦牟尼佛作拈花微笑，老子說「大音希聲」，這兩位東西方哲人的行為，寓意深刻。他們勸誡人們：為人寧可保持沉默寡言的態度，不驕不躁，寧可顯得笨拙一些，也絕對不可以自作聰明，喜形於色，溢於言表。

陶覺說：「出於身當言者，緩頰而陳；不當言者，捲舌而退。」一個懂得講究說話藝術的人，一定是一個懂得如何做人的人。

所以說，人不可無緘口之銘。

最後，老子指出，「道」的實相、真相永遠隱藏在世間萬物之中，它不會明明白白地顯現給人看。要接觸「道」，只有從內修開始，從自己的心靈開始去發覺，去照見。這個世界上，只有「道」才是自始至終都是「善」的。循「道」而行的人，才能擁有良好的開端和完美的結局。

第四十二章 物或損之而益，或益之而損

【原文】

道生一①，一生二②，二生三③，三生萬物。萬物負陰④而抱陽⑤，沖氣⑥以為和。人之所惡，唯「孤」、「寡」、「不穀」，而王公以為稱。故，物或損⑦之而益⑧，或益之而損。人之所教，吾亦教⑨之。「強梁者不得其死」，吾將以為教父⑩。

【注釋】

①一：太一，太極，混元之氣。指宇宙初始的狀態。
②二：中國古代自然哲學中的「陰」、「陽」二氣。陰陽代表一切事物的最基本對立面。
③三：靜止的三維空間。
④負陰：背負著陰氣。
⑤抱陽：懷抱著陽氣。
⑥沖氣：陰陽二氣相互作用叫「沖」。
⑦損：減少；使受害處。
⑧益：增加；好處。
⑨教：施以教化。

⑩父：通「甫」。首甫：開端。

【譯文】

自然法則「道」使人類認識到了象徵整體的「一」，整體「一」又分成運動關係的陰陽「二」，由陰陽的混合又組成了人們對靜止空間「三」的認識。由這三者形成的自然規律演化了大地上的萬物。萬物總是包含著陰和陽兩方面，陰陽二氣相互作用生成和諧狀態。人類所厭惡的，莫過於「孤」、「寡」、「不穀」，然而王侯卻用來稱謂自己。所以，萬物的發展規律或許是只有先損失才後得益，或許是先得益而後損失。前輩教導我的，我也將教導晚輩。逞強的人沒有好結局，我將把這句話視為施教的開端。

【解讀】

陰陽未分的「無極」就是「道」的原始狀態，「一」就是陰陽初分而仍糾纏的「太極」，「道生一」就是無極生太極；「二」就是陰、陽兩儀，「一生二」就是太極生兩儀；「三」就是陰陽化合能生萬物的「和氣」，「二生三」就是兩儀化生和氣；「三生萬物」就是從和氣中繁衍出天下萬物。

「沖氣」，就是對萬物重要的調控作用。「和」，是陰陽消長平衡的結果。「沖氣為和」，就是客觀規律作用於事物內部矛盾的兩方面，「高者抑之，下者舉之，有餘者損之，不足者補之」，透過其變化使之在新的層次上達到新的和諧。所以，無論是整個自然界或是細微的具體事物，都是運用著這條自然規律在這種動盪的調節中維繫著自身的平衡。

《荀子．天論》說：「萬物各得其和以生。」《論語》中所謂：「禮之用，和為貴。先王之道，斯為美，大小由之。」也就是說聖明君王治國，無論大小事都遵循著達到和諧這樣的標準去做。鄭君《中庸》中云：「名曰中庸者，以其記中和之為用也。」可見儒道兩家都崇尚事物的和諧，從這點來講，可以說是殊途同歸。

「人之所惡，唯孤、寡、不穀，而王侯以為稱。」這在第三十九章裡已經解釋過了，這裡不過是重新提出來作為「故物或損之而益，或益之而損」這個道理的事例罷了。

什麼是「物或損之而益，或益之而損」呢？

「損」和「益」是《易經》六十四卦裡的兩卦。

「損」卦的卦辭裡有「有孚，元吉，無咎，可貞，利有攸往」的文字。可見「損」儘管總是和減損、損失等現代人不喜歡聽的字眼連在一起，在易理中卻是好話一堆：有孚——說它有信義，或者是持久和規律的意思；元吉——最大的吉利；無咎——沒有過錯；可貞——可以保持在正道上，純真、純正。都是很有利的事。

「益」卦的卦辭裡有「利有攸往，利涉大川」的文字。裡面反而僅僅只是就「利」而談「利」，說：「利有攸往——是很有利的事；利涉大川——有利的程度到了可以過大河的地步。（古代過大河是沒有橋的，所以看來只能是坐船，而且還不見得每次都能成功的渡河。由此可以略見一斑）。」

此外「損」卦發展到盡頭——「上爻」，是「弗損益之，無咎，貞吉，利有攸往」，是吉利的；而「益」卦的上爻，是「莫益之，或擊之，立心勿恆，凶。」是凶險的。

老子認為，一切事物，有時減損它反而使其增益，有時增益它反而使其受到減損。損、益是對立統一、如影隨形的。此損則彼益，當「損」這個事做到盡頭，就不再是「損」，不會再「損」，反而是「益」了。此益則彼損，有所失必有所得，有所得必有所失，損益相伴而行，損中有益，益中有損。

像這樣的話，老子不是第一個說的，肯定有很多古聖先賢已經說過了，他只是借用一下，所以他說

「人之所教，我亦教之」。

最後，老子告誡我們說不要做強梁，強梁易折。一些人性格剛烈暴躁，爭強好勝，頑強表現自己，永遠不肯服輸。這種性格本身就是一柄雙刃劍。有兩句古詩說得好：「從來硬弩弦先斷，每見鋼刀口易傷。」意思是說，越是剛強、堅硬，就越容易遭受傷害。

「拔山扛鼎、恨地無環」的楚霸王項羽驕橫不可一世，最終不也自刎而死？「強梁者不得其死。」

第四十三章 不言之教，無為之益

【原文】

天下之至柔①，馳騁②天下之至堅③。無有④入無間⑤，吾是以⑥知無為之有益。不言⑦之教，無為之益，天下希⑨及之。

【注釋】

①至柔：最柔弱的東西。
②馳騁：馬在疾走。形容自由行走。
③至堅：最堅硬的東西。
④無有：無形的力量。
⑤無間：沒有間隙的東西。
⑥是以：因此。
⑦不言：不空談。
⑧之教：的教化。
⑨希：少。

【譯文】

世上最柔弱的東西，卻能在極堅硬的地方出入馳騁。因為空虛無形之物能夠進入沒有空隙的東西中。所以我明白了無為之道有多麼大的益處。這樣，不用語言也可達到教化的功效，實施無為之道而能有所得益，天下很少有人能夠做到。

【解讀】

上一章老子提出「強梁者不得其死」的觀點，這一章又提出「天下之至柔，馳騁天下之至堅」的主張，其實是一脈相承的。

老子一向貴柔，提倡「以柔克剛，以弱勝強」。《道德經》中類似的論述還有很多：「天下莫柔弱於水，而攻堅強者莫之能勝。」「弱者道之用。」道家提倡要像風、水一樣柔弱、謙下、寬容，看起來誰都能戰勝它，一個指頭就能戳透它，但最終以柔克剛，風能颳斷大樹，吹垮房屋，水能沖決大堤，淹沒山陵。

老子有一位知識淵博，對許多問題都有奇特而獨到見解的老師，名叫常樅（音ㄘㄨㄥ）。一天常樅病了，老子去看望他。他倆便有一段著名的對話：

常樅張開口問：「你看，我還有牙齒嗎？」老子看看說：「沒有了！」常樅吐著舌頭問：「那麼，還有舌頭嗎？」老子說：「有，有，舌頭還在！」常樅問：「你懂得我的意思嗎？」

老子說：「懂了，就是說，堅硬的已經掉了，柔軟的還在。」常樅高興地說：「好好！是這個意思。」

於是，老子在老師的啟發下，指出了「天下之至柔，馳騁天下之至堅」的思想。很多人不同意「柔弱勝剛強」，老子便舉例說，水最柔弱，但可沖決一切堅強之物。

女人柔弱似水，走起路來像被風能吹倒似的，但自古英雄難過美人關，有多少豪傑死在女人的柔情中，有多少好漢掉到情海裡淹死了。

有一種寶劍，你只要用一根小拇指就可以將其捲起，被稱為「繞指柔」，但依然可以「削金斷鐵」，吹一口氣就可以將毛髮削斷。

早晨到公園裡面打太極拳，看到人家的動作軟綿綿的，但是太極高手，一推手，可以把一個大漢掀翻在地。什麼原理？這合了老子的那句話，「天下之至柔，馳騁天下之至堅。」

只有完全地遵循「道」，完全地以客觀規律為準繩，才能真正看明白世間萬事萬物的內在屬性和相互關係，才能擁有正確的、從根本上來分析問題、解決問題的大智慧，才能把「柔」做到極處，才能「馳騁天下之至堅」，才能實施「不言之教」，才能獲得「無為之益」，才能在正確的時機、正確的場合、以正確的方式與正確的對象開展正確的活動，從而獲得最廣泛、最長遠的根本利益。——這才是「天下希及之」啊！

第四十四章　知足不辱，知止不殆

【原文】

名①與身②孰③親④？身與貨⑤孰多？得與亡⑥孰病⑦？是故，甚愛⑧必大費⑨，多藏必厚亡⑩。

知足不辱，知止不殆，可以長久。

【注釋】

①名：名聲、名譽。

②身：生命。

③孰：哪個。

④親：親近、可愛、寶貴。

⑤貨：財富。

⑥亡：失去。

⑦病：缺點；錯誤；害處。

⑧甚愛：過於喜愛。這裡指過分喜愛名聲。

⑨大費：過多耗費。

⑩厚亡：多失。

【譯文】

名譽與身體哪個更值得親近呢？財貨與身體哪個更重要？得與失哪個對人更不利？所以，過於愛吝必會導致大破費，多儲藏反而會多損失。懂得滿足的人就不會以現狀為羞恥，明白適可而止的人就不會引來危險，這才是長治久安之道。

【解讀】

人們都說功名利祿，功名利祿是什麼東西？學過物理學的人都知道萬有引力，人為什麼不能飛起來？人為什麼不會輕功？這是引力的作用。在人組成的社會裡面，功名利祿就是萬有引力。有一些人為了功名，為了利祿「光榮」的死去了，瞬間被吸到地獄裡面去了。

所以，老子提出這樣的問題：名譽和身體哪一個離你更近？生命和財富相比哪一個更重要？當然生命更重要，可以為了生命不要那個名，不要那個利，為了那個利犧牲自己的生命是沒有意義的。

有許多人不知自愛，常常在無意識中損害自己、欺騙自己。他們出外辦事時，總是飲食無定，有時竟一點東西也不吃，就是吃也不依照日常的時間。他們還總要剝奪自己睡眠和休息娛樂的時間。由於他們經常摧殘自己的身體，所以，不到40歲他們的頭髮已經漸白，身體已經顯出衰老的樣子。他們竟然不懂得，要實現自己的雄心和志向，需要相應的體力與之配合。

許多人具有超群的天賦，卻最終只獲得了微不足道的成功，就因為他們不善保養自己身體這部機器。許多人到了晚年感到失望，甚至連年輕時的1％希望也不能達到，就是因為他們不好好保養自己的身體，所以也就毀滅了成功的可能，因為身體的原因使自己的生命光芒黯淡。

如果能夠根據自己身體上的需要，給予適當的食物、充足的水分、新鮮的空氣和陽光，就能為人體這部機器的正常運轉提供能量。

在飲食和生活起居上，如果我們能運用自己的常識，維持適當的營養，過一種簡單、有規律、有節制的生活，那麼我們永遠都不需要服藥。

很多人為了節省金錢，便剝奪身體上應有的營養。他們往往很匆促地吞一塊三明治，喝一杯牛奶，便算解決午飯問題，他們以為這樣既節省時間，又節省金錢。殊不知，如果他們走進一家好的餐館，從容地吃一頓美味而有營養的中餐，而後休息片刻使身體能對食物進行充分的消化吸收，這才是大有裨益，這樣做才是真正的「合算」。一個人剝奪能給予我們生命力、體力與智力的食物，無異於把一隻能產金蛋的鵝殺死了。

世間沒有一樣東西比我們的身體更為寶貴，我們必須不惜一切代價來保護身體。健康的身體能夠促進人們在工作上的努力，使人們不斷進步。許多人因為沒有善待自己的身體，致使自己的機能減弱、能力喪失。

睡眠和營養的不足、戶外運動的缺乏、工作過度，凡此種種，都是減弱體力、損害身體的主要原因。

還有許多人的精力，浪費在憤怒、憂慮、怨恨以及瑣碎的事情上。甚至有的人在憤怒、憂慮、怨恨和瑣碎事情上所耗費的精力，比在正式工作上消耗的體力還要多。

過分地迷戀某個東西，只會讓你為之付出遠遠高出實際的高昂價格。相對來說，人生的其他部分，必然是一片空白。

財物的積聚必然會招來巨大的損失，因為萬物都是會「各復歸其根」的。世間的一切都是因「緣」

而聚，又必然會因「緣」而散的。財物是這樣，人世間的一切東西都是如此。其實我們要做得無非是珍惜眼前的人和事，那麼當他們最終隨風而去的時候，我們也能坦然以對，「事如春夢了無痕」。得不足喜，失不足悲。因為真正有緣的，必然會在久遠的輪迴中不斷地聚散離合。

所以，老子說「甚愛必大費，多藏必厚亡」。

最後一句中的「知足」是從不貪的角度說的，知足常樂；「知止」就是不能做得事情就堅決要停止它，不要被慣性、執著和貪念把自己帶到萬劫不復的絕境裡去。

這裡，老子的話包含了兩種意思：

（一）君子思不出其位。

哲人說：君子愛財，取之以道；君子好色，納之以禮。為人不貪不義之財，不在飯碗外邊找飯吃。發財要走正道，同樣的道理，好色不亂是英豪。上至天子，下到百姓，無不好色，愛美之心，人皆有之，長得漂亮的就想多看兩眼，但不要亂來，不要有妄想，如果愛一個人，就要按風俗禮節談婚論嫁。知足就是不要有奢望，不生非分之想。知止就是安其分而不出其位。

（二）知進更要知退。

只有穩紮穩打，打牢根基，保持合適的發展速度，才能使自己的事業立得住，站得穩，才能為以後的發展做好準備。只要「一步一步地推動」，表面是給人慢半拍的感覺，但往往能後來居上。

第四十五章　大成若缺，其用不弊

【原文】

大成若缺①，其用②不弊③。大盈④若沖，其用不窮⑤。大直若屈，大巧若拙，大辯⑥若訥⑦。躁勝寒，靜勝熱，清靜為天下正。

【注釋】

①若缺：好像有缺陷。

②其用：它的作用。

③弊：殘破。

④大盈：最飽滿。

⑤不窮：不盡。窮：盡。

⑥大辯：最好的口才。

⑦訥：說話遲鈍。

【譯文】

大器做成後總似有缺陷，但它用起來並不殘破。充盈的東西好像是空的一樣，但它的作用是用之不盡。直線的極端似曲線，巧妙的極致似笨拙，最善辯者卻似木訥。善於運動的人能戰勝寒冷，善於守靜的人能戰勝酷熱。清靜無為才能讓天下太平。

【解讀】

上世紀日本有一個首屈一指的禪學大師叫鈴木大拙。他特別喜歡「大巧若拙」這個詞。所以你看他的名字上有個「大拙」，他太喜歡老子了。這個人很長壽，活了近一百歲，九十幾歲的時候，還搭乘飛機到處飛來飛去，到處做學術報告，他的學生就問他，先生您怎麼這麼健康？這麼長壽？他笑笑說這就是「無為」。

「成」和「缺」是相對的，「盈」和「沖」也是相對的。修養成就到了最高的境界，反而虛懷若谷，表現出很空虛不足的樣子。豐盈到了極處，反而顯得空空如也。但是表現儘管如此，實際上卻是「不弊」和「不窮」的。

比如《道德經》八十一章只有區區五千字，看起來好像很不足，比起現在有的書動輒幾十萬、上百萬字，看起來要差得多了。但是它卻是博大精深，兩千年來，多少人都在鑽研它。

老子這段話的意思是，最聰明的人，真正有本事的人，雖然有才華學識，但平時像個呆子，不自作聰明；雖然能言善辯，但好像不會講話一樣。陶覺說：「做人須帶一份憨，一份癡；不憨不能犯大難，不癡無以處濁世。凡患得患失之人，正是太聰明耳。」

所以，無論是初涉世事，還是位居高官，無論是做大事，還是一般人際關係，都須帶一份憨，一份癡。

我們在說一個人迂腐的時候，往往講這個人不開竅。不開竅固然不好，但開的竅過多就好嗎？

古時候，南海的大帝叫儵（ㄕㄨˋ），北海的大帝叫忽，中央的大帝叫混沌。儵與忽經常在混沌的家裡相見，混沌很熱情。於是，儵和忽商量如何報答混沌的深厚情誼，說：「人人都有七竅用來視、聽、吃和呼吸，唯獨混沌沒有，讓我們試著為他鑿開七竅吧。」於是，他們每日鑿出一個孔竅，鑿到第七日混沌就一命嗚呼了。

混沌沒有一竅，儵與忽好心幫助他開竅，卻害死了混沌，這說明什麼道理呢？

所以，老子告誡我們，做人要「大巧若拙」。為什麼呢？因為懂得越多，看得越透徹，要求得到回報的欲望就越高，對社會越不滿，人生越痛苦。知道的越多就越容易虛偽；盤算，把生活變成了生意；計較得失，學會在討價還價中得到樂趣。做人還是「屈」一點好，「拙」一點好，「訥」一點好。

很多人還對金庸筆下郭靖的「傻裡傻氣」記憶猶新。結果呢？他卻成了受人尊敬的武林高手。

老子最後說：「躁勝寒，靜勝熱，清靜為天下正。」什麼意思呢？

道家很注重「清」與「虛」兩個字。「清」是形容那個境界，而「虛」則是象徵那個境界的空靈，二者其實是一回事。欲心靜必先心清，心靜後方能心更清。二者相輔相成。心不清，不知欲，不知為，難去躁，心難靜；心不靜，只注重表面現象而忘其實質，則欲速而不達，心難清。

「以靜識物、以靜觀心」，是人們認識真理和自我修養的基本方法。所以古人很早就倡導要在寧靜中思考問題，從而透過表象把握事物的本質和規律。在日常生活中，培養平和的心態，拒絕急躁，才能使我們避免誤事；而遇到挫折和困難的時候，依靠平和的心態才能找到解決問題的方法，避免灰心失望、消極被動、喪失信心。

許多人脾氣暴躁、性子急，所以做事的時候不能準確拿捏力度、不能很好地掌握分寸。比如說話的時候愛發火，甚至出語傷人；做事的時候不能和別人好好團結，結果容易把事情搞砸。歷史經驗告訴我們，擁有一顆平「靜」的心是為人通達、妥善處理各種事務的基本要求。

遇到不順心的事，不暴躁，更不暴跳如雷，這是性靜。

生活要有目標有追求。為了實現自己制定的人生目標，堅定不移而義無反顧，盡棄這山望著那山高的浮躁之心，不追求縹緲無定不切實際的幻想。無雜念邪念，在聲色犬馬的誘惑下，不因自己的一念之差而飲恨終生。這是念靜。

遭事業不順，戀愛受挫，家庭糾葛等等這些令人頭疼的失敗失意之事，能以一個良好的心態去面對，不焦躁，不煩躁。保持內心的平靜，情緒穩定，設法尋找解決問題、化解矛盾的方法。這是意靜。即使在極為憤怒的情況下，發作之時，能有理有禮有節，及時讓自己平靜下來。行事不急躁、不毛躁、不魯莽，摒棄急於求成，壓住陣腳，穩紮穩打，努力思考並實施最佳策略而制勝。這是行靜。

靜，不是對令人深惡痛絕的事視而不見，充耳不聞。當拍案時則拍案，但拍案前要冷靜思考一下，是為他人還是為自己，為正義還是為面子，為指責惡行還是為辯解自己。

此時之靜，當為不衝動，設法尋找能夠取勝的最佳策略。不是那種「喜怒不形於色」的矜持，也不是那種深藏不露的城府。

第四十六章 知足之足，常足

【原文】

天下有道，卻①走馬②以糞③。天下無道，戎馬④生於郊⑤。最莫大於多欲，禍莫大於不知足，咎⑥莫大於欲得⑦。故，知足之足⑧，常足⑨矣。

【注釋】

①卻：退。

②走馬：馬走動。

③糞：耕種。古代的一種播種方法。分土壤為九類，用九種動物骨頭煮汁拌穀物種子以播種，叫糞種。這裡的糞指耕種。

④戎馬：戰馬。

⑤郊：被困城池的郊外。

⑥咎：罪過，過失。

⑦欲得：想得到不屬於自己的東西。

⑧知足之足：對知道滿足感到滿意。

⑨常足：永遠的滿足。

【譯文】

天下人如若遵循了「道」的法則，那麼奔馳於沙場的戰馬就可以退回來給百姓犁地。如若違背了「道」的法則，就會兵荒馬亂，連懷孕的母馬也要送往戰場，甚至在荒郊產下小馬駒。最大罪過莫過於放縱慾望，最大的禍根莫過於不知滿足，最大的災難莫過於貪得無厭。可見，懂得了滿足的道理就會真的得到滿足，也就會經常獲得心理滿足。

【解讀】

「天下有道」即上一章說的「天下正」，侯王治理邦國時，如果保證社會安定，沒有騷亂，沒有戰爭，沒有盜竊兇殺，沒有欺詐不公，農民都安心地種植莊稼，牧民、漁民和工匠各自從事專業生產，這就是天下有道，也就是天下正。「卻」，退去的意思，奔馳於沙場的戰馬就可以退回來給百姓耕田犁地。

當天下「有道」的時候，一切人力、物力、資源都是圍繞於生產、耕作等良性的活動。這些良性的活動是為了解決人類生存、發展的基本需要的。而當天下「無道」的時候，所有以上的一切資源都被用於戰爭等惡性活動，惡性的活動是破壞性的，是殺戮，是反人類的。從馬的兩個不同用處的強烈對比就可以看出戰爭是多麼的殘酷無道。

那麼人類為什麼不願意採取符合天道人性的和平發展，而非要去進行反天道、反人類的戰爭呢？

「罪莫大於多欲，禍莫大於不知足，咎莫大於欲得。」老子在這裡給出了他的答案，就是「多欲」，就是「不知足」，就是「欲得」。前面很多章裡都已經講到過，這些行為與「道」在本質上就是相背離的。

老子認為知足者常樂，知足便不作非分之想；知足便不好高騖遠；知足便靜如止水、氣靜心平；知足便不貪婪、不奢求、不豪奪巧取。知足者溫飽不慮便是幸事；知足者無病無災便是福澤。所謂養性修身，參禪悟道，無非就是散淡隨緣，樂天知命。

《莊子・齊物論》中說：「終身役而不見其成功，然疲役而不知其所歸，可不哀邪！」過分的貪取、無理的要求，只是徒然帶給自己煩惱而已，在日日夜夜的焦慮企盼中，還沒有嘗到快樂之前，已飽受痛苦煎熬了。

因此古人說：「養心莫善於寡欲」。我們如果能夠把握住自己的心，駕馭好自己的欲望，不貪得、不覬覦，做到寡欲無求，役物而不為物役，生活上自然能夠知足常樂，隨遇而安了。

老子在第四十四章中說「知足不辱，知止不殆」。就是告誡人們要知足，知道滿足就不會受辱，知道適可而止，就不會遭遇不幸。

不知足是最大的禍患，貪得無厭是最大的罪過。

把錢財、家世、容貌視為榮辱標準的人，一般都不知足，越有越想有，越有欲望越盛；欲望太盛，就會生出邪念，為擁有更多的財權欲而不擇手段。由敬財、愛財而貪財、聚財、斂財，甚至於見錢眼開、巧取豪奪、唯利是圖、謀財害命。市場上大量的假冒偽劣品屢禁不絕，正是這方面的原因所致，生活中這類例子幾乎每個人都耳聞目睹，真乃是欲壑難填！

同為道家的莊子也說：

「富有的人，勞累身形勤勉操作，積攢了許許多多財富卻不能全部享用，那樣對待身體也就太不看重了。高貴的人，夜以繼日地苦苦思索怎樣才能保全權位和厚祿，那樣對待身體也就太忽略了。人們生活於世間，憂愁也就跟著一道產生，長壽的人整日糊糊塗塗，長久地處於憂患之中而不死去，多麼痛苦啊！」

所以，真正的滿足是內心的滿足，而非物質的滿足，物質是永遠無法讓人滿足的。真正快樂的人知道什麼是滿足，因為只有在滿足中才能體會什麼是快樂。

第四十七章 不出戶，知天下

【原文】

不出戶①，知天下；不窺②牖③，見天道。其出彌④遠，其知彌少。是以⑤聖人不行而知，不見⑥而明，不為⑦而成⑧。

【注釋】

①戶：門口。
②窺：從小孔隙裡看。
③牖（ㄧㄡˇ）：窗。
④彌：更加。
⑤是以：因此。
⑥不見：不親眼所見。
⑦不為：不妄自作為。
⑧成：功成業就。

【譯文】

有的人足不出戶，就可知天下大事，不看窗外的世界，就明白世間萬物的運行規律。走得越遠，瞭卻能將事情辦成功。

解得反而越少。因此，聖人都能不遠行卻心知天下事，沒看過得事物也能把握它的規律，不用自己動手

【解讀】

這一章主要談的是哲學上的認識論。老子的基本觀點是：感覺經驗是靠不住的。因為這樣做無法深入事物的內部，不能認識事物的全體，而且還會擾亂人的心靈。那麼，要認識事物就只有靠內在的自省，下功夫自我修養，才能領悟「天道」，知曉天下萬物的變化發展規律。

我們首先看「不出戶，知天下」。「天下」指世界，也就是侯王所治理的邦國。家是「天下」很小的一部分，即使不出家門，也要吃，要喝，要與家裡人接觸，仍然處於當時當地的環境中，而且，「不出戶，知天下」並不否定「出戶知天下」，「不出於戶，知天下」更強調對規律的深入觀察。

比如說「察瓶水之冰，而知天下之寒也」，我們知道瓶子裡的水結冰了，我們就知道外面很寒冷了，河裡的水如果不流動的話也應該結冰了。這就是對規律的觀察。這也就是說，我們可以由近在咫尺的一些細微動靜來判斷出千里之外的形勢變化。

三國時期諸葛亮有句名言：「為將者不識天文，不知地理，焉可為將？」打勝仗首先要「知己知彼」，才能「百戰不殆」；其次要知道「可勝」和「不可勝」，必要時要「先為己之不可勝，而待敵之可勝」。因此，時時刻刻做好形勢判斷是至關重要的一環。在古代，資訊獲取相對困難的情況下，那麼根據天文、地理的徵兆和形跡來判斷敵我形勢就成為及時準確判斷戰場態勢的必要方法了。這樣的將帥才能抓住瞬息萬變的戰機，真正做到「運籌帷幄之中，決勝千里之外」。

「牖」指窗戶。一般，「天道」指對於日月星辰、春夏秋冬等天象和季節的變化規律，不看窗戶也

能感受晝夜寒暑的變化，這個很好理解。

老子又說：「其出彌遠，其知彌少。」這好像與我們常說的「百聞不如一見」、「讀萬卷書不如行萬里路」這樣的話有衝突，其實不然。

為什麼要出去呢？為什麼要遠遠地跑出去呢？還不是為了向外探索嗎？如果不注重心靈的修養，你又能看得到什麼呢？

基於「眼、耳、鼻、舌、身、意」的「六根」所產生的「色、聲、香、味、觸、法」的「六識」是很容易虛假不實的。「五色」會「令人目盲」；「五音」會「令人耳聾」；「五味」會「令人口爽」；「馳騁遊獵」會「令人心發狂」；「難得之貨」會「令人行妨」。

當物欲和利益把心靈弄得污濁不堪的時候，就利令智昏了。遠離了心靈修養，就是遠離了道德，也就遠離了真正的智慧。

「是以聖人不行而知，不見而明，不為而成。」「聖人」為什麼能夠這樣？因為「行」、「見」、「為」都是向外的。「聖人」是道德修養深厚的人，是內修功夫極高的人，所以他的「知」、「明」、「成」都是建立在內修和道德的基礎上的。他的「行」、「見」、「為」是「道」這個層次上的，是建立在「無」的基礎上的，所以很少受外界假象的干擾，因此他的「知」、「明」、「成」才是神通級的，是符合宇宙大道的。

第四十八章　取天下常以無事

【原文】

為學①日益②，為道③日損④。損之又損，以至於⑤無為。無為而無不為。取⑥天下常以無事，及其有事，不足以⑦取天下。

【注釋】

①為學：鑽研學問。

②日益：日日有所增益。

③為道：鑽研大道。

④日損：日漸精簡。

⑤以至於：直至。

⑥取：管理。

⑦不足以：不可以。指不具備治理天下的資格。

【譯文】

追求學問天天增益，離大道的距離越來越短。一步一步，最後就沒有什麼可以作為的了。沒有什麼可以作為就無所不能了。治理天下必須無所事事，如果事必躬親，經常有事需要處理，就不能治理天下了。

【解讀】

老子說「為學日益，為道日損」，也就是說學習得越多，與「無為」的距離就越近，最後就沒有什麼可以學的了，這是學問的最高境界。

舉個例子，我們學習很多知識，剛開始學的時候發現知識真多，比如項目管理，若干個知識領域，無窮無盡的名詞解釋，不頭暈才怪，但等你學完，才發現不過如此，順著項目操作的流程看下來就簡單了，所以到這個地步就是「為道日損，損之又損，以至無為」，沒什麼好學的了。而這個時候你對項目管理的把握已經「無不為」了。也如同武林高手的「無招勝有招」。

當然，老子在這裡所說的「以至無為」不是絕對的，而是相對的。但即使這樣，我們普通人也達不到。怎麼辦呢？做任何事情都要盡量接近「無為」。

日本著名科學家系川英夫在他所著的《一位開拓者的思考》一書中，講了一段極富哲理的話：「人生的重挫酷似翻船，為使身體不致由水流動力緊緊地吸附於船底，造成窒息性死亡，就要落水後借助墜落的勁道蜷縮身體，一沉到底，然後再順著水流浮出水面，以求擺脫葬身魚腹的命運。人生處於逆境時，如硬要違背客觀規律，結果只能加劇事態的惡化。逆境之中最關鍵的是順應所處的環境並暗中積蓄力量。」

這裡的「蜷縮身體」、「一沉到底」，看起來好像非常消極，一副聽天由命，不再掙扎的樣子，但卻是死中求生的正確選擇。如果不顧客觀情勢在落水之後就拚命地胡亂撲騰一番，那倒會事與願違，落得一個葬身魚腹的下場。

一個是「無為」——不做掙扎，一個是「有為」——拚命掙扎。無為者生，有為者死。這就是「無為而為」的神妙。

「無為而無不為」，這幾個字中包含著豐富的哲理。無論做什麼事情，都是有所為有所不為的。人生當中，如果有人想無所不為，那麼最終的結果就會一無所為。領兵打仗也是這樣，有所取就要有所捨，有所攻就要有所守，貪心太大，必遭禍害。

無為而為，遂有另一層意思，即暫時的「不為」是為了長遠的「為」；表面的「不為」是為了實在的「為」。「無為而為」有時候是客觀形勢逼迫著你收斂鋒芒，藏而不露，以求安身立命、以得來日重圖大業。這就是所謂的「韜光養晦」之策。

老子又說了：「取天下常以無事。及其有事，不足以取天下。」他認為，一切有為之治都會使天下之人「淫其性」而「遷其德」，因此「君子不得已而臨蒞天下」就應當「莫若無為」。無為，然後能無不為；無為，然後能有作為。統治者應該以清靜無為、無欲無爭規正自身，人民就自然地回歸於純樸，社會就自然地趨於安定，自會呈現國富民安的太平世界。相反的，如果事必躬親，經常有事需要處理，就不能治理天下了。

有為與無為兩個看似相反的作為，其實是相互貫通的。順應客觀，無為而治，並非完全聽天由命，任人擺佈，而是在順應客觀的同時，主動地、策略地、樂觀地、自覺地去駕馭現實環境中所遇到的矛盾，並制定合理的方針、策略。

所以，「無為而治」，其實是「貌似無為，實則有為，眼下無為，長遠有為」的一種為政策略。

第四十九章 聖人常無心

【原文】

聖人常無心①，以百姓心為心。善者，吾善之，不善者，吾亦善之，德善。信者吾信之，不信者吾亦信之，德信。聖人在天下②，歙歙③焉，為天下渾其心④。百姓皆注其耳目⑤，聖人皆孩之⑥。

【注釋】

①常無心：一本作無常心。意為長久保持無私心。

②天下：王之央國。包括諸侯的邦國和家國。古代天下、國、家、鄉、戶指不同級別的行政區劃。

③歙：音ㄒㄧ，意為吸氣。此處指收斂意欲。

④渾其心：使人心思化歸於渾樸。

⑤百姓皆注其耳目：百姓都使用自己的智謀，生出許多事端。

⑥聖人皆孩之：聖人使百姓們都回復到嬰孩般純真質樸的狀態。

【譯文】

聖人常常沒有個人的私心和恩怨，他們總是把百姓的意志視為自己的意志。對於善良的人，我們能善良對待，對於不善良的人，我們也能報之以善良，這才是真正的善良。我能相信的，我信，我不能相信的，我也能相信，這才是真正的信任。有「道」的聖人生活在世上坦然而真誠，與整個世界的意志融為一體。百姓都能傾聽聖人的教誨，而聖人總能讓他們恢復孩童一樣淳樸的狀態。

【解讀】

聖人自己沒有個人特殊的欲望和追求，總是與老百姓心連心，想老百姓所想，急老百姓所急，老百姓的欲望就是自己的欲望，老百姓的追求就是自己的追求。為什麼「聖人恆無心」呢？因為老百姓的心是變化的。比如一心想升官，一心想發財，一心想玩樂，這是恆心。聖人沒有這樣的恆心，老百姓想什麼聖人就想什麼。

聖人無恆心，那有什麼呢？只有「道」，只尊重自然規律，因為他知道人再聰明也無法與自然規律抗衡。有的人覺得自己很厲害，那你能讓自己長生不老嗎？現在科學很發達，但人類能不讓月亮圍著地球轉嗎？

什麼是大善呢？老百姓的品質千差萬別，有善良的，也有不善良的。對善良的人，聖人以善良的態度對待；對不善良的人，聖人也以善良的態度對待，這樣做才是大善，即是德善。德善則「心善淵」（第八章），心胸像空曠的深淵，寬容別人，包括寬容曾經嚴重傷害過自己的人。

老子說：「善者，吾善之，不善者，吾亦善之。」為什麼無論善者或不善者，老子都主張善待之而不棄呢？

中國有句老話叫人無完人，「善人」與「不善人」不是聖人、完人與常人的區別，而是人都是會犯錯誤的，犯錯誤有程度大小的區別。我們必須全面地衡量一個人，不能只抓住一點錯誤就全盤否定一個人。而且要看到，人都是有用的，每個人都有自己的專長，不要因為某個人一時的短長而徹底否定他。要幫助他揚長避短，充分發揮每個人的聰明才智。人不可妄自尊大，要看到別人有自己所不及的長處，要尊重別人。

在日常生活中，我們經常體悟到，「善者善之」做到不難，因為「人之初，性本善」，我以我善與他人之善共安之、共處之、同善之，使之善化一方，所以，做到不難。但「不善者亦善之」就不容易做到了，特別是對那些不善之中的大惡大邪之人，要想善待、善化之，就不容易了。但是，這也正是對我們大慈心、大包心、大容心的一種嚴峻的考驗！面對這類人和事，是安於一己之善，萎縮身心，明哲保身，自了自足；還是以己之上善之性對各類不善者以誠心待之、以真情感之、以德心化之，這是判定是真修還是假修的分水嶺，是判定是真行道還是假行道的試金石！

什麼是大信呢？老百姓的品質千差萬別，有誠信的，也有不誠信的。對誠信的人，聖人以誠信的態度對待；對不誠信的人，聖人也以誠信的態度對待，這樣做才是大信，即是德信。德信則「言善信」（第八章），說話誠信，沒有虛假和浮誇。

為什麼對於不誠信的人也要講誠信呢？

因為對方不誠信，是騙子，如果我方也不誠信，那也就是騙子，大家互相騙來騙去，誰都沒有好下場。怎麼辦呢？老子說「不信者吾亦信之」。什麼意思呢？比如說一個人和你做生意，你看出對方不誠信，時間上總是不準時，就不想合作了，就直接告訴他不想和他合作，直接指出對方的問題，而不是拐彎抹角地欺騙對方說你現在要做別的生意，資金短缺或對方的貨物有問題等。如果你找理由拒絕對方，對方發現你在欺騙他，就可能跟你結仇，找你麻煩，儘管對方自己也是騙子。

歙歙焉：歙，（動）吸氣；歙歙，平和、坦然，「深呼吸」從而「達到」心平氣和地處理國家之內關於民眾的日常大小事務。

天下，國家。渾，天然的、渾樸、渾厚；心，想法、思想、意識。為天下渾其心，使國家內的民眾看不見「智者」的胡作非為而傾向（趨於）於自然渾厚樸實。

「百姓皆注其耳目」，百姓，民眾，最底層的民眾，最弱勢的群體；皆，都、都是，全部都是；注，精神集中、注視、注意、專注、引人注目；耳，耳朵；目，眼睛。百姓皆注其耳目，就是民眾只能注重自己身邊耳聞目睹的大小事情。

最後，老子強調，統治者絕對不能過多干涉民眾的行為舉止！這才是老子教育統治者「無為」的目的！一個真心為民眾服務的統治者、領導人，絕不會在民眾面前指手畫腳、張牙舞爪！只有不尊重民眾的人，不想民眾所想、不急民眾所急而一意孤行的人，才只會一切都要按他圈定的框框辦，按他發號的施令執行！

第五十章 出生入死

【原文】

出生入死①。生之徒②，十有三；死之徒，十有三；人之生，動③之死地，亦十有三。夫何故？以其生之厚。蓋聞善攝生者④，陵行不遇兕⑤虎，入軍不被甲兵。兕無所投其角，虎無所措其爪，兵無所容其刃。夫何故？以其無死地。

【注釋】

①出生入死：從出生到死，即一生。

②徒：王弼注：「取生之道」，即生的道路。馬敘倫說：「徒即途之本字」。

③動：靜的對應詞。行動、動作、做事。

④蓋聞善攝生者：蓋，發語詞，屬虛詞。攝，取的意思。

⑤兕（ㄙ）：古代犀牛一類的獸名，獨角。

【譯文】

人總離不開出生和死亡的過程。所有人中，屬於長壽的只有三成，中途夭折的人也有三成，本來可以活更長時間卻意外死掉的人也有三成。這是什麼原因呢？這是因為人們珍愛生命的意識非常強烈，供養就過度了的原因。據我所知，那些善於保養的人，他們行走於山林之間不會受到虎豹的攻擊，加入部隊參加戰鬥也不會被兵器所傷。彷彿野獸的尖角不會去刺他們，老虎的利爪對他們也無濟於事一樣，他們身上也沒有刀槍可刺入的地方。這又是什麼原因呢？這是因為他們從來不把死當作一回事。

【解讀】

據《史記》記述：「老子百有六十餘歲或二百餘歲，以自修道而養壽也。」歷史上雖有不知其所終之說，但是有一點看法還是一致的，這就是說老子比孔子年長近三十歲，又比孔子死得晚。孔子活了七十二歲，故此推論老子是一位百歲左右的壽星。

老子說中途夭折的人也有三成，本來可以活更長時間卻意外死掉的人也有三成，這是不是太誇張了？其實也不盡然。在古代，醫療技術落後，人類面對貧困以及戰爭，死亡率偏高。因為醫療技術落後，包括接生時所引發的人口死亡率也是非常之高的。古人接生，雖然有民間醫生，但是，更多的是隨機性，有大多數的孕婦生產是在左鄰右里的幫助下進行的。所以夭折和意外死亡的人就比較多。

但這裡老子主要強調的還是「以其生之厚」這幾個字。老子認為，養生之道各有千秋，養生模式不盡相同，養生貴在掌握「適度」兩字。所謂適度，就是根據自身具體條件，正確運用，掌握分寸，過之或不及都不是正確的養生觀。

孫思邈在老子思想得啟迪下，為世人總結出養生保健、延年益壽的十二少秘訣：「少思、少念、少事、少語、少笑、少愁、少樂、少喜、少好、少惡、少欲、少怒」。他認為人的七情六欲，是人難以迴避的精神活動，如果放縱或者抑制都會對身體有損害。為此，要做到適度，就貴在一個「少」字上。就是說要有所節制，不太過，保持中庸之道，不走偏鋒，對於養生益壽多有裨益。

他在倡導「十二少」的同時還提出了他所忌諱的「十二多」。即，「多思則神殆，多念則志散，多欲則志昏，多事則形勞，多語則氣虧，多笑則臟傷，多愁則心攝，多樂則意溢，多喜則忘錯混亂，多怒則百脈不定，多好則專迷不理，多惡則憔悴無歡。」他把這「十二多」視為「喪生之本」。按他的養生理論，「十二少」是養生的真諦，而這「十二多」是喪生之本。只有二者緊密地結合起來，有所倡又有所忌，才能達到真正的養生境界。

現代養生學認為，所謂養，即保養、調養、培養、補養、護養；所謂生，即生命、生存、生長之意。具體說就是要透過養精神、調飲食、練形體、適溫寒等綜合調養達到強身益壽的目的。

在運用過程中，我們應當注意以下七點：

（1）養勿過偏，綜合調養要適中。有人把「補」當作養，於是飲食強調營養，食必進補；起居強調安逸，靜養唯一；此外，還以補養藥物為輔助。雖說食補、藥補、靜養都在養生範疇之中，但用之太過反而會影響健康。正如有些人食補太過則會出現營養過剩，過分靜養只逸不勞則會出現動靜失調，若藥補太過則會發生陰陽偏盛偏衰，使機體新陳代謝產生失調而事與願違。

（2）運動適度。運動是生命之源。運動過度傷身，運動不足無效。倘若閉門守舍，足不出戶，缺少鍛鍊，必將導致精神不振，頭昏眼花，食欲下降。如果鍛鍊強度過大，超負荷進行力不從心的運動，則會影響健康。動靜結合乃是養生妙法。

（3）營養適度。營養是生命之本。醫學專家認為：「均衡飲食才是強健體魄的關鍵。」營養過剩易因胖得病，營養不足則體弱易病。合理的膳食結構是：高蛋白、低脂肪、多維生素、少食糖、高纖維、限鹽量。三餐質量：早好、午飽、晚少。

（4）情緒適度。經常保持樂觀平衡穩定的情緒。勿過喜，防樂極生悲；勿過悲，過悲是生病禍根。馬克思說過：「一種美好的心情，比十副良藥更能解除生理的疲憊和痛楚。」這就告訴人們，好的精神狀態，是可以轉化為獲得長壽的物質力量的。

（5）睡眠適度。睡眠過多或不足，都會疲倦。日本一項十萬人參加、歷時十年的大規模追蹤調查顯示，每天睡七小時的人最長壽。名古屋大學的專家們在新一期美國睡眠協會會刊上撰文說，不論男女每天睡七小時最合適，睡得越多死亡率越高，睡得越少死亡率也越高。

（6）動腦適度。退休後的老人，長期不用腦，腦細胞退化則快，易患老年癡呆症。但用腦過度，腦細胞會因缺乏能量，而逐漸喪失功能。正是「用進廢退」的道理。

（7）用藥適度。是藥皆有毒。無論治病藥還是保健藥都有副作用。用藥千萬別自作主張，隨便增減，務必遵醫囑，按時定量，才能恰到好處，獲取祛病健身的最佳效果。

養生，貴在適度，就是要恰到好處，不可太過。若養之太過則會受到約束：稍有勞作則怕耗氣傷神，稍有寒暑之異便閉門不出，食之惟恐肥甘厚膩而節食少餐，如此狀態，不但有損健康，更無法「盡終天年」。

老子說，那些善於保養的人，他們行走於山林之間不會受到虎豹的攻擊，參加部隊也不會被兵器所傷。彷彿野獸的尖角不會去刺他們，老虎的利爪對他們也無濟於事一樣，他們身上也沒有刀槍可刺入的地方。

這又是什麼原因呢？這是因為他們從來沒有進入這些地方。

在老子看來，野獸出沒的地方，戰爭發生的地方都是「死地」。那些善於養生的人因為他們根本就沒有進入以上像老子描寫的那種地方（即死域），沒有遇上老子描寫的情景，遠離人為爭奪的死地，因而能保證其生。

同樣是在山陵中行走，那些繞開虎狼出沒區域的人出事的機率就小；同樣是當兵，那些負責後勤的人或者在後方指揮的人的死亡機率就小。並不是他們的本領強，而是因為他們都避開了「死地」。我們都把武松當成英雄，但武松被老虎吃掉的可能也不是沒有，再遇到一隻老虎，武松還敢單打嗎？我們都把衝鋒在前的軍人看作英雄，但不可否認的是，英雄犧牲的機率也大。這也是老子「守弱」思想得具體體現。

第五十一章　長而不宰，是謂玄德

【原文】

道生之，德畜①之，物形之，器成之。是以萬物莫不尊道而貴德。道之尊，德之貴，夫莫之爵而常自然。故道生之，德畜之。長之②育之③，亭之④毒之⑤，養之覆之⑥。生而不有⑦，為而不恃⑧，長而不宰⑨，是謂玄德。

【注釋】

①畜：畜養。
②長之：使之成長。
③育之：養育它。
④亭：正，當：亭午（正午，中午），指繁榮。
⑤毒：，害，傷害，毒害，使其枯萎。
⑥覆之：覆通復。復：返回。覆之：使事物完成一個又一個由產生到消亡的過程。
⑦不有：不佔有。
⑧不恃：不自恃己能。
⑨不宰：不作為主宰。

【譯文】

是「道」創生了萬物，是「德」畜養了它們的精神財富，是萬物表現了自然界的各種形態，是器物構成了各種不同的功用。由此可知，世間萬事萬物無不遵循「道」的法則而且以「德」為貴。「道」之所以受到尊重，德之所以被珍貴，這不是封給的，而是完全自然形成的。「道」創生了萬物，「德」哺育萬物。使萬物生長作育，使之均勻分佈生息，使萬物養息延續。「道」產生了萬物而不據為己有，與作萬物而不自恃己能，長養萬物而不為主宰。這就能夠與「道」高度統一的那種「德」。

【解讀】

「道生之」中的「道」指什麼呢？因為道的基本含義是效法自然，這裡的「道」指自然。「道生之」的意思是說：萬物是自然產生的。世間萬物最初的生機都是來源於「道」的那個生命原始海洋，都是「道生一，一生二，二生三，三生萬物」而來的。

「德」又指什麼？第三十八章說「上德無為而無以為也」，可知，德具體到人，上德是指無為而無以為的人。一切順其自然而無所作為，而且也是無心作為。因此，「德畜之」是說有德的人畜養萬物。

「物」是在「有」的層次上構建萬物形體、形狀的東西，是生命的附著物。對於人來說，這個「物」就是身體，就是由皮、毛、肉、骨、血等組成的這個肉體。「物」是萬物在「有」這個層次存在的物質基礎。

「器」指製成的器具，第十一章說「埏埴為器，當其無，有器之用」。第二十九章說，「天下神器」，天下也是器，是神器。是器物構成了各種不同的功用。比如碗可以盛飯，瓶子可以裝酒等。

「道」和「德」是非常尊貴的，這種尊貴與世俗的任何「尊貴」都是不同的。世俗的「尊貴」都是人為的，依靠著外在的力量來維持的。因此很多並不是值得人們從心裡去尊敬和重視的，只不過是透過強行的政令、制度、世俗規則等有形體系來逼迫、勉強人們去「尊貴」他們。

「道」和「德」之所以尊貴，是因為一切都出於自然，不含任意做作的成分。就像雨後的彩虹，沙漠裡形成的沙浪，都是自然之功。有個成語叫巧奪天工，什麼樣的東西可以稱得上是巧奪天工？那一定是極品的，大師級的。但人們這麼說，也未必真的能巧奪天工。如果你到西藏去，看到美麗的景色，那神聖的山和廣闊的草原，你會從心裡發出由衷的震撼。這種感覺是在人為製作的大城市的公園裡所體會不到的。大型遊樂區，很多設施玩的時候很好玩，很熱鬧。但玩過之後，對心靈來說，沒有留下任何的痕跡和感動。

道生之，德畜之。長之、育之、亭之、毒之、養之、覆之。對照「道生之，德畜之」，可以知道「畜之、長之、育之、亭之、毒之、養之、覆之」是指「德畜之」，是具體地說明有德的人畜養萬物，並經歷整個生長過程：開始成長，發育，成熟，受挫折，保養，消亡。

「生而不有，為而不恃，長而不宰」，這三句話其實就是一句話：「功成而弗居」。

世俗的規則是：「生」了就想要「有」，父母生了子女就會認為子女是自己的私產、農夫種了田就認為作物是自己的私產都是這一類的行為；「為」了就想要「恃」，做了事情、有了點成績，就老覺得有多了不起，總想靠著這個功勞得到些什麼；「長」了就想要「宰」，有人來歸附、跟從你的領導，就想著主宰他的一切。這些行為都是不「自然」的，都是「化而欲作」的表現。

「道」和「德」不是這樣的，它們是「化而不作」的。所以，才「是謂玄德」——最深遠的境界，能夠與「道」高度統一的那種「德」。

第五十二章 見小曰明，守柔曰強

【原文】

天下有始①，以為天下母②。既得其母，以知其子③。既知其子，復守其母，沒身不殆。塞其兌④，閉其門，終身不勤⑤。開其兌，濟其事，終身不救。見小曰明⑥，守柔曰強⑦。用其光，復歸其明⑧，無遺身殃⑨，是為襲常⑩。

【注釋】

①始：本始，此處指「道」。

②母：根源。

③子：派生物，指由「母」所產生的萬物。

④塞其兌，閉其門：兌，指口。《易．說卦》有言「兌為口」。引申為孔穴；門，指門徑。

⑤勤：憂慮。比如說憂勤國事。

⑥見小曰明：小，細微。能察見細微，才叫做「明」。

⑦強：強健，自強不息。

⑧用其光，復歸其明：光向外照射，明向內透亮。發光體本身為「明」，照向外物為光。

⑨無遺身殃：不給自己帶來麻煩和災禍。

⑩襲常：襲承常道。

【譯文】

天下萬物本身都有起始，這些起始可以作為天地萬物的本原。既然已經找到本原，就可以瞭解萬物的屬性了；既然認識了萬物，也就可以反推其根本，這樣就永遠不會失敗。塞住嗜欲的孔穴，閉上欲念的門徑，你就終身不會有勞苦愁煩。打開嗜欲的孔穴，增加紛雜的事件，你便終生不能得救了。能夠觀察到細微的事情叫做「明」，能夠持柔守弱其實就是強大的。善於運用大道的光芒，反映內心的明暗是非，就不會給自己帶來災難。這就是所謂遵循了最基本的常理。

【解讀】

本章是繼四十七章後再次論述哲學上的認識論問題。老子認為，天下自然萬物的生長和發展有一個總的根源，人應該從萬物中去追索這個總根源，把握原則。人們認識天下萬物但不能離開總根源，不要向外奔逐，否則將會離失自我。在認識活動中，要除去私欲與妄見的蔽障，以真正把握事物的本質及規律。

老子的這段論述，向我們揭示了認識自然規律的方法。老子的認識論堅持「得母→知子→守母」的公式。即：從源頭把握事物的發展，研究「母」與「子」之間的內在聯繫。既然掌握了事物發展的經過，再堅守始初的原則，那麼事物的生命才能保持長久。

仰望天空，我們的先民們發現了日月星辰的變化規律；觀察萬物，人們發現了萬物興衰的變化規律，從而誕生了「農曆」，這就是「既得其母，以知其子」。

從此人們嚴格按照「農曆」的規定，「春種」、「夏長」、「秋收」、「冬藏」，「日出而作日落而息」，演繹出千百年燦爛的農耕文明，這就是「既知其子，復守其母，沒身不殆」。

「塞其兌，閉其門，終身不勤。」就是保持自然的原始狀態，塞住人們由於智慧的增長而增添的嗜欲，你就終身不會有勞苦愁煩。

老子所說的「塞其兌，閉其門，終身不勤」，並不是真的要我們完全與外界封閉，而是一種誇大其詞的說法，強調的是外界的誘惑會對我們造成種種傷害，因此我們不要妄想和妄為，妄想和妄為是違背大道的德性的，違背大道只會適得其反。老子在此要我們堵住「五色」、「五味」、「五音」進入我們身體的通道，這裡的堵塞並不是不吃、不看、不聽，他允許正當的吃喝玩樂，其真正堵塞的是滋生誘惑我們靈魂墮落的通道。一旦這些通道都打開了，我們必將遭受深重的災難，以至「終身不救」。

看到事物的細小情節叫做「明」。「明」指明晰，把事情看得明白而清晰。如何才能夠「見小」呢？不能僅僅看到表面的、顯眼的事情，要深入觀察，觀察事物的細微情節，看到其微妙之處。就是從細節的地方堵住人的貪欲橫流，有一點苗頭就掐滅它，以免其星火燎原。

在軍事上，那些雷射、電磁、電子比大刀長矛更具殺傷力。在醫學上，微小的只有在高倍顯微鏡下才能看到的病菌危害更大。那些微小到無形的東西比有形的東西更重要，空氣是無色無味無形的，好像根本不存在，但人人須臾離不開它。高大雄壯的，人人可以認識；渺小細微的，很少有人明白。有形有體的，人人都可能摸到；無形無狀的，很少人能掌握。因此，高明的人不是能「見大」而是能「見小」。

老子又說，保持柔的狀態叫做強。第四十三章說，「天下之至柔，馳騁天下之至堅」，「柔弱勝剛強」，所以，「守柔曰強」。

採取「見小」和「守柔」的策略，保持這個社會起始時的性質，於是，不遺禍殃身。「用其光」的「其」指「見小」和「守柔」。「復歸其明」的「其」指「天下有始」的「始」，即這個社會起始時的狀態。

這叫做「襲常」。「襲」，照樣做，沿襲。「常」指長久，經久不變。按照上面說的做，就是沿襲傳統。襲常的關鍵是保持這個社會起始時的性質，「道生之而德畜之」（第五十一章），「道法自然」（第二十五章），可以說，襲常的關鍵是順應自然。

第五十三章　行於大道，唯施是畏

【原文】

使我①介然有知②，行於大道，唯施③是畏。大道甚夷④，而人⑤好徑⑥。朝甚除⑦，田甚蕪，倉甚虛，服文彩，帶利劍，厭飲食⑧，財貨有餘。是為盜竽⑨。非道也哉！

【注釋】

①我：我，指有道的聖人。老子在這裡托言自己。

②介然有知：介，微小。微有所知，稍有知識。

③施：邪、斜行。

④夷：平坦。

⑤人：指人君，一本作「民」。

⑥徑：邪徑。

⑦朝甚除：朝政非常敗壞。一說宮殿很整潔。

⑧厭飲食：厭，飽足、滿足、足夠。飽得不願再吃。

⑨盜竽：竽又作誇。即大盜、盜魁。

【譯文】

讓我稍稍有點知識的話，就在大道上行走，只害怕走入了邪路。一條大路本來很平坦，但人們卻總喜歡走小路。朝政很腐敗，百姓的田地一片荒蕪；國庫中本來空空如也，但有些人君卻裝扮得極其華貴富麗，他們身上帶著貴重鋒利的寶劍，挑選著精美奢侈的飲食，搜刮佔有富餘的財物。這些行徑是盜賊所為，並不是「道」的法則。

【解讀】

「施」是一個值得探討的字。「施」就是實施，就是人為干預，而老子主張順其自然。在這裡這個「施」是相對「大道」而言的。因此，這個「施」就有「非道」和「邪路」的意思。

大道本來是平坦的，而人們卻偏偏喜歡邪路。人們為了炫耀自己的尊貴，追求浮華的生活，大興土木。一邊大肆搜刮民脂民膏，一邊徵調大量民工，結果田地荒蕪，糧倉空虛，致使民不聊生。這是就不明道的帝王而言。有不明道的君主，就有不明道的文武百官。他們「服文彩」——文官，「帶利劍」——武官，「厭飲食」——窮奢極侈，「財貨有餘」。

春秋時期老子在東周洛陽擔任國家圖書資料檔案管理員，也屬於吃皇糧的小小的「官」，但他「位卑未敢忘憂國」。所以老子在這裡傾訴衷腸：「使我介然有知，行於大道，唯施是畏。」意思是說，讓我稍稍有點知識的話，我就在大道上行走（一切按客觀規律辦事），只害怕走入了邪路（主觀主義、違背客觀規律、施加人為的干預）。言外之意是指責當時的統治者無道，為滿足個人的私欲，人為地瞎折騰，施暴於民，折騰得天下大亂，民不聊生。

可是，這些人都怎麼了？怎麼都這樣？「大道甚夷，而人好徑。」行大道其實很簡單啊！只需要順其自然，順應民意，自然而然就可以了呀！可是人們卻偏偏喜歡走捷徑，投機取巧，總妄想一夜暴富，獨霸天下！

接著老子揭露當時社會的兩極分化現象：一方面「朝甚除，田甚蕪，倉甚虛；」朝廷那麼無能、官員那麼腐敗，田園那麼荒蕪、經濟那麼蕭條，國庫那麼空虛、百姓那麼缺糧；而另一方面卻「服文采，帶利劍，厭飲食，財貨有餘。」王公貴族們卻身穿綾羅綢緞、名貴刺繡，佩刀持劍、張牙舞爪、東征西掠，吃膩了山珍海味、喝厭了瓊漿玉液，自己家裡珠光寶氣、金銀成山。

老子認為這都是「非道」，都是很危險的。

就治身而言，「朝甚除，田甚蕪，倉甚虛」，是因美色而縱欲，因縱欲而精虛；「服文彩，帶利劍」是求名；「厭飲食，財貨有餘」是求利。

荒淫奢侈、縱情享樂，無論治國還是治身，都是不道行為。棄大道而好斜路，違背自然規律而行，必然遭遇可悲的下場。

所以，老子主張的恬淡寡欲，清淨為上，對他的精神修養、情志調節產生很好的作用。他極力主張「見素抱樸，少私寡欲」，告誡人們不要貪心追求榮利，要寡欲清心，經常保持心態氣暢、體泰神清的心理狀態，自然可獲得健身延年，這不能不是老子長壽的一個主要原因。他還認為人之生難保易滅，氣難清而易濁。只有節奢欲，才能保性命。會養生的人，一定要薄名利，禁聲色，廉貨財，損滋味，除佞妄，去妒忌。

人心不足蛇吞象，想想蛇吞象的樣子，會是一種什麼感受——嚥不進，吐不出，要多彆扭有多彆扭。什麼都想要，最後可能什麼也得不到，反而一輩子將自身置於忙忙碌碌、勾心鬥角之中。這樣活著，未免太累！《論語》裡說顏回「一簞食，一瓢飲，在陋巷，人不堪其憂，回也不改其樂。」如果少一些欲望，是不是也會少一些痛苦呢？

哲人說：「當官為民，有錢沒錢，其實都一樣可以活得有滋有味，各有各的活法。一切都隨時空的轉移，個人的條件為依據。」功名利祿不必刻意去追求，官大五品，腹中空空，也是虛有官祿。「芝麻綠豆」一個，身懷絕技，照樣譽滿全球，悠哉快哉！但是，「人是賤坯子」，沒有追求就活得乏味，沒奔頭，還得要追求。功名利祿到手了，「七品」的還想弄個「六品」，有了「六品」想「五品」，有了「五品」又眼饞「三品」。於是就得巴結，拚命地巴結，只在「品」級上巴結，結果「人品」是巴結一品少一級，到頭來累得精疲力竭。仔細品味品味，竟不知道人生是個啥滋味，一輩子不曾享受過真人生，壓根兒也不懂得真人生，活得真累！假如在功名利祿之上，持「難得糊塗」的「糊塗主義」，一切順其自然，認認真真地做事，老老實實地做人，得則得，不能得不爭；當得沒得，不急不惱，不該得，得了，也不要，這才叫聰明人，活得輕鬆，悟得透徹。

人總是會說活得很累。細究起來，生活中的累，除了體力之累，還有精神之累，欲望之累。欲望的滿足不是滿足，而是一種自我放逐，欲望會帶來更多更大的欲望。

其實，從生活的價值來說，能夠體會人生的酸甜苦辣，做過了自己所喜歡的事，沒有浪費歲月年華，心靈從容富足，則在富在貧，皆足安心。即所謂「不戚戚於貧賤，不汲汲於富貴」。

貧賤是苦境，能善處者自樂；富貴是樂境，不善處者更苦。

第五十四章 建者不拔，善抱者不脫

【原文】

善建者不拔①，善抱②者不脫，子孫以祭祀不輟③。修之於身，其德乃真；修之於家，其德乃餘；修之於鄉，其德乃長④；修之於邦⑤，其德乃豐；修之於天下，其德乃普。故以身觀⑥身，以家觀家，以鄉觀鄉，以邦觀邦，以天下觀天下。吾何以知天下然哉？以此。

【注釋】

①拔：超出、高出。
②抱：抱住、固定、牢固。
③輟：停止、斷絕、終止。
④長：尊崇。
⑤邦：一本作「國」。
⑥觀：察看觀照。

【譯文】

善於建功立業的人，絕不會好高騖遠；善於抱（樸）的人，不會自我超脫。這樣的人其家族祭祀的煙火就不會斷，子孫後代會永遠紀念他。將這些道理貫徹於自身，這人的性情會淳樸致真；將這些道理貫徹於一家，這家人的德行收穫自然豐盈有餘。這種悟性如果能貫徹於鄉里，這個地方的德行會惠及長遠；如果這些悟性貫徹於邦國，這個邦國的德行就會很豐盈；貫徹於天下，就會顯得博大，普惠終生。所以以自身的情況來觀察他人的，以自己家庭的情況來觀察別人家的，從自己一鄉的情況去觀照其他鄉的情況；從一國的情形去觀照他國的情形；從目前天下的狀況，觀照將來天下的狀況。我如何明白天下之理是這樣呢？就在於以上原因。

【解讀】

善建者：善於建功立業的人。「善建者不拔」，是說一個善於建功立業的人必定從自我修養開始，絕不會好高騖遠。

善抱者：善於抱樸的人。脫：脫離。抱樸以德，樸是德的化身，守德才能守樸。「善抱者不脫」，是說一個善於抱樸的人要有正確的思想觀念，絕不可脫離社會，脫離人民，自我超脫。

不拔、不脫，這裡都說明了一個道理，那就是實事求是，不好高騖遠（不拔），尊重客觀實際，尊重客觀規律（不脫），也就是要遵從「道」，要順其自然。

修之於身，「修」的是什麼？修的是「道」。無論是個人，還是一家、一鄉、一國、一天下，都要遵從「道」，尊重客觀規律，那麼「修之於身，其德乃真；修之於家，其德乃餘；修之於鄉，其德乃長；修之於邦，其德乃豐；修之於天下，其德乃普」。否則，德就是「假德」，是「下德」，是「不完美的德」。

為什麼說「修之於身，其德乃真」呢？比如，我們做了一件善事，只是為了得到別人的好評，我們孝敬父母，只是想讓鄰居說我們是孝子，那這樣的德就有些虛偽的成分了。之所以出現這樣的情況是我們的修為還不夠，還沒有悟「道」，做事情不自然，不光明磊落。如果我們看到了某個人真的可憐，我們就發自內心地、自然地去幫助他。這樣的德是「真德」。

其他情況也一樣。

我們都順其自然，遵從了客觀規律，又將之應用於一家、一鄉、一國、一天下，所以，我們就可以「以身觀身，以家觀家，以鄉觀鄉，以邦觀邦，以天下觀天下」了。

這一句是從一身講到天下。讀此句，使人不自覺地想起儒家經典之一的《大學》中所講的「格物、致知、誠意、正心、修身、齊家、治國、平天下」的所謂「八條目」。這也是從一身講到天下。道家與儒家在修身問題上並不相同，但也不是完全不相同。這相同之處就在於，他們都認為立身處世的根基是修身。稍後一些的莊子也說：「道之真，以治身，其餘緒，以為國。」所謂為家為國，應該是充實自我、修持自我以後的自然發展；而儒家則是有目的性地去執行，即一為自然的，一為自持的，這則是儒、道之間的不同點。

老子本章最後總結經驗：「吾何以知天下之然哉？以此。」老子為什麼知道天下的事理是這樣子的呢？靠的就是上述這個秘訣啊！

第五十五章 含德之厚，比於赤子

【原文】

含德之厚，比於赤子。毒蟲①不螫②，猛獸不據③，攫鳥④不搏⑤。骨弱筋柔而握固。未知牝牡之合而朘作，精之至也。終日號而不嗄⑥，和之至也。知和曰「常」，知常曰「明」，益生⑦曰「祥」⑧，心使氣曰「強」。物壯⑨則老，謂之不道，不道早已。

【注釋】

①毒蟲：指蛇、蠍、蜂之類的有毒蟲子。

②螫：毒蟲子用毒刺咬人。

③據：獸類用爪、足年攫取物品。

④攫鳥：用腳爪抓取食物的鳥，例如鷹隼一類的鳥。

⑤搏：鷹隼用爪擊物。

⑥嗄：嗓音嘶啞。

⑦益生：縱欲貪生。

⑧祥：不祥。

⑨壯：強壯。

【譯文】

道德修養好的人，好比剛出生的嬰兒。不會遭到毒蟲的叮咬，不會有猛獸的侵襲，也不會有兇狠的鳥襲擊。兒童筋骨雖然柔弱而拳頭握得卻很牢固，他還不懂男女交合之事卻能勃起，這是精氣充足的緣故！整天啼哭也不會沙啞，因為元氣淳和的緣故。自然界萬物相協和的道理，就叫做基本的常理，瞭解這些普遍的常理，就可以說是明智的人。貪生縱欲就會遭殃，欲念主使精氣就叫做「逞強」。萬物發育到最旺盛時，就會走向衰老，這就是違背了「道」的法則，不符合道就會早亡。

【解讀】

把「德」蘊含在自己的身心裡，而且積蓄得十分深厚，就像無知無欲的赤子，毒蟲、猛獸、惡禽都不會去傷害他，同時他也不會去傷害禽獸蟲豸，所以不會招引獸禽的傷害。老子形象地說嬰兒的生殖器勃起和大聲哭喊，這是他精力旺盛和保持平和之氣的緣故。

老子認為，從人含有元精深厚的程度來看，初生的嬰兒最好。為什麼呢？你看嬰兒那麼小，毒蟲不咬他，猛獸不抓他，攫鳥不抓他，嬰兒的筋骨雖弱小，但拳頭握得很牢固，他不懂男女交合的事卻常常勃起，這是他精氣旺盛的緣故。他整天嚎哭而聲音卻不沙啞，這同樣是因為他平和無欲而精氣旺盛的緣故。

小孩子整天哭，為什麼喉嚨不斷啞？我們大人哭一下子就嘶啞了，因為大人連講幾個小時就不行了，小孩子整天哭鬧喉嚨不啞，老子就發現，是精氣充足的原因，所以人要向嬰兒學習。

老子說，一個人遠離了世間的紛紛擾擾就叫懂得了生命常有的法則，懂得了生命常存的法則就叫做智慧精明，被捲進人世間的紛紛擾擾而不能自拔就叫做招致災殃。捲進人世間的紛紛擾擾就會耗費精氣，也叫做硬性消耗陽氣。人成長到壯大就會衰老，這就叫不含柔弱之道，不含柔弱之道，人很快就會死亡。

老子所說的嬰兒，不是長大以後的孩子，老子說的嬰兒是那個赤子，是剛生下來的那個天真小孩。等到孩子慢慢長大了，欲望來了，有的要當官，有的要美食，有的要發財，種種欲望就來了。老子說，這樣做漸漸遠離了嬰兒的狀態。

老子把自己的養生之道稱為柔弱之道，主張在養生中要「得精」，其根據在於人的生命是從牝牡之合，即性活動產生的，而性合之源在於精，無精便無生命。而他透過觀察認為嬰兒的生命力最旺盛，能哭卻不斷啞，不懂男女交合，卻會勃起。嬰兒的生命為什麼這麼強？就在於精多，就在於能持守住純和天真，逍遙於天地渾一的元氣之中。

有的人喝得酩酊大醉，從車子上摔下來，雖然滿身是傷卻沒有死去。身體跟正常人一樣而受到的傷害，感覺卻跟正常人不同，為什麼呢？因為他的神思高度集中，乘坐在車子上也沒有感覺，即使墜落地上也不知道，死、生、驚、懼全都不能進入到他的思想中，所以遭遇外物的傷害卻無半點懼怕之感。醉漢從醉酒中獲得保全完整的心態尚且能夠如此忘卻外物，何況從自然之道中忘卻外物而保全完整的心態呢？

由此看出，老子認為，持守純和元氣是至關重要的，然後才能使精神凝聚。這也是我國古代養生論的重要內容之一。

人與自然界的關係，息息相通，順應自然之道，適應自然界的變化，則何病能生？又何患不壽？老子認為自然界在不斷發展之中，人體必須與自然規律相適應，才能生長。不然，逆自然規律而動，則會生病折壽。

這種樸素辯證的養生觀，對我國中醫養生學的形成與發展有著很大的推動作用，《黃帝內經》中便吸收了老子的這一養生主張。老子認為，養生之道重在順應自然，忘卻情感，不為外物所滯。

你看過魚游得太累、鳥飛得太倦、花開得太累嗎？的確沒有人看過它們太累，因為它們不是人，遠離了世間的紛紛擾擾，保持住了自己的精氣。「棄世則形不勞，遺生則精不虧。」如果你能真正做到了，那麼，你的一生都將受益無窮。

第五十六章　知者不言，言者不知

【原文】

知者①不言，言者不知。塞其兌，閉其門，挫其銳，解其紛，和其光，同其塵，是謂玄同②。故不可得而親，不可得而疏；不可得而利，不可得而害；不可得而貴③，不可得而賤。故為天下貴。

【注釋】

①知者：懂得的人，曉得的人。漢語中的「知者」不見得都是指「擁有知識的人」，有時是指懂得為人處事行為規範的人，「懂道理的人」或「懂規矩的人」，是指「明於道者」。

②玄同：是指行為體在塞兌、閉門、挫銳、解紛、和光、同塵之後深得道之混沌品性，在各方面、各層次都沒有明確的區別分化，是「玄德」境地的情態表現。

③貴：動詞，尊重的意思。一說貴當作「貞」，形似而誤；貞借為正，首領、君長的意思。

【譯文】

真正的智者不隨便言談，那些到處夸夸其談的人卻往往不智慧。塞住嗜欲的孔穴，閉上欲念的門徑，打磨了事物的鋒銳，消除事物的紛擾，調和事物的光芒，混同自己與塵埃。這就是深奧的玄同。達到「玄同」境界的人，已經超脫親疏、利害、貴賤的世俗範圍，所以就為天下人所尊重。

【解讀】

第四十二章和前一章講的都是「和」，這一章接續前章，重點講的也是「和」。第四十二章說「沖氣以為和」，是講事物矛盾的雙方，經過鬥爭而達到和諧與統一。前一章講的「知和曰常」，即以「和」為事物的常態。本章講怎樣可以保持常態的「和」。

「知者不言」的意思是明明知道的事情而故意裝作不知道，看得分明的東西卻裝作看不見。通俗一點講，就是雖然明白一切，但卻故意裝糊塗。明明知道、明明看見了卻裝作不知道、沒看見。

古人以為做一個真正明智的人，要察，又要有度，「好察非明，能察能不察之謂明。」什麼叫「能不察」呢？就是在一群人中，唯有自己洞察了這件事的本質，而又偏偏有人不願你把事實的真相說出來，於是只好裝作不知。

這樣，不就能「和」了嗎？如果什麼事情都口無遮攔，那肯定到處惹是生非。

老子還要求人們加強自我修養，排除私欲，不露鋒芒，超脫紛爭，混同塵世，不分親疏、利害、貴賤，以開闊的心胸與無所偏的心境去對待一切人和物。

「銳」、「紛」、「光」、「塵」傾向於對立，「挫銳」、「解紛」、「和光」、「同塵」傾向於統一。為什麼這麼說？尖銳的東西是容易斷折不能長保的，把尖銳的東西磨平了，可以避免斷折的危險。各人從片面的觀點出發，堅持著自己的意見，以排斥別人的意見，因而是非紛紜，無所適從。解紛的辦法，在於要大家從全面來看問題，放棄片面的意見。凡是陽光照射到的地方，必然有照射不到的陰暗的一面存在，只看到了陽光照射著的一面，忽略了照射不到的另一面，不算真正懂得光的道理，宇宙間到處充滿著灰塵，人世間紛繁複雜的情況也是如此，超脫塵世的想法與做法是不現實的，眾人皆濁我獨清的想法與做法是行不通的，這些都是只懂得對立一面的道理，不懂得統一一面的道理。只有化除成見、沒有私心的人，才能對於好的方面，不加阻礙地讓它盡量發揮作用，對不好的方面，也能因勢利導，善於幫助它發揮應有的作用。

只有這樣，才能夠治理好天下。

「和」是一種境界，是一種精神。歷經兩千多年而心心相傳，「和」已經深入到每一個中國人的血液裡，「和」（和而不同）「合」（天人合一）成為中國思想文化中被普遍接受和認同的人文精神，它縱貫整個中國思想文化發展的過程，積澱於各個時代的各家各派思想文化之中，因此，它體現著中國思想文化的首要價值和精髓，也是中國思想文化中最完善最富生命力的體現形式。

「和」的精神含蘊傳之於中國，卻在日本企業體現得最為完整。

日本人與「和」結下了不解之緣，日本人傳統服裝稱為「和服」，日本的民族精神也被稱為「和魂」。日本企業協調合作的團隊精神也是其管理的一大特徵。

幾乎所有的日本企業都強調團隊精神。這種「和」的精神不僅體現在同行之間關係和諧與精誠合作，甚至在管理者和普通員工間也表現得淋漓盡致。

舉個小例子：索尼前總裁盛田昭夫認為，企業成功的關鍵不是什麼理論計畫或是政府的改革，而是他與員工建立起一種健康的關係，在公司內部創造出一種家庭式的和諧感情，而這種感情會使管理階層與員工有著一種命運相連同舟共濟的精神。盛田昭夫試圖使員工樹立一種「只要是索尼公司的員工，不管他身在何處，都是索尼大家庭的成員」的觀念，為了培養索尼公司上下級一體的工作關係，盛田昭夫幾乎每天晚上都與許多年輕的中下級管理者一同吃晚飯，並且聊到很晚。

在日本，職員無論是被解雇還是主動辭職的現象都很少見，他們強調「利益均沾，風險共擔」，即使有了困難，也很少靠裁員來緩解，而是大家努力共度難關。在西方則完全不一樣，上下級關係涇渭分明，員工「跳槽」或被解雇也都不是什麼難為情的事。

於世、於人、於商，「和」蘊含五千年炎黃文化之精髓。和則生聚，散則消亡；和則興旺，散則衰萎。從商之道，和為上；為人之道，和為貴，義利相生，取和乎上。凡事得天時、地利、人和者方可謀勢作局，否極泰來，此為古訓。

第五十七章　以無事取天下

【原文】

以正①治國，以奇②用兵，以無事取天下③。吾何以知其然哉？以此④：天下多忌諱⑤，而民彌貧；人多利器⑥，國家滋昏；人多伎巧⑦，奇物⑧滋起；法令滋彰，盜賊多有。故聖人云：「我無為，而民自化⑨；我好靜，而民自正；我無事，而民自富；我無欲，而民自樸。」

【注釋】

①以正治國：「正」即「端正的，合格的，常規的」之義。四十五章說：「清靜為天下正」，「以正治國」即「以清靜無為之常道治國」。

②以奇用兵：「奇」即「出格的，反常的，超常規的」之義。

③取天下：治理天下。

④以此：此，指下面一段文字。以此即以下面這段話為根據。

⑤忌諱：禁忌、避諱。

⑥利器：銳利的武器。

⑦人多伎巧：伎巧，指技巧，智巧。此句意為人們的伎巧很多。

⑧奇物：邪事、奇事。

⑨我無為，而民自化：自化，自我化育。我無為而人民就自然順化了。

【譯文】

倚仗清靜無為之道去治理國家，以出奇制勝的辦法去用兵打仗，要以清靜無為的態度治理天下。我是怎樣知道這些道理的呢？有以下幾點：天下的禁忌越多，而老百姓就越陷於貧窮；人民的利器越多，國家就越陷於混亂；人們的技巧越多，邪風怪異的事情就會興起；法令越是森嚴，犯罪活動就越猖獗。所以有「道」的人認為：「我無為，民眾就自然順化；我好靜，民眾的品行自然會端正；我無事可做時，人民就自然富裕；我沒有欲望，民眾就自然會純樸。」

【解讀】

「以奇用兵」實際就是要變化莫測、神出鬼沒。戰爭是一種不正常的現象，是國家政治無法正常運軌時不得已而採取的下策。老子反對戰爭，但戰爭卻不可避免。因此，老子在《道德經》裡就不能不提出自己的見解。

老子向來主張「無為而治」。在老子的觀念中，用兵是一種詭秘、奇詐的行為，因而在用兵時就要注意想奇法、設奇計、出奇謀，只有這樣才能做到出奇制勝。但對於治理國家，老子認為應該保持以清靜無為的態度，要正，要合乎自然，要少用機巧。即用兵要奇，治國要正。

「天下」這個概念是比「國家」更廣泛的概念。老子時代的國家，大的數百里，小的數十里，而天下就是所有「國家」的總稱。對於幅員廣闊的「天下」來說，統治者就應該是「無事」——順應自然，不去造作生事。統治者以自然法則——「無為」來管理天下，那麼天下才能各行其是。

老子是怎麼明白這個道理的呢？他說自己是透過以下四點明白這個道理的：

（1）「天下多忌諱，而民彌貧。」春秋時期古人不知現代所說的「外國」存在，常常以周天子統治的所有已知邦國為「天下」，老子這裡的「天下」相當於「全世界」。統治階級發號施令、清規戒律很多。忌諱就是不能觸犯的高壓線，忌諱多了，自由就少了。令煩則奸生，禁多則下詐，互相傾軋、栽贓陷害，國無寧日，老百姓無法安居樂業，又怎麼能不貧困呢？

（2）「民多利器，國家滋昏。」這裡的「國家」指諸侯國、邦國，要比「天下」範圍小。當人們「利器」越多的時候，國家就越來越混亂了。春秋時期，各諸侯國都想富國強兵，大量招募士兵，民眾手中的武器多。這些武器本來應當維護社會正義，而事實與此相反，社會變得昏暗。「利器」這裡不僅僅指武器，也可以包括一切智慧的手段。比如，各地的語言文字、尺度規矩甚至交易貨幣形式有很多，五花八門，這些制度文化差別越大，國家越混亂。

（3）「人多伎巧，奇物滋起。」人們知道的技巧多，意想不到的怪事時有發生。社會上崇尚技巧、智慧，而不是崇尚道德、人性，會有什麼結果？大家都會去急功近利，憑藉著各自的技巧、智能去奪取。有的人似乎是合法合理地佔有了財富、功名、權位，因為他是依靠技巧、智慧去奪取這些的，所以也會有後來者用同樣的手段來搶奪。社會因此就往惡性上發展了。一般人認為，聰明智慧應當有利於社會發展，而事實與此相反，普遍發生意想不到的怪事。因為人們知道使用巧妙的計謀，心不再像原來那樣淳樸了。

（4）「法令滋彰，盜賊多有。」社會問題越多，統治者費盡心機設計執行的法律法規也就越多，上有政策，下有對策，道高一尺，魔高一丈，下屬臣民們也越來越聰明，為了爭取生存空間，不惜弄虛作假、巧取豪奪，貪污盜竊者屢禁不止。

所以有「道」的人認為：我無須自以為高明把自己的主觀意志強加於人，老百姓自然會文明進步；我無須自以為聰明無事生非瞎折騰，老百姓自然會愛好和平，崇尚正義；我無須機關算盡製造徭役、徵召之事，老百姓自然會安居樂業，發展經濟，生活富足；我只要不貪得無厭奢侈腐化，人民群眾自然會簡單樸素，忠厚質樸，民風淳樸。

「無為」、「好靜」、「無事」和「抱樸」是「以正治邦」的四根支柱，由此產生出人民「自化」、「自正」、「自富」，而又「自樸」的社會。這表明老子充分相信人民，相信只要「以正治邦」，人民就能夠創造出文明和平、富裕健康的社會。

第五十八章 正復為奇，善復為妖

【原文】

其政悶悶①，其民淳淳②；其政察察③，其民缺缺④。禍兮，福之所倚，福兮，禍之所伏。孰知其極？其無正也⑤。正復為奇，善復為妖⑥。人之迷，其日固久，是以聖人方而不割，廉⑦而不劌⑧，直而不肆⑨，光而不耀⑩。

【注釋】

①悶悶：昏昏昧昧的狀態，有寬厚的意思。

②淳淳：淳樸厚道。

③察察：嚴厲、苛刻。

④缺缺：狡黠、抱怨、不滿足之意。

⑤其無正也：正，標準、確定；其，指福、禍變換。此句意為：它們並沒有確定的標準。

⑥正復為奇，善復為妖：正，方正、端正；奇，反常、邪；善，善良；妖，邪惡。這句話意為：正的變為邪的，善的變成惡的。

⑦廉：銳利。

⑧劌（ㄍㄨㄟˋ）：用刀尖刺傷。

⑨肆：直率而不放肆。

⑩耀：光亮而不刺眼。

【譯文】

朝政越顯得沉悶，就意味著民眾越淳厚；朝政越顯得精明能幹，就表明民眾不安分守紀。

災禍呵，幸福就倚傍在它旁邊。幸福呵，災難就藏伏在它之下。

誰知道這種現象的根源？並沒有一個定準！正忽而轉變為邪，善忽而轉變為惡。人類對這種現象迷惑不解由來已久。

因此，聖人雖然公正，但不會生硬的處理事情，雖然清廉剛硬，但也不傷害別人，雖然辦事執著率真，但也不會肆意妄為，雖然渴求輝煌，但又不想處處放射異彩。

【解讀】

「悶悶」的概念接近於「無言」，是最高層次的無為之治。現實生活中很難看到真正的無為之治，但是我們往往可以看到一些相對閉塞、「落後」的地區還保持著淳樸的民風。在那裡的人們待人接物非常熱情好客而且不懂得欺詐等等，保持著善良淳樸的天性。而相對發達的地區人性就都遠遠地偏離了淳樸，相互之間即使沒有害人的念頭也會有提防的心理。

為什麼呢？區別就在於「其政悶悶」和「其政察察」。

老子在本章裡提出的「禍兮，福之所倚；福兮，禍之所伏」一句，自古及今是極為著名的哲學命題。《菜根譚》上說：「天欲福人，先以微禍儆之；天欲禍人，先以微福驕之。」。

老子認為，禍和福這對矛盾，像一切對立的事物一樣，是辯證的，在一定條件下也可能互相轉化。

天有不測風雲，人有旦夕禍福。人生常常就是這樣。福也好，禍也罷，尤其是禍，有時就發生在瞬間，至於幸福，自然是人人所渴望，所追求的。而且幸福有時也會不期而至，當幸福到來的時候，也會讓人措手不及的。

一個貧困的年輕人突然有一天接到國外的姑姑來信，要他前去繼承一份豐厚的遺產。這種幸福就在旦夕之間，不期而至，彷彿白日做夢。但是，世上的幸福一般不會從天而降，而是需要日積月累，逐漸創造，辛苦努力才能到來。

在福與禍這對矛盾關係中，要做到順其自然，就得想得開，看得透。有時候想開點，看透些，就是福；想不開，看不透，就是禍。

福也好，禍也罷，僅僅就是一念之差，一時衝動，自己毀了幸福。

我們說，人生短暫，與浩瀚的歷史長河相比，世間的一切恩恩怨怨、功名利祿皆為短暫的一瞬。況且，有時候，恩和怨，喜和悲，功名利祿和一介草民的轉換，也許就在那麼一瞬間，甚至一念之間。面對恩恩怨怨，喜喜悲悲，潮起潮落，我們還有什麼好計較的呢？我們還分得清哪是福，哪是禍嗎？

所以，老子說：「禍兮，福之所倚，福兮，禍之所伏」，大可不必太在意人生歷程的幸與不幸。不以物喜，不以己悲，只要悟透了其中的道理，便會豁然開朗。

但至於「禍兮，福之所倚，福兮，禍之所伏」的原因，老子也沒說，而且他說這個迷惑由來已久，他自己也不清楚。就像他知道太陽每天從東邊出來，但為什麼從東邊而不是從西邊出來，他也不知道。

其實，能夠影響我們的不是事物本身，而是我們對待事物的態度。我們對待事物的正確態度應該是：平和沉靜，腳踏實地；不以物喜，不以己悲。

「不以物喜，不以己悲」，不是隨心所欲，跟著感覺走，要怎樣就怎樣，無拘無束無節制，而是要懂得掌握一個「度」。凡事都要有個限度和分寸，過了那個限度和分寸就會走向另一個極端。追求自由人性和放縱自我之間只是一步之隔，一念之差。憂忿過度會導致對現實不滿，進而傷害他人，損害社會公德；樂極生悲，無限制地「享受生活」，就會墮落；就算不會墮落，也不利於養生，過優過喜都有害於人的身心健康。

憂也好，喜也罷，有時在客觀環境不變，或變化比較小的情況下，就得靠主觀調節，努力減少憂慮，多尋找一點快樂。把目光放遠些，不要為眼前的境遇所困擾所壓倒；不要被蠅頭小利所誘惑，所腐蝕，做一股「淺淺水」，讓它「長長流，來無盡，去無休」。

「方」與「割」，「廉」與「劌」，「直」與「肆」，「光」與「耀」本來是因果關係，「方」必「割」，「廉」必「劌」，「直」必「肆」，「光」必「耀」。但最後老子卻說要「方而不割，廉而不劌，直而不肆，光而不耀。」為什麼？

（一）「方而不割」。聖人有「規矩」，聖人的「規矩」卻是大規大矩，而不是世人所用的「規」、「矩」。聖人有「方」，聖人的「方」卻是「大方無隅」的「大方」，「大方」就是「大圓」，所以不傷人。

（二）「廉而不劌」。「廉」：即稜角，比喻堅守正道。「劌」：《說文》：「劌，利傷也。」即刺傷。「不劌」就是不因為自己「廉」而傷害很多人（那些稍犯錯誤的人），而是以德感化他。

（三）「直而不肆」。「不肆」就是不以「直」矯「枉」而使之「直」。也就是說不要因為自己剛正不阿而這也看不慣，那也看不慣，強力按自己的意願行事，從而傷害到別人。

（四）「光而不耀」。「不耀」就是不刺眼，用現代的話說就是不搞個人崇拜。老子在其他章中所說的「大制不割」、「大直若屈」、「大巧若拙」、「大智若愚」、「明道若昧」等，都與「方而不割」等四句讚頌聖人之言是同義語。

第五十九章 治人、事天，莫若嗇

【原文】

治人、事天①，莫若嗇②。夫為嗇，是謂早服③，早服謂之重積德④。重積德則無不克。無不克則莫知其極。莫知其極，可以有國，有國之母⑤，可以長久。是謂深根固柢，長生久視⑥之道。

【注釋】

①治人事天：治人，治理百姓；事天，保守精氣、養護身心。對「天」的解釋有兩種，一是指身心，一是指自然。此句意為保養天賦。

②嗇：愛惜、保養。

③早服：早為準備。

④重積德：不斷地積德。

⑤有國之母：有國，含有保國的意思。母，根本、原則。

⑥長生久視：長久維持、長久存在。

【譯文】

治理百姓和保養天賦，沒有比珍惜精神修養更重要的了。修養精神必須早做準備，所謂早做準備就要重視早期的積累。不斷的積累德行，最後就沒有解決不了的事情了。當無所不能時，就無法估計到能力極限了。沒有極限的能力意味著可以擔負治理國家的重任。治理國家的法則是國家的根本，一旦掌握了這些法則，就可以長久不滅亡。這就是國家根深蒂固長盛不衰的法則。

【解讀】

對於治理國家，修身養性，人們一直都在絞盡腦汁，孜孜以求。老子的那個時代還盛行煉丹，煉造各種各樣的爐子，以求長生不老。而老子卻認為無論是治理國家，還是修養身心，都「莫若嗇」。

老子提出「嗇」這個觀念，這在春秋末年的思想界是很獨特的。老子把「儉」當作「三寶」之一，他說：「我有三寶，持而保之：一曰慈，二曰儉，三曰不敢為天下先。」「嗇」字與老子所說的「三寶」中的「儉」字義同。

《韓非子．解老》中的解釋最為精當：「嗇之者，愛其精神，嗇其智識也。」所以「嗇」就是「不以智」，就是「無為」的意思。「治人事天，莫若嗇」：「治人」「事天」沒有比不用「智」、「為無為」更好的了。煉什麼丹呢？只要不胡思亂想就可以了。煉丹有什麼用，弄不好還會藥死人。如果一味地求長生不老，反而會死得更早。因為這是不符合道的，是不符合自然規律的。

老子把吝嗇當作人修身養性的重要美德加以頌揚，而不僅僅是專指財物的愛惜。老子認為，吝嗇還要在精神上注意積蓄、養護、厚藏根基，培植力量。真正做到精神上的「嗇」，只有積累雄厚的德，有了德，也就接近了道，這就與聖人治國聯繫到一起了。

天下有辦不完的事，享受不完的樂子，如果只一味去追求這些東西而成天把自己搞得筋疲力盡，最後卻損害了自己的健康，那是得不償失的。所以，老子主張，做人要有幾分淡泊的心態，最高的修煉是達到「無我」的境界。要不然，欲望會讓你痛苦不堪。

人世間的快樂，實際上就蘊藏在平凡而又平常的生活裡。可嘆世人身在福中不知福，充分地享受著文明生活所帶來的一切便利，偏又把這一切視為理所當然。快樂近在眼前而竟毫無知覺，卻偏偏去追求那些虛無飄渺的東西。

人生貴在淡泊，古往今來多少名士終其一生都在嚮往或是操守著淡泊的心境，「采菊東籬下，悠然見南山」，陶淵明算得上是個淡泊者；「一簞食，一瓢飲，不改其樂」，憑著淡泊，顏回成了千古安貧樂道的典範；錢鍾書學富五車，閉門謝客，靜心於書齋，潛心鑽研，著書立說，留下曠世名篇。齊白石晚年謀求畫風變革，閉門十載，破壁騰飛，終成國畫巨擘。

淡泊是人生的一種坦然，坦然面對生命中的得失；淡泊是人生的一種豁然，豁然對待人生中的進退。淡泊是對生命的一種珍惜，珍惜眼前從不好高騖遠。淡泊可以使你真正地享受人生，在努力中體驗歡樂，在淡泊中充實自己。

擁有淡泊的人是幸福的，淡泊使人心更加寧靜，更加自由，沒有羈絆。淡泊是不慕名利，遠離喧囂和糾纏，走向超越。淡泊是在遭受挫折時仍有與花相悅的從容，淡泊是別人都忙於趨本逐利時仍然保持恬靜。淡泊是一種修養，一種氣質，一種境界。

與人生俱來的身外物何其多，頗有誘惑力。我若得之，淡然處置，不忘乎所以；我若失之，不大悲大痛，身心不傷。如此這般，才會不被身外物所苦，不被身外物所累。

只有做到「嗇」，以「嗇」為政，這才稱得上是早服事於「德」，服事於「道」。早「服」早受益，早積德，遲「服」遲受益。

老子又說：「重積德，則無不克；無不克，則莫知其極。莫知其極，可以有國；有國之母，可以長久。」老子在這裡指出：由於「嗇」，才能遇事從容，早做準備，之後又層層推進釋「嗇」之意，說早做準備，就是嗇和德的不斷積累。最後老子說：「有國之母，可以長久。是謂深根固柢，長生久視之道。」用今天的話來說，即有了治國的根本，可以長治久安。

第六十章　德交歸焉

【原文】

治大國若烹小鮮①。以道蒞②天下，其鬼不神③。非其鬼不神，其神不傷人。非④其神不傷人，聖人亦不傷人。夫兩不相傷，故德交歸焉。

【注釋】

①小鮮：小魚。

②蒞：臨

③其鬼不神：鬼不起作用。

④非：非但的意思。

【譯文】

治理大國就像烹製易碎易熟的小魚一樣，不能常常擾動，以免人心散碎。憑藉自然法則來管理天下，即便有鬼魅，也不會起作用了。非但不起作用，而且也不會傷人。非但鬼魅不傷人，而且聖人遵從了「道」的法則，也不會傷害民眾。這些互不傷害的原因，均是由於天地本來存在的理性交融統一的結果。

【解讀】

「治大國若烹小鮮」是老子所說的一句傳頌很廣的名言。這是個比喻，「烹小鮮」就是煎烹小魚。這是用烹魚比治國。小魚很鮮嫩，用刀亂切或在鍋裡頻頻攪動，肉就碎了。國家的統治者治理國家，要像煎小魚那樣，不要常常翻弄。

以道蒞天下，其鬼不神。什麼意思呢？

我們先看看這個「鬼」字。中國人把最聰明的人稱為「鬼精鬼靈」，把最猥瑣的人稱貶為「鬼頭鬼腦」；見人癡迷至深，要說聲「鬼迷心竅」，看到事出意外，要感慨「鬼神不測」；嘆山河壯美，讚聲「鬼斧神工」，遇到不由自主，驚呼「鬼使神差」。隱藏內部的叛徒叫「內鬼」，荒誕無稽的話語叫「鬼扯」，最倒楣的事莫過於「撞鬼」。就算揭穿了一個騙術，也要意得志滿地說；戳穿了「鬼把戲」。也許，你從不相信鬼的存在，然而你卻不能在言語中迴避「鬼」的使用，「鬼」的的確確滲入了我們的生活。

鬼在中國的歷史說來話長，自從山頂洞人在逝者的遺體周圍撒上紅色的粉末，原始初民便有了靈魂不滅的觀念。《禮記、祭法》稱：「大凡生於天地之間者皆曰命。其萬物死，皆曰折：人死曰鬼。」那時的人們將人活著時的靈魂和死去的加以區別，鬼由此步入先人的精神世界，圍繞著祭祀和巫術的鬼，成為一個平淡生活的信仰符號，主導了人們的道德觀念和日常行為，「鬼」承擔起規訓與懲罰的雙重角色。所以，人們理直氣壯之際，不免高聲嚷嚷，「不做虧心事，夜半不怕鬼叫門！」

同時，人們把生活中種種不可思議的靈異之事，統統歸之於鬼。有關鬧鬼、撞鬼之事不絕於耳，即使在科學昌明發達的今天，鬼依然可以登堂入室，我行我素。中國有鬼節，外國人有萬聖節。

老子這裡講鬼，是說他相信鬼的存在嗎？非也。相反，這裡老子反而是對鬼的批判。為什麼這麼說？

「道」是萬事萬物本身固有的內在本質規律，「德」是人們對萬事萬物本身固有的內在本質規律的認識，並且順應這些規律行事。人們不斷在探索事物的奧秘，對事物的認識也在不斷接近事物的本質。之所以能夠產生一些鬼神邪說，就是因為人們對一些自然現象得不到合理的解釋。老子說以道蒞天下，其鬼不神。也就是說只要認識到自然規律，很多自然現象的面紗不斷被揭開，鬼神邪說就站不住腳了，對老百姓不起作用了，老百姓也不害怕了，也就是說「其鬼不神」了。

老子又說非其鬼不神，其神不傷人。不是說鬼不起作用了，影響還是有的，但不再是壞影響了，不再傷人了。因為人們透過認識「道」，即透過對自然規律的認識，已經知道鬼其實是怎麼回事了。如果有人拿「鬼把戲」、邪魔妖道那些東西嚇唬人，大家都不害怕了，也就是說「不傷人」了。人們都揭穿了鬼神邪說的假面具，那些鬼神邪說還會害人嗎？

「非其神不傷人，聖人亦不傷人。」聖人本身就是以民為本的，如果以道而行，他的所作所為亦不傷害人民。這樣鬼魅不傷人，聖人也不傷人了，那麼老百姓就有好日子過了。

「以道蒞天下」，用道治理國家，像烹小鮮一樣，善待百姓，重積德（第五十九章），於是，「執大象，天下往。往而不害，安平太」（第三十五章），天下安定、和平、繁榮。

第六十一章 大者宜為下

【原文】

大國者下流①，天下之牝，天下之交。牝常以靜勝牡，以靜為下②。故大國以下小國，則取③小國；小國以下大國，則取大國。故或下以取④，或下而取⑤。大國不過欲兼畜人⑥，小國不過欲入事人⑦。夫兩者各得所欲，大者宜為下。

【注釋】

①下流：居於下流，處於水的下游。

②下：謙卑。

③取：取得信任、取得歸順。

④或下以取：或，有時。有時大國以謙卑的態度取得小國的傾心。

⑤或下而取：有時，小國以謙卑的態度才能取得大國的信任。

⑥兼畜人：兼，聚攏起來；畜，飼養，含佔有的意思。這裡指的是大國兼併、佔有小國。

⑦入事人：待奉別人，指小國待奉大國。

【譯文】

一個大國，如同河流的下游，慈柔如母，也是天下匯集的中心。女性總是以她的恬靜來贏得男人的心，恬靜是屈尊於下的表現。只要大國以一種敢於屈尊於下的態度對待小國，就能贏得小國的傾心；小國也能有暫時屈尊於大國之下的態度，就能贏得大國的信任。所以，大國以一種屈尊於下的態度來贏得小國的傾心，小國以一種屈尊的態度贏得大國的庇護。大國不要過分想兼併眾小國，小國不要過分想順從大國，大國小國都可以達到願望，強大者更應該謙下！

【解讀】

大邦比小邦強大，為什麼大邦不居上流而要居下流呢？為什麼不為天下之牡（雄性）而為天下之牝呢？第二十八章說：「知其雄，守其雌，為天下溪。為天下溪，常德不離。」溪是山陵之間或平原上的小河，處地低下，山嶺之間以及平原上的四方流水自然而然地注入小溪，養育魚蝦，滋潤兩岸良田，所以，善為侯王者甘為天下溪，甘當「天下之牝」，不離開真正崇高的美德。

這裡，老子用「下流」二字，其實是下游的意思。這就讓人立即明白，大國是以大海作比。大海之所以為大，是因為處下，天下所有河流在那裡交匯的緣故。

老子針對春秋之世大國諸侯爭盟爭霸爭天下，以「國之利器」示人，「將欲取天下而為之」，「萬乘之主，而以身輕天下」，致使戰禍不斷，民不聊生的動亂現實，從反戰、止戰的目的出發，在本章中明確提出了「大邦以下小邦」為主的國際準則。

老子強調，大國應該甘居下游，以「謙下」為國策。在一般的對外交往中，大國通常會炫耀其偉大，展示其強盛，自居於他國之上。老子所說顯然是針對這種現實或一般的態度所作的批評和建議。

老子所說的「下」，就是謙下、謙恭、謙讓、謙和，就是對守柔處下、持重守靜、知「雄」守「雌」之義的概括。

老子接著又說：「牝常以靜勝牡，以靜為下。」在老子眼裡，「雌」、「牝」、「母」等辭彙的地位明顯比「雄」、「牡」、「父」多而寓意深遠。雌性要生育和撫育子女，必須耐心地經歷十月懷胎，等待一朝分娩，必須細心地照料嬰兒，而雄性必須勞動或透過其他活動滿足撫育子女的需要。雌性總是以靜勝雄性，這是因為由靜而柔，柔勝強剛。

此外，老子還說：「大邦以下小邦，則取小邦；小邦以下大邦，則取大邦。」大邦對小邦謙下，結果取得小邦的信任和支持，從小邦取得政治、軍事、外交和經濟等方面的利益，甚至兼併小邦，就如同山谷接納山頂上落下的泥土、雨水和泉水。小邦比大邦弱，為了小邦的利益，小邦也應當為雌，「天下之交也，牝恆以靜勝牡」，耐心等待有利時機，以柔勝強。

可見，「居下流」這一策略的運用，會導致「取」得對方的結果。在國際交往中，不論國家大小，只要以平等、謙遜的態度對待對方，就可達到駕馭對方或尋得對方庇護的目的。當然，這裡的「居下流」不是無止境、無原則的退讓，而是有原則有限度的，即是「適度」的。

老子的這種智慧要用在我們的日常生活中，就是說，尊、卑、貴、賤是很自然的，就像春、夏、秋、冬四季花開一樣，作為人不要有什麼負擔。尊貴的人不要覺得高人一等，卑賤的人不要覺得低人一等。

老子的這種智慧思想，到現在仍不為很多人所瞭解。

一個人只能「上」而不能「下」，他就是不自由的，因為他太在意「上下」，他「下」不起。「下」不起的人往往也「上」不了。可以「上」而把「上」的機會讓給別人是因為他讓得起，他主動地「下」也不意味著他就是真正的「下」。

就像有些「怕」老婆的丈夫，甘願在很多事情上遷就老婆、服從老婆，這就是「下」的智慧，因為疼她、愛她所以不去斤斤計較，更多的是爭取了主動，避免了更大的麻煩。

老子又說：「大國不過欲兼畜人，小國不過欲入事人。」對於大國，不要動不動就要兼併小國，給小國臉色看。對於小國呢，也不要動不動就把自己當成奴僕一樣服飾別人，低三下四的過日子。

老子的這句話用在今天的現實生活中就是對上不攀高枝，對下不耍威風。看一些追逐「名」的人，對地位高名聲大的人畢恭畢敬，在他們面前可以把自己打扮成哈巴狗，在地位名譽不如自己的人面前，又把自己打扮成奴隸主，吆三喝四，好不威風。「沒有價值」的人，在「有價值的人」面前抬不起頭來，寧願做他們的奴僕；價值低的人，在價值高的人面前抬不起頭來，寧願做他們的奴僕；「有價值的人」在「沒有價值的人」面前趾高氣昂，頤指氣指。

還有的人在與自己同等級、同層次的人講話時，表現比較正常，行為舉止都會比較自然、大方。但是，在與比自己地位高的人交往時，就可能感到緊張，表現比較拘謹，並且自卑感強；相反，在與社會地位低於自己的人講話時，就會表現得比較自如、自信，甚至比較放肆。

比如，有的人在自己的上級面前從不敢「妄言」，與同一科室的人也不多說話，可是在自己的下級面前講話時，則落落大方，侃侃而談。有的人在一般人面前總是擺出一副能者的架勢，可是一見到權威就顯得十分馴服和虔誠。

這都是不合理的做法。按老子的意思，推而廣之，上下級之間講話，上級要力求避免採取自鳴得意、命令、訓斥、使役下級的口吻說話，而是要放下架子，以平易近人的方式對待下級。這樣，下級才會向你敞開心扉。談話是雙邊活動，只有感情上的貫通，才談得上資訊的交流。

平等的態度，除說話本身的內容外，還透過語氣、語調、表情、動作等體現出來。所以，不要以為是小節，純屬個人的習慣，不會影響上下級的談話。實際上，這往往關係到下級是否敢接近你。此外，上級和下級談話時，要重視開場白的作用。不妨與下級先聊幾句家常，以便增進感情，去除拘束感。

上級和下級說話時，不宜做否定的表態：「你們這是怎麼搞的？」「有你們這樣做工作的嗎？」在必要發表評論時，應當善於掌握分寸。點個頭，搖個頭都會被人看作是上級的「指示」而貫徹下去，所以，輕易的表態或過於絕對的評價都容易失誤。

例如一位下級彙報某改革試驗的情況，作為領導者，只宜提一些問題，或做一些一般性的鼓勵：「這種試驗很好，可以多請一些人發表意見。」「你們將來有了結果，希望及時告訴我們。」這種評論不涉及具體問題，留有餘地。如上級認為下級的彙報中有什麼不妥，表達更要謹慎，盡可能採用勸告或建議性的措詞：「這個問題能不能有別的看法，例如……」「不過，這是我個人的意見，你們可以參考。」「建議你們看看最近的一份資料，看看有什麼啟發？」這些話，產生了一種啟發作用，主動權仍在下級手中，對方容易接受。

下級對上級說話，則要避免採用過分膽小、拘謹、謙恭、服從，甚至唯唯諾諾的態度講話，改變誠惶誠恐的心理狀態，而要活潑、大膽和自信。

下級跟上級的談話，成功與否，不只影響上級對你的觀感，有時甚至會影響你的工作和前途。

第六十二章 道者，萬物之奧

【原文】

道者，萬物之奧①。善人之寶，不善人之所保。美言可以市尊，美行可以加人。人之不善，何棄之有？故立天子，置三公②，雖有拱璧以先駟馬③，不如坐進此道。古之所以貴此道者何？不曰④求以得，有罪以免邪？故為天下貴。

【注釋】

①奧：藏，含有庇蔭之意

②三公：太師、太傅、太保。

③拱璧，指雙手捧著貴重的玉；駟馬，四匹馬駕的車。古代的獻禮，輕物在先，重物在後。

④求以得：有求就得到。

【譯文】

自然法則是世間萬物的核心。善良的人視之為寶貝，不善良的人也受它的保護。華美的言辭可以贏得眾人的愛戴，優良的行為可以廣泛地影響一批人。遵循道的教化，就算是原本不善良的人（也可以被感化而走上正道），哪裡還有什麼沒有用的人啊？所以，剛被擁立為國王或大官員的人，雖然授予了玉器車馬，但還不如坐在家中聽人講授「道」的知識呢。那麼，古人為什麼如此珍視「道」的自然法則呢？不是說掌握了「道」的法則，就可以有求必得、有罪免除嗎？所以「道」的法則就成為天下最珍貴的知識。

【解讀】

本章再一次宣揚「道」的好處和作用。老子認為，清靜無為的「道」，不但是善良之人的法寶，就是不善的人也必須保有它。「道」保護善人，但也不拋棄不善人，它有求必應，有過必除。這是「道」的可貴之處。

善人是遵循「道」的人，善就是循道而行。循道而行不僅對自己長久有利，而且最終造福於人群、社會。所以「善人」最大的寶物當然就是「道」。

不善人就是不能遵循「道」的人。第二十七章說「不善人者，善人之資」。又說「不貴其師，不愛其資，雖智大迷」。不善人在「道」的角度來看也是「潛在」的善人，是未覺醒的「善人」。不善人違反「道」所以當然會招來種種災禍，但只要他能夠及時醒悟，用「道」來保護自己，也能減輕甚至消除災禍對自己的影響。

「道」是客觀存在的宇宙根本法，它是無偏私的。任何人在任何時候、任何情況下遵循「道」就會得益，違反「道」就會遭殃。不論原來是「善人」或是「不善人」，只要願意服從「道」，就可以得到「道」的保護。

「美言可以市尊，美行可以加人。人之不善，何棄之有？」這一段說的是對待「不善人」的態度。對不善人來說，「美言」是更重要的事情。儘管「道」本身是「信而不美」的，但是為了教化的方便，就得使用「美言」。美好的語言可以贏得他人的尊重、信任，從而願意聽、能夠接受，因此才能產生有效的思想和語言的交流。就是說要以誠待他人，不要說一些過分的言語，也就是我們平常所說的嘴巴不要太傷人。否則，只會招來彼此的不快。正所謂，只有嘴上留情，腳下才會有路。

要做到嘴上留情，就要注意以下幾個方面：

（1）別說過頭話。

說話必須留有餘地，不要把話說滿、說死。凡事把話說絕了，就沒有了轉圜的餘地。一旦陷入語言的「絕境」，其被動、尷尬之情可想而知。說話的藝術在於讓人進退有餘。人在氣頭上切莫說過頭話，憤怒的話語實際上是一派胡言，平息心火之後會產生許多懊悔。想一想再說，別說絕情話。

（2）不揭短。揭人瘡疤，除了讓人勾起一段不愉快的回憶外，於事無補。這不僅會叫被揭瘡疤的人寒心，旁人一定也不大舒服。因為瘡疤人人會有，只是大小不同。

（3）指責他人之過，切忌太尖銳。如果自己想用尖刻的語言，來發洩自己心中的憤怒，那麼最好換種方式試一試。尖銳的責備不僅不能改變對方的意見，反而會使對方刻下十分憎恨的烙印。儘管對方錯了，但是因為傷了感情，就會毀滅原本正常的道歉氛圍。每個人都有很強的自尊心，當責備和利劍刺破可憐的自尊時，反抗的情緒就會如洪水一樣撲來。

（4）君子之交絕不出惡聲。在這個世界上，與人親密地交往時，須誠意待人，縱使交惡斷絕往來，也不可口出惡言，說對方的不是。這樣，你才能在不傷害他人的情況下保全自己。

（5）不逞口舌之快。

有的人，的確反應快，口才好，心思靈敏，在生活或工作中和別人有利益或意見的衝突時，往往能充分發揮辯才，把對方說得臉紅脖子粗，啞口無言。這種人不管自己有理無理，一旦用到嘴巴，他便絕不會認輸，而且也不會輸，因為他有本事抓你語言上的漏洞，也會轉移戰場，四處攻擊，讓你毫無招架之力；雖然你有理，他無理，但你就是拿他沒辦法。

在老子的哲學體系裡，在教化「不善人」上，是「身教重於言教的」。不但要有美好的語言去開導他們，更要用美好的行為去引導他們。有「道」的人自己美好的行為可以使他人仰慕而跟從。言教加上身教，社會上的不善人就會少很多了。這樣看來「道」並不僅僅是為善良之人所領悟，不善人並不被「道」所拋棄。這也是「道」之所以為天下人奉為「大道」，從而為天下人尊重的主要原因之一。

「立天子，置三公」指侯王登位和卿士就職。「拱璧以先駟馬」，在四匹馬和拉的馬車前面有人拱抱著璧玉。侯王登位和卿士就職的時候，他們坐在有「拱璧以先駟馬」的馬車中，以示其顯赫地位。「不若坐而進此」中的「此」指道。「道」比顯示帝王和三卿的地位更重要，與其坐在有「拱之璧以先駟馬」的馬車中，不如拋棄這一切，成為遵循「道」的人。

「有罪」能「免」，怎麼免呢？是不是像古代的帝王一樣免除大臣的罪過一樣呢？帝王高興的時候，龍顏大悅，殺人的罪過也能免掉。非也。因為人類所有的「罪」都是因為違背了「道」而產生的。比如，我們亂耕亂墾，那麼草原就沙漠化。一旦產生了「罪」，當然就要接受「道」的懲罰。只有明白了「罪」的來源，真心懺悔永不再犯，並對以往所犯的「罪」積極地以「道」的方式去補償，才能從根本上消除「罪」。這才是「道」的「免罪」之法。

第六十三章 終不為大，能成其大

【原文】

為無為①，事無事②，味無味③。大小多少④，報怨以德⑤。圖難於其易⑥；為大於其細⑦。天下難事，必作於易；天下大事，必作於細。是以聖人終不為大，故能成其大。夫輕諾⑧必寡信⑨，多易必多難。是以聖人猶⑩難之，故終無難矣。

【注釋】

①為無為：以「無為」的態度去作為。這是說要順乎自然，雖為之卻像無所為，毫不做作。

②事無事：前一個「事」，動詞，做事、從事的意思。無事，不攪擾、不干涉的意思。事無事，以「無事」的方式去做事。這也是說要順應自然。

③味無味：前一個「味」，動詞，玩味。無味，寡淡無味。味無味，把恬淡無味當作味。意思也是順應自然，恬淡處世。「為無為，事無事，味無味」，是老子的人生觀和處事治世的哲學。

④大小多少：「大」是「把……看成大」；「多」，「把……看成多」；「小」和「少」分別作賓語，意思是把小看成大，把少看成多。

⑤報怨以德：即以德報怨，用恩德去報答別人的仇怨。

⑥圖難於其易：圖難，處理、解決困難的事；於其易，於，介詞，從；易，容易的地方。解決困難

的事從它容易的地方入手。

⑦為大於其細：為大，做大事情；細，細微的地方、小的地方。為大於其細，就是做大事要從細小的地方入手。

⑧輕諾：輕易許諾。

⑨寡信：信，守信的、守信用。寡信，很少守信用。

⑩猶：均、都。

【譯文】

要以無為的態度去有所作為，要以不發生事情的方法去處理事情，要以恬淡無味當作有味。要以大為小、以多為少，以恩德來對待仇怨。同樣，想要完成一項艱巨的事業，必須從容易的地方做起；要想實現一個偉大的目標，就應從細小處開始；天下的難事必然從容易開始；天下的大事必然從細小處開始。所以聖人始終不認為自己已完成了偉業，因而能成就其偉業。於是，輕易許下諾言，必然少誠信，把事情看得輕而易舉的人，必然遭遇重重困難。因此，有「道」的人總是把事情看得困難些，從而最終能達到無難的境地。

【解讀】

為無為，就是做事要順從自然，老子一直主張無為，無為就是老子說的「道」。

事無事。就是要以「無事」的態度去辦事。第五十七章解釋了「無事」，「以正治國，以奇用兵，以無事取天下。吾何以知其然也哉？以此，夫天下多忌諱，而民彌貧；民多利器，國家滋昏；人多伎巧，奇物滋起；法令滋彰，盜賊多有」，「多忌諱」「多利器」「多伎巧」以及「法令滋彰」，都是有事，不作這些，就是無事。「我無事而民自富」，人民自己富裕，是無事達到的效果，也就是說，「反」達到「正」的目的。「無事」比「有事」更容易達到「事」的目的。

調味時，最好能維持原味。「味」，烹飪時添加適當的味道。這裡，用調味時維持原味，暗喻順應自然。這句話是老子對其「五千言」之義的高度概括。真正明白了這句話的「道」理，就是味出了「無味」之真味。

無為就是有為，無事就是做事，無味就是有味。所以老子說「要以大為小、以多為少，以德報怨」。

老子認為，以德報怨，就是以恩德來報答別人曾給予自己的怨恨。顯然，沒有與人為善的願望，沒有博大的胸懷和寬宏的氣度，是很難做到這一點的。

不計前嫌，克己讓人，以德報怨，是處理人際關係時常常採用的一種好的方式。

老子又說：「圖難於其易」。這是提醒人們處理艱難的事情，須先從細易處著手。面臨著細易的事情，卻不可掉以輕心。「難之」，這是慎重的態度，縝密的思考、細心而為之。

老子還說：「天下難事，必作於易；天下大事，必作於細。」也就是說處理困難的事情，要從容易處入手；做大事，要從細微的部分開端。

有一句話叫「細節決定成敗」。其來源就是老子的這句話「天下大事，必作於細」。也就是說，做大事，不要忽視細微的部分。否則就可能受到無情的懲罰。

很多時候，一件看起來微不足道的小事，或者一個毫不起眼的變化，卻能改變一場戰爭的勝負。

肯德基、麥當勞是我們經常光顧的速食店，之所以幾十年在世界各地暢銷不衰，其核心競爭就是流程管理。肯德基和麥當勞的管理條例都有幾千條，麥當勞為了保持食物的新鮮度，規定漢堡炸出7分鐘後賣不掉就要扔掉，為了不造成浪費，這7分鐘就是經過詳細的測算。所以走遍世界各個店，我們吃到的炸雞腿、薯條、漢堡都是一個味。我們中國有八大菜系，揚名中外，但能做起連鎖經營的確很少，因為中國菜的味道完全是取決於廚師本身。他的心情都會影響到菜品的品質。更不用說更換廚師，中國菜系只有鹽、味精少許，沒有一種量化、細化的標準。

所以，老子教導我們說：「天下難事，必作於易；天下大事，必作於細。」只要注意細節，注視細節，簡單的事才能做得不簡單，平凡的事情才能做得不平凡。不要忽視小細節，也不要看不起平平常常的小事情。

「夫輕諾必寡信。」這是老子很有影響的一句話。

俗話說：「一言既出，駟馬難追。」《詩經》說：「白圭上的污點，還可以磨去；言語上的污點，就不能磨去了。」

老子說『輕諾者寡信』，就是說輕易許下諾言的人往往是不守信用的。這點從很多戀愛男女的身上表露無疑。小的承諾姑且不計，大的承諾例如『我想一生一世照顧你』、『就算你失業，我也是不會離開你的』、『我不想考慮其他人了，就一心一意對你』……諾言一個接一個許下，又一個接一個地拋棄，看來老子的話真是金玉良言。

一個能夠隨便許下諾言的人，顯示他對諾言是不重視的。諾言隨便講了出來，他的心就沒有擺放這個諾言的地方了，也就再也不記得了，既然都不記得，還實行什麼呢？慘就慘在聽者信以為真，還癡癡的等待對方去實現諾言！

老子說「多易必多難」，就是把事情看得太容易，遭遇困難一定更多。現實生活中，總有人想幹大事，信誓旦旦要當偉人，喜歡高高在上。對於一些小事情卻不屑一顧，認為那只不過是小人物幹的，自己豈能屈身為這些雞毛蒜皮的小事情費心。但結果呢？小事情不願幹，大事情卻幹不成。回過頭來再幹小事，卻發現小事情也不是這麼容易幹的。於是心灰意冷，再也看不到當初的雄心壯志，逐漸消沉。

因為他們把一切事情都想得、看得太簡單，太容易，掉以輕心，這樣，「易」就會反而變成「難」，「難」就會更加其「難」。「多易」就等於「多難」，「易」與「難」是一回事，是變化無定的。所以聖人對待「易」尚且以對待「難」的態度去對待（「猶難之」）；對待「難」當然就更加以「難」為難了。因此聖人始終沒有「難」，所以能「不為而成」。

第六十四章 慎終如始，則無敗事

【原文】

其安①易持②，其未兆③易謀④，其脆易泮⑤，其微易散。為之於未有，治之於未亂。合抱之木，生於毫末⑥；九層之台，起於累土；千里之行，始於足下。為者敗之；持者失之。是以，聖人無為，故無敗；無持，故無失。民之從事，常於幾⑦成而敗之。慎終如始，則無敗事。是以聖人欲不欲⑧，不貴難得之貨；學不學⑨，復眾⑩人之所過。以輔萬物自然而不敢為。

【注釋】

①安：穩定、安定。
②持：維持，掌握。
③未兆：沒有跡象時、沒有徵兆時。
④謀：圖謀、謀劃。
⑤泮（ㄆㄢˋ）：散，分解。
⑥毫末：指細小的萌芽。
⑦幾：差不多。
⑧欲不欲：前一個「欲」，動詞，嚮往、欲想；不欲，（別人所）不嚮往的。欲不欲，即嚮往別人所

不嚮往的。

⑨學不學：前一個「學」是動詞，學習。學不學，就是說聖人的學習就是不學什麼。

⑩復：一說補救、彌補的意思；一說復作返講，從錯誤的道路上走回來。改正錯誤的意思。今從後解。

【譯文】

處於穩定狀態的事物易於把握，處於醞釀階段、沒顯露跡象的事情易於謀劃，脆弱的東西易於碎裂，細微的塵土易於消散。因此，做事要防患於未然，治理國政，要在禍亂沒有產生前就早做準備。參天大樹總是從幼苗長起，入雲的高台總是由一撮撮泥土堆積而成，要完成千里之遙的路程，還得靠一步步行走。刻求有為之功的人必然會失敗，一心要抱持某種東西不放的人最後反而會失去。所以聖人總覺得目前沒什麼作為也就不會失敗，什麼都不抱持，自然不會有所失。一般人做事，總是半途而廢。如果能慎終如始，就不會招致失敗。所以聖人總是要眾人不要的東西，也不去爭搶所謂的寶貝。學習那些一般人不去學的知識，（以免）重蹈眾人的覆轍。他們能協助萬物根據自然規律生衍繁殖，而不敢做違背自然規律的事。

【解讀】

事物處於安定的狀態時容易把持控制，問題處於萌芽狀態時便於處理；物體在脆弱的時候容易被擊破，在勢孤力單的環境下容易被消滅。

無論從國家、社會到個人都是這樣的。「安」這個狀態其實是個均衡的狀態，是各種力量處於微妙平衡的結果。

所以，老子說，要在事情還沒有發生變化時就把它做好，要在動亂還沒有發生時就把它治理好。這就是我們常說的要見微而知著，要善於發現問題的先兆，把問題和動亂解決在萌芽狀態。

老子的這個智慧可以活用到我們的現實生活當中來。

比如，當我們的愛已經不再存在，當兩個人愛的火焰快要熄滅的時候，當婚姻破裂的時候，這已經到了最壞了。但是我們可以想一想，它總歸有一個前因後果的，總歸有一個慢慢漸變的過程，總歸有一個由小到大，由輕到重，由朦朧到漸明的這樣一個進程。老子的智慧教導我們，要及早地發現婚姻中的問題。

為什麼呢？因為一切紛亂的事情還沒發生的時候，如果有違反正常的事情，剛要發生，便能一目了然，能夠一目了然，才容易找出對策。否則，不能在還沒有問題的時候預見問題，發現苗頭，就會出問題。

永遠都別認為什麼事情絕對不會出問題。當你這樣想得時候，問題已經很有理由出現了——由於你的忽視。

於是，老子得出這樣的結論：「合抱之木，生於毫末；九層之台，起於累土；千里之行，始於足下。」

智慧偉大的老子用這幾句話對質量互變做了形象化表述，尤其強調了量的積累的重要性。量變是質變的前提，質變是量變的結果。勉勵人們做什麼都要循序漸進，持之以恆，要把遠大理想和實幹精神結合起來，既要志存高遠，又要腳踏實地，艱苦努力。只有量的積累突破度時，才能出現質的飛躍，才能升級遞進。

荀子說：「道雖邇，不行不至；事雖小，不為不成。」也就是說，坐而論「道」，不如起而行。「目標」這個「道」必不可少，但不能為了「道」而去論「道」。關鍵是行動。

宋人張泳說：「臨事三難：能見，為一；見能行，為二；行必果決，為三。」在任何一個行業裡，不努力去行動的人，就不會獲得成功。就連兇猛的老虎要想捕捉一隻弱小的兔子，也必須全力以赴地去行動，不行動、不努力，就捕捉不到兔子。

「為者敗之；持者失之。是以，聖人無為，故無敗；無持，故無失。」「有為」就是主觀的行為，是違反客觀規律的，所以必然失敗；「執」就是抱緊，就是「貪」、「嗔」、「癡」，這樣反而容易失去。越怕失去反而會失去。聖人無為，所以不會失敗；不「貪」、不「嗔」、不「癡」，所以也不會有所失去。

「民之從事，常於幾成而敗之。」大致意思是說人們做事情，常常失敗於將要成功之際。世上，很多人都有成功的遠大理想，他們也確實為之奮鬥了，可是，最後的成功者卻寥寥無幾。究其原因，且不論能力和才智等條件，最重要的是，他們缺少了「最困難的時候堅持住」的精神。

人們做事往往在快要成功時失敗了。成語「功敗垂成」就出自這裡。為什麼往往功敗垂成呢？說穿了，就是恆心毅力不夠，在「黎明前的黑暗」那緊要關頭退卻了，敗下陣來，不能「將革命進行到底」。每一個人都應記住先聖老子的這句話，時常勉勵我們做事要有恆心，最嚴峻的時刻也不要低頭，也要咬牙挺住，沒有過不去的難關，挺過來就是勝利！

所以，老子最後總結：「慎終如始，則無敗事。」所謂「慎終如始」，就是指在做事上，只有一個很好的開頭，還要有一個令人滿意的結尾，不能給人留下一種有始無終、只重開始不管結果的印象。

普通人「貴」的都是「難得之貨」，也就是「持者失之」所「持」的東西。「聖人」不以此為「貴」。能讓「聖人」去「貴」的只有「道」，「道」不是「難得之貨」。

世人「為學」，大多為了後天的功名利祿，而把「道德」視為無用的羈絆。「聖人」不求那些後天的、有形的東西，只是修行「道德」而已。

第六十五章 民之難治，以其智多

【原文】

古之善為道者，非以明民①，將以愚②之。民之難治，以其智多。故以智治國，國之賊③；不以智治國，國之福。知此兩者④，亦稽式⑤。常知稽式，是謂玄德。玄德深矣，遠矣，與物反矣⑥，然後乃至大順。

【注釋】

①明民：明，知曉巧詐。明民，意為讓人民知曉巧詐。

②愚：敦厚、樸實，沒有巧詐之心。不是愚弄、蒙昧。此句意為使老百姓無巧詐之心敦厚樸實、善良忠厚。

③賊：傷害的意思。

④兩者：指上文「以智治國，國之賊；不以智治國，國之福」。

⑤稽：考也。式：法也。稽式：考核的標準，衡量的法則。

⑥與物反矣：反，通「返」。此句意為『德』和事物復歸於真樸。

【譯文】

古代那些懂得「道」的統治者，不是去開啟人們的智巧，而是教導百姓要醇厚樸實。這是因為，民眾難管理其根源在於具有智巧心機的人太多。所以依靠百姓的機智來振興國家，實則是為國家養了一批奸猾的人；不依靠百姓的計謀來維護國家，反而是造福於整個國家。知道這兩種治國策略的差異是考核（統治者是否知「道」）的標準。知道這條標準也就接近「玄德」了。這一學問既深邃又久遠。和具體的事物復歸於真樸，而後才能極大地順乎於自然。

【解讀】

這裡，老子生當亂世，感於世亂的根源莫過於大家攻心鬥智，競相偽飾，因此呼籲人們揚棄世俗價值的糾紛，而返璞歸真。

他說，古代高明的統治者，都是教人們保持淳樸的天性，而不是教人們怎麼聰明。為什麼？這裡老子的意思並不是愚民，讓老百姓都傻乎乎的，這樣不就好管理了嗎？其實老子不是這個意思。

太聰明了好嗎？未必。

曾經有人將世間各色人等，按其精明與否的程度分為四個等次、四種類型。

第一個等級是外相敦厚，對人處世絕不以精明自居，甚而讓人感覺有些傻乎乎，但骨子裡卻是十分精明者。這種人，往往讓人產生一種高度的信任感。這種精明，是最高層次的精明，所謂「精明不外露」，以及「大巧若拙，大辯若訥」，就是這個意思。

第二個等級是讓人一眼看去就感覺渾身透著精明，而內心也確實相當精明的人。但「精明外露」已非上品，不免讓人處處防範，其「精明」的效果也就有限，充其量只能算是二等貨。

第三個等級是本身既無多大能耐，看上去也就是傻子一個，正因其內外都「傻」，本人既無「自作聰明」之舉，他人對其也全不設防，進而有不忍欺之者，故尚可安居三等。

第四個等級是看上去一臉「精乖」相，亦往往自認為精明過人，骨子裡卻愚不可及。此等角色人見人厭，成事不足敗事有餘，是為末等。

以上四色人等，又並非一成不變，如第二等者，一旦「精明」過頭，聰明反被聰明誤，往往會淪入末等而不復；而原為第三等者，如能在世事磨練中逐漸悟出人生真諦，則搖身一變而躋身頭等行列者亦不乏其人。

再聰明的人都無法完全認清世間萬象，運轉再快的頭腦也跟不上世界萬物的變化。所以老子要求我們做人要「屈」一點，「拙」一點，「訥」一點，這樣才能掌握世間萬物，掌握我們自己。

「民之難治，以其智多」的「其」字指其「上」，「其」是「其上」的省略。老子在第七十五章中明確指出：「民之難治，以其上之有為，是以難治。」所以，為政者用智巧去治理國家，就是國家的賊害；不用智巧治理國家，才是國家的福澤。「其政悶悶，其民淳淳；其政察察，其民缺缺」，「民淳淳」與「民缺缺」的原因都在於其「上」的為政之不同。

老子認為，天下太平在民富，天下和靜在民樂，天下大治在民趨於正。國家之所以混亂，人民之所以難以管理，就是因為百姓的淳樸天性被世間奸邪之智所敗壞的緣故。

知道了這兩個法則，是考核（統治者是否知「道」）的標準。知道這條標準也就接近「玄德」了。

什麼是玄德？在第十章、第五十一章中都出現過這個詞。也就是能夠與「道」高度統一的那種「德」，因此它深而且遠，不但如此，它和一般事物的特性還是相反的。因為「大曰逝，逝曰遠，遠曰反」，「玄德」就是最大的「德」，當然從「道」的特性上說會「反」；此外，「反者道之動」，「反」本身就是「道」的一種運作方法。

第六十六章　為百谷王，其善下之

【原文】

江海所以能為百谷①王②者，以其善下之③，故能為百谷王。是以聖人欲上民④，必以言下之⑤；欲先民⑥，必以身後之。是以聖人居上而民不重⑦，居前而民不害⑧，是以天下樂推⑨而不厭。以其不爭，故天下莫能與之爭。

【注釋】

①百谷：指百川，即眾多的河流。

②王：指河流所歸往的地方。

③善下之：善於處在低下的地位。

④欲上民：想要統治人民。上，這裡作動詞用，指地位處在……上面，即統治之意。

⑤以言下之：以，用；言，言詞、言語；下之，把自己擺在人民的下邊。以言下之，意即用言詞對人民表示謙下。

⑥欲先民：想站在人民的前頭，即成為他們的領袖。

⑦重：壓迫、負擔。

⑧害：妨害、為害。

⑨推：推崇、愛戴。

【譯文】

江河湖海之所以能成為無數川流小溪的匯聚之所，是由於它們處於下游位置，故能成為川流小溪的歸順之處。因此聖人明白，要想成為萬民之長，就必須在言詞上表示謙下；要想領導人民，必須把自己的切身利益放在他們的後面。正是由於明白這一道理，儘管聖人位居人民之上，而民眾不感到他的重壓，儘管走在百姓前面，而人民不會去加害他。於是天下的百姓都樂於擁戴他，而不是厭惡他。就是因為他不與人爭，所以天下沒有人能與他爭。

【解讀】

這裡，老子按照他一貫的論述方式，先從物理世界的現象開始進入主題，他說：「江海所以能為百谷王者，以其善下之，故能為百谷王。」卑下是老子所熱烈讚美的表現，所有在自然界中能夠主動使自己置身於卑下地位的東西，在老子看來都是偉大的存在。

所以，老子始終讚美能夠為萬物而貢獻出自己的力量而自己卻默默地處於卑下地位的道路以及水，《道德經》一書就是以道為骨幹而全面展開的。老子對水的著墨雖然不多，但能夠與「道」相提並論的則只有水。在本章，老子透過對江海吸收和融匯了千川百谷的事實，說明了地位卑下才能獲得萬物的擁戴，能夠成為百谷之王。

根據江海善下的現象，老子得出兩個有益的結論：

（1）聖人為了在民眾之上，其言論必定謙下，不把自己的話放在比民眾的話更重要的位置，不把自己寫的文章作為聖旨宣讀，強迫民眾遵照執行。

（2）聖人為了在民眾之先，其自身利益必定置後。「聖人退其身而身先，外其身而身存」（第七章），在遇到可以取得私利的時候，侯王把自己的利益退到民眾利益之後，讓民眾先得利；在遇到凶險的時候，侯王把自己的人身安全放在考慮之外。

因此，聖人雖則處於領導地位，成為天下之「王」，但天下人民卻不覺得有絲毫的重壓；雖然居於領頭位置，統率天下，但天下人民卻不覺得有任何傷害。所以天下人民都樂於擁戴他，推舉他為領袖而毫無厭棄情緒。

最後一句話是本章的主旨。因為聖人無私無欲，「以百姓之心為心」，守「柔」而不爭，所以天下就沒有人能和他去爭。

老子認為，一個人越是有私心，就越難以做自己；越想有所為，就越難以有所為。如果你與全國人去爭國家，與全天下人去爭天下，與所有領域中的人去爭成敗，結果必然是一無所獲。你如果不與他人去爭，恬淡無為，或許會有所得，不爭之爭反而天下莫能與之爭。

在老子看來，最無爭的，莫過於水了。水，具有滋養萬物生命的德性。它能使萬物得它的利益，而不與萬物爭利。但是，它卻永遠不佔高位，更不會把持要津。俗話說：「人往高處爬，水向低處流。」在這個世間，水寧願自居下流，藏垢納污而包容一切。所以老子形容它，「以其不爭，故天下莫能與之爭」，以成大度能容的美德。因此，古人又有拿水形成的海洋和土形成的高山，寫了一副對聯，作為人生修為的指標：「水唯能下方成海，山不矜高自及天。」

《孫子》中說「夫兵形象水」。他認為最理想得作戰方式應該像水一樣，水中隱藏著巨大的力量，卻沒有固定的形狀，視容器的不同而改變形狀。所以，孫子以水喻兵，主張作戰時要學習水的精神。他說：「就像水沒有固定的形狀一樣，打仗也不可能有固定不變的態勢。須視敵人的態勢自在地變幻戰略，方能掌握勝利之機。」因此，為將者首先要把握住大的原理，不可僵硬死板，墨守成規。須視情況的變化，靈活地運用原理，自由自在地變換我方的戰略。具有這種靈活多變的伸縮性，那麼在抵禦對方攻擊的同時，更能積極地積累自己的力量。就像水一樣，雖然它具有往低處流的傾向，但是當它形成一股漩渦或急流時，再大的岩石，再粗的樹幹也都能輕易地沖走。

日本的圍棋高手高川秀格，曾以「流水不爭先」作為座右銘。他在圍棋比賽時，將陣形佈置成像水一樣的悠散，不讓對方感到畏懼。一旦開戰，沉靜的波瀾立即發揮出所蘊含著的能量，迅速擊潰對方的攻勢，這就是靈活運用了「以其不爭，故天下莫能與之爭」中的道理。

老子的「無為」觀念，並非如某些人所講，是「企圖調和現實矛盾而進入無為之域，達到身如槁木，心如死灰的境界」，是「有為不如無為，有用不如無用，活著不如死了」，而只是不爭。不爭，是指不與事物的自然屬性相爭，亦即不與事物的當然之「道」相爭。

第六十七章 我有三寶，持而保之

【原文】

天下皆謂我道大①，似不肖②。夫唯大，故似不肖。若肖，久矣其細也夫！我有三寶③，持而保之：一曰慈，二曰儉，三曰不敢為天下先。慈，故能勇；儉④，故能廣；不敢為天下先，故能成器長。今捨慈且⑤勇，捨儉且廣，捨後且先，死矣！夫慈，以戰則勝，以守則固。天將救之，以慈衛之。

【注釋】

①我道大：道即我，我即道。「我」不是老子用作自稱之詞。

②肖：相似之意。意為不像具體的事物。

③三寶：三件法寶，或三條原則。

④儉：嗇，保守，有而不盡用。

⑤且：取。

【譯文】

所有人都認為「道」大，大到了不能用任何具體的成就去描繪比喻。正因為「道」大，所以才不可形容；如果能夠形容得出，就早已有人把「道」的法則研究到細微之處了。其實我有三件法寶：一是仁慈，二是有節制，三是不過高地抬高自己。正因為仁慈，所以能勇往直前；正因為心中有節制，所以行事才大度；正因為不過分抬高自己，所以能在有才能的人中露出頭角。現在，假設我捨棄了仁慈，趨向勇敢，捨棄了節制（節儉），趨向廣闊，捨棄了後而趨向於先，勢必會走向衰敗。只有以仁慈的心對待，才能作戰時攻無不克，防守時固若金湯。天要援助誰，就用柔慈來保護他。

【解讀】

天下的為政者都說老子所弘揚的「道」太大，大得好像什麼也不像，什麼也不是；因此不利於大家學習，無從下手。老子對這種託辭予以反駁：正因為道偉大，所以才不可形容；如果能夠形容得出，就早已有人把「道」的法則研究到細微之處了。

這一章講的是「道」的原則在政治、軍事方面的具體運用。老子說，「道」的原則有三條（即三寶）——慈、儉和不敢為天下先。「慈」，即愛心加上同情感；「儉」，即含藏培蓄，不奢侈，不肆為；「不敢為天下先」，是「謙讓」、「不爭」的思想。這是為「道」的人所必須具備的心胸，非如此，不足以成大道。

「慈」，包含有柔和、愛惜之意。「六親不和，有孝慈」（第十八章），「絕仁棄義，民復孝慈」（第十九章），老子總是把「孝」與「慈」一起用，可見，《道德經》中的「慈」是指父母對子女的愛。就社會關係而言，「慈」是指侯王對百姓的愛，上級對下級的愛。這一章中，「慈」指對百姓的愛，「愛民治國，能毋以智乎」（第十章），能夠不依靠智慧，愛百姓治邦國嗎？

「儉」的內涵有兩層，一是節儉、吝惜；二是收斂、克制。

先秦時期，諸子大都肯定「儉」而否定「奢」。孔子說：「禮，與其奢也，寧儉。」墨子說：「節儉則昌，淫佚則亡。」管仲說：「審度量，節衣服，儉財用，禁侈泰，為國之急也。」崇儉是古代思想家的共識，尤其儒家的崇儉思想，對後世的影響更大。

司馬遷在《貨殖列傳》中頌揚白圭「與用事僮僕同苦樂」、「能薄飲食，忍嗜欲，節衣服」，又稱讚秦末漢初的宣曲任氏「折節為儉」，「公事不畢，則身不得飲酒食肉」。

有了儉，才會有慈，有個敗家子是不可能有慈善之心的。《易經》中的「彖」又曰：「大蓄，剛健篤實輝光……」意思是說，有了巨大的積累，人就可以剛健誠實，前途光輝無量。

第五十九章講「治人事天，莫若嗇」，與這裡的「儉」是相同的含義。儉即是嗇。他要求人們不僅要節約人力物力，還要聚斂精神，積蓄能量，等待時機。

「不敢為天下先」，也有兩層涵義，一是不爭，謙讓；二是退守、居下。第六十一章講「大邦者下流」；第六十六章講江海「善下」，都指不為天下先的意思。這符合於「道」的原則。

總之，「慈」、「儉」、「不敢為天下先」等「三寶」，是老子對於「道」和「德」的社會實踐意義上的總結。

為什麼這三個法則能夠被稱為「寶」呢？老子接著說了：

（一）慈，故能勇。慈愛能夠成就勇氣。這種勇氣不是世俗好勇鬥狠的那一類勇氣，而是奮勇精進的勇氣。沒有慈愛之心的人也沒有勇氣承擔。

（二）儉，故能廣。克制就是對自己的約束，佛家稱為「持戒」。克制的根本意義在於把所有的力量用在真正應該用的地方上，不在不應該用的地方浪費。而對於懂得「道」的人來說，他明白這種約束和克制是為了成就更高層次的自由和解脫。

（三）不敢為天下先，故能成器長。「不敢為天下先」能夠成就領袖的地位。前一章已經說過「處下」和「不爭」的意義。「不敢為天下先」的核心意義就是「處下」和「不爭」。只要精神上得到充足，即使沒有多少財物，沒有多少名利，也是幸福的。而精神上得到充足，就要不爭，就要低調，直到最後「無物」、「無我」。

不敢為天下先，也就是今天所說的低調做人，就是不要把自己的心理能量浪費在無謂的人際鬥爭中。即使你認為自己滿腹的才華，即使你認為自己的能力比別人強，也要學會藏拙，這是一種能量的內斂，也是保護自己的有效手段。不捲進是非、不招人嫌、不招人嫉、沉默地不動聲色地把自己該做得事情做好做出色，這才是最重要的事情。

低調做人，並不是什麼事情都退在後面，自己的利益被別人剝奪強佔也不發任何聲音，自己的人格被別人侮辱也不反抗，這不是低調，這是懦弱。低調做人，是不要太招搖，不要有點小本事就拿出來顯擺，不要有事沒事就往上司跟前湊，然後做出一副上司面前紅人的模樣，什麼事情自己心中都要有數，要清楚，自己有本事慢慢拿出來用，在別人最需要的時候拿出來用，樂於幫助別人，為別人服務。

低調不是安貧樂道，也不是在物質短缺時期所謂的「樸素」，更不是阿Q的「精神勝利法」，只有你的財富得到足夠的積累，你才有可能在物質享受上保持低調。只有你在精神境界上有了足夠的沉澱，你才有可能在精神生活上保持低調。

並不是所有的成功者都會低調。當然，在他人面前肆意地享受成功，其實也是無可厚非的，劉邦說，如果富貴不回家鄉，就是「錦衣夜行」，即使穿上好衣服也沒有人看見，這種心態我們大多數人都有，畢竟取得巨大成功的人，一般不太可能甘心情願保持低調。真正像法國著名的存在主義哲學家沙特那樣拒絕領取諾貝爾獎金的人總是少數。固然，沙特這樣的低調有點極端，我們普通人不可能做到，特別是在現代社會，高調可以創造名氣，名氣就是價值，誰能輕易放棄出名的機會？

所以，我們可以套用一句話，「成功難，成功的人保持低調更難。」因為低調不僅僅意味著成功，還需要對成功有更深層的領悟。

有品味的人不一定低調，有內涵的人也不一定低調，成熟的人也可以不低調，但是，反過來說，低調的人，更有品味，更有內涵，也更成熟。

「今捨慈且勇，捨儉且廣，捨後且先，死矣」，意思是說要先「慈」後能「勇」，先「儉」而後能「廣」，先「後」且後能「先」。也就是說先有原因而後有結果，如果一開始就奔著結果去了，反而得不到結果。

最後，老子總結，「三寶」中的這個「慈」寶最重要，是「寶中之寶」。慈愛永遠是人類最偉大的力量，是最受上天讚美和佑護的。慈愛的力量可以擊退一切來犯之敵。天要滅亡的，永遠只是那些失「道」的國家而不是弱國。為什麼弱國、弱民族不會被滅亡？那是因為「天」在救它。「天」為什麼要救它？因為在那裡有人類最寶貴的東西——慈愛。

第六十八章 善用人者，為之下

【原文】

善為士者，不武。善戰者，不怒。善勝敵者，不與。善用人者，為之下。是謂不爭之德，是謂用人之力，是謂配天古之極。

【注釋】

①士：這裡指的是領兵打仗的人，即將帥。

②不武：不逞勇；武。

③與：和，跟，相與的意思。

④善用人者，為之下：善於用人的，對人態度謙下。

⑤配天：符合自然的道理。

⑥古之極：極，準則，標準。古之極，古來最高的準則。

【譯文】

善於帶兵打仗的將帥不會崇尚武力。善於戰鬥的人不會輕易被激怒。善於取勝的人，絕不會和對手直接交戰。善於用人的人總是把自己放在部屬的地位之下考慮。這即是「不爭」的品德，是借用別人力量成就偉業的謀略，是與自古形成的自然規律完全匹配的最高境界。

【解讀】

在這一章中，老子闡述了他的軍事、戰爭觀。他認為「武」、「怒」都是暴烈的表現，是一種侵略的行為。老子希望將帥是「不武」、「不怒」的，而當戰爭迫不得已、不可避免時，又應當「不爭」，不可嗜殺。這些，與老子曾經闡明的「不以兵強天下」（三十章）、「夫慈，以戰則勝，以守則固。」在戰爭中以慈而戰、以慈而守（六十七章）等主張是一致的。

本章老子列舉了四種符合「不爭」的情況：

「善為士者，不武。」善為士的人不用武力。善為士者應當有老子的三寶，對百姓慈愛，實而不華，不為天下先，不要用武力去征服鄰國。

在第三十章中老子說：「以道佐人主者，不以兵強天下，其事好還。」武力所能征服的最多是軀體和外表，而不能讓人心悅誠服。單純依靠武力甚至連軀體和外表都不能長久征服。

一個動不動就要以武力征服他國，征服別人的將帥，最後發現誰也征服不了，這樣的將帥不是好將帥。這是不成熟的表現。

這正如修習武藝的人，在層次比較低的時候往往在外表上就可以看出赳赳武氣，那是因為他那時的功夫還不能收放自如；有了一點比普通人強的地方就志得意滿、不可一世，到處爭強鬥狠，那是因為他目光短淺，不知道山外有山，人外有人。武藝精深的人就不是這樣的，他們總是英華內斂，混同凡俗，不戰而屈人之兵。

（2）「善戰者，不怒。」作為一名將領，不能被輕易激怒，否則，判斷就會失誤，就會意氣用事。法國名將拿破崙曾統兵數百萬，所到之處戰無不勝、攻無不克，但是他說：「我就戰勝不過我的脾氣！」儘管輝煌一生，但最後卻兵敗滑鐵盧，毀掉一世英名。

畢竟，人活著，不是要「鬥氣」，而是要「鬥志」！人活著，不是要比「氣盛」，而是要比「氣長」！人活著，不是要「爭一時」，而是要「爭千秋」啊！

想一想，「我」這個字是哪兩個字的組合？是「手」和「戈」對不對？老祖先造字真有創意，「手拿著刀劍、干戈」，竟然是變成「我」這個字。所以，人常常是很自私、很防衛的，誰冒犯我，惹我、欺負我，我就拿「武器」和他拚命、打架。

可是，這樣值得嗎？經常在媒體上看到這樣的報導，有些失學的青少年無所事事搞幫派，為了搶地盤，十幾歲就把昔日同學砍死；而一名女研究生，為了博士班的男友，也把同班好友（情敵）用化學藥劑害死！也有一父親在暴怒時，一時失控，一巴掌把小女兒打成耳膜破裂，造成終身耳聾！這些慘痛的事例提醒我們：憤怒，是片刻的瘋狂！

生命的長度是上帝所給予的，但生命的寬度卻掌握在我們自己的手中。

有形垃圾容易處理，無形的垃圾最難處理；什麼是真正的垃圾呢？怨、恨、惱、怒、煩，這才是真正的垃圾，假若今天你請垃圾車把這些垃圾全部帶走，你今天就可以享受到生活和工作的樂趣。

我們不能讓自己的情緒只有「幼稚園的程度」，必須學習「轉念」，「少點怨，多點寬容」、「多灑香水、少吐苦水」，讓負面的思緒遠離，用樂觀的正面思緒來迎接嶄新的一天！珍惜每次相遇、相處的機會，多「給人信心、給人歡喜、給人方便」；同時，也別忘記「生活不乏嚴厲批評，喜悅來自真心接納！」

（3）「善勝敵者，不與。」這裡面隱含的也是大智慧。矛盾的解決，不是靠透過鬥爭，矛盾的一方吃掉另一方，而是靠協調。《孫子兵法．謀攻篇》有言：「故上兵伐謀，其次伐交，其次伐兵，其下攻城；攻城之法為不得已。」戰爭永遠是最不得已的手段，兵不血刃地取得勝利才是真正的高手。

（4）「善用人者，為之下。」如果不能做到虛懷若谷，不能接受他人的建議或行為方式，廣納諫言，只是按照個人的意願一意孤行，對下屬指指點點的話，哪個下屬會心甘情願地去為他賣力呢？

劉邦很善於用人。劉邦在奪取天下之後，擺酒設宴時，向群臣提出了這樣一個問題：「我劉邦奪取天下的原因是什麼？項羽失去天下的原因又是什麼？」

有大臣回答：「你派別人去攻城掠地，把攻下的地方封給他們，這是你能夠和天下人共同享受利益的美德。項羽不是這樣，妒忌賢能，對有功勞的人就設法加害，有賢才的就猜疑他們，作戰取得勝利卻不給他們授功，取得了土地也不給別人利益。這就是他失掉天下的原因。」

劉邦卻說：「你們只知其一，不知其二。在帷幄中運籌謀劃而能決勝於千里之外者，我不如張良。鎮守國家，安撫百姓，供給糧食，保證軍糧這方面，我不如蕭何。統領百萬大軍，作戰必勝，攻城必克，我不如韓信。這三位人中豪傑，我能夠任用他們，這就是我之所以能奪取天下的原因。項羽有一位范增卻不能用，這是他失敗的原因。」

總結得太精彩了！也足見其為之下的謙謙胸襟。

既然劉邦的才能不及三人，為什麼不是張良或蕭何或韓信奪取天下而是他劉邦呢？也許就是劉邦「為之下」的功力更強吧，而絕不是像韓信所言「天授」。

不要認為自己是領導者或管理者就高人一等，一定要讓被用之人感到你在他的心目中是一個天才，是一個將才，很重視他，謙虛地對待他，哪怕他的學識或才能或地位或某一方面確實不如你。善於用人者要處於謙下的地位，不與下屬爭功爭利，也不擺出一種威儀赫赫、高高在上的架勢板起面孔訓人，不隨意對別人的工作橫加指責。

以上4點都叫做「不爭」之德。這才能借用人力，調動各方面的積極性，推動事業的全面發展。

「配」即為「合」，「天古」：天之「古始」，即「道生一」的「一」。「天古之極」：即生「一」的「道」。「是謂配天古之極」意為合於自然法則。老子非常強調事物合於本性的自然發展，認為順任自然是「道」的特質。事物合於自然法則，那麼它就做到了極致。謙下、不爭而調用人力合於自然法則，因此它是老子用人思想得核心。

第六十九章　禍莫大於輕敵

【原文】

用兵有言：「吾不敢為主①，而為客②；不敢進寸，而退尺。」是謂行無行③，攘無臂④，執無兵⑤，扔無敵⑥。禍莫大於輕敵，輕敵幾喪吾寶。故抗兵相若⑦，哀⑧者勝矣。

【注釋】

①為主：主動進攻，進犯敵人。
②為客：被動退守，不得已而應敵。
③行無行：行，行列，陣勢。此句意為：雖然有陣勢，卻像沒有陣勢可擺。
④攘無臂：意為雖然要奮臂，卻像沒有臂膀可舉一樣。
⑤執無兵：兵，兵器。意為：雖然有兵器，卻像沒有兵器可執。
⑥扔無敵：意為雖然面臨敵人，卻像沒有敵人可打。
⑦抗兵相若：意為兩軍相當。
⑧哀：閔、慈。

【譯文】

善於用兵的人說：「我不敢先進攻，寧可採取守勢。不敢前進一寸，寧可後退一尺。」這就是說：

雖已嚴陣以待，卻總有未部署周全的感覺。雖已出擊禦敵，卻總有力量不足的感覺。雖有雄師百萬，卻有手中無一兵一卒的感覺。雖然面臨敵人，卻像沒有敵人可打一樣。禍患沒有比輕敵更大，由於輕敵幾乎喪失了我的「三寶」。所以，當兩方軍隊勢力相當時，悲慟的一方更可能勝利。

【解讀】

本章從軍事學的角度，談「以退為進」的處世哲學。老子認為，戰爭應以守為主，以守而取勝，表現了老子反對戰爭的思想，同時也表明老子處世哲學中的退守、居下原則。這一章講到「哀兵必勝，驕兵必敗」的道理，成為千古兵家的軍事名言。

「吾不敢為主，而為客」，意思是說，我不敢「為主」，主動發動戰爭以伐人，而是「為客」，不得已才自衛防守。不敢首先發難、輕啟戰端以至於失去道義上的支持。《孫子兵法》曰：「兵者，國之大事。」既是國之大事，便應戒懼。對於統帥而言，兵權便是一國的生死存亡，豈能以小兒之遊戲視之？

三國時，諸葛亮七出祁山攻魏而未能如願，大將魏延獻計說：「擁奇兵出子午谷直搗長安便可得天下。」諸葛亮不同意。並不是他的智慧不如魏延，而是因為他掌管全國之兵，執國家生死存亡之大命，不得不有所顧忌。僥倖得手當然是奇功一件，萬一失手就慘了，三分鼎立中「蜀」這一足就沒了。

「不敢進寸，而退尺」，意思是說，面對強大的敵人不可輕視，應先退以分散敵人的力量，消耗敵人的銳氣，以謙退哀慈不欲戰消弭對方的鬥志，使敵方迷惑、輕敵以尋找敵方的弱點擊之。

接下來，老子具體解釋了要做到4點：

（1）「行無行」。雖已嚴陣以待，卻總有未部署周全的感覺。只有這樣方能隨敵之攻勢的變化，敵變我變。

（2）「攘無臂」。雖已出擊禦敵，卻總有力量不足的感覺。只有這樣方能在戰略上重視敵人，不致犯輕敵的錯誤。

（3）「扔無敵」。只有這樣方能不與敵硬拚，注意觀察敵之弱點，乘虛而入，以小的代價換取大的勝利。關鍵在於不可輕敵。

（4）「執無兵」。雖有雄師百萬，卻有手中無一兵一卒的感覺。只有這樣方能時刻關注戰役的發展，抓住取勝的關鍵，伺機一扔而中，一擊而成，把握戰役的主動。

最大的災禍就是輕敵了，用於取勝的三大法寶（慈、儉、不敢為天下先）幾乎被丟棄殆盡，輕敵使戰場上我方的所有優勢幾乎都轉化為劣勢。

這也是自認我方謀略不出眾、作戰無陣容、相鬥無勇力、武器不精良、戰鬥難取勝，所以十二分謹慎不敢有絲毫輕敵之心，這樣才能全力地發揮出最強的戰力。戰爭中最大的危險就是低估敵人的實力，這樣就一定會喪失自己的精銳。所以在雙方兵力綜合情況差不多的情況下，陷於絕境而士氣悲憤的一方會取得勝利。

哀兵為什麼能夠勝利？因為哀兵只是在形勢上處於不利，而並不是在精神上屈服。而且哀兵往往是沒有退路的，正是因為沒有退路所以就不再考慮退路，就會全心全意地去爭取勝利。哀兵所處的形勢是必須「背水一戰」，所下的決心是「破釜沉舟」。一個人拚命，會讓一百個人都害怕；一支漠視死亡的拚命軍隊是任何力量都無法輕視的。

老子論兵，仍以「慈、儉、不敢為天下先」這三大原則為指南。慈，即是以天下眾生為念。儉，是節省天下的資源。所以老子從根本上說是反戰的，因為戰爭會給天下百姓造成巨大災難。所以老子認為，用兵之法，不可輕啟戰端。挑起戰爭欲挾強兵以橫行天下的人，就是與天下人為敵，已然違背了自然，他必然會走向滅亡。

當然，老子並不是無原則的一概反對戰爭，他對反抗侵略、掠奪的戰爭是贊成的，對作為實現政治、經濟利益的輔助手段的有限戰爭持兩可的態度，但他認為無論進行什麼樣的戰爭，以「不敢」為天下先的原則不能丟。只有「不敢」才能在戰略上重視敵人，只有「不敢」才能驕敵之兵以致勝，只有「不敢」才不致在戰勝後恃勝而驕，持強兵禍亂天下而自取敗亡。

第七十章 聖人被褐而懷玉

【原文】

吾言甚易知，甚易行。天下莫能知，莫能行。言有宗①，事有君②。夫唯無知，是以不我知③，知我者希，則我者貴④。是以聖人被褐⑤而懷玉⑥。

【注釋】

①言有宗：言論有宗旨。

②君：主，意即根本、根據。

③不我知：不瞭解我。

④則我者貴：則，法則，這裡作動詞用，意即取法，以……為準則；貴，難得，可貴。則我者貴：以我（的主張）為準則的難得。

⑤「被」是穿著。「褐」指粗麻衣，粗布衣，是古時貧苦者所穿。

⑥懷玉：懷，動詞，懷揣的意思。玉，美玉，這裡指精神上的寶物。

【譯文】

我的話很容易理解，很容易實行，可惜天下人都不能理解，都不去實行。（我的）言論有主旨，（講的）事情有根據。並不是這些人沒有知識，而是由於不瞭解我的知識。真正認識我的理論價值的人極少，按照我的理論行動的人也極稀貴。所以聖人往往是布衫麻履的打扮，頭腦中卻裝著極其寶貴的思想。

【解讀】

老子的話易知、易懂。不僅「易知」，而且「甚易知」，不僅容易懂，而且很容易懂。第一章說，「道可道，非常道。名可名，非常名」，這裡面沒有一個深奧的字，沒有一個生僻字。而且「我」在說「道」中往往又用各種比喻，各種人們所熟知的「物」理、事理去說「道」，用天地間的各種「自然」現象去說「道」。第六十六章說，「江海之所以能為百谷王者，以其善下之，是以能為百谷王」，不僅通俗，而且非常形象。整個八十一章都是以通俗而形象的語言寫成，很容易懂。

而且，「我」的言論有主旨，（講的）事情有根據，是對現象的深入細微的觀察。例如，第六十六章說，「故天下莫能與之爭」，是根據對江河的觀察；第十二章說，「是以聖人之治也，為腹不為目。故去彼取此」，是根據「五色令人目盲，五味使人之口爽，五音使人之耳聾，馳騁田獵，令人心發狂，難得之貨，令人之行妨，」。

但是，人們卻仍然以「我道大，似不肖」為託辭，他們不信「道」，不接受「道」，更沒有人按「道」去做。這是為什麼？

因為「人好徑」——人們都喜歡走自以為是的近路和邪路，他們對「道」毫無所「知」，愚昧無知到極點，卻反而以「無知」為知，以「大迷」為智，「雖智大迷」，所以才「不我知」，不知我所說的「道」。他們才是真正「頑且鄙」的「愚人之心也哉」！

人生得一知己尚且不易，更加不用說像老子這樣的聖人。真正明白老子的人哪怕在歷史的長河裡來看也是鳳毛麟角的，真正取法於他就更不容易了。能夠真正明白他、以他為師、取法他的無為之「道」，那也就更少了。

「聖人」是怎樣的人呢？是「和光同塵」的，是「方而不割，廉而不劌，直而不肆，光而不耀」的。「聖人」注重的是內在的修養而不求外表的華麗顯赫，是「大丈夫處其厚不居其薄」的。「聖人」的外表看起來並不起眼，一如普通人，甚至還不如普通人。只有他的內在才是偉大的，是與「道」、「天」、「地」合一的。

因為聖人少私寡欲，實而不華，因為既「觀其妙」也「觀其徼」（第一章），對社會的認識比一般人深刻得多，所以儘管穿得像乞丐，但實際上卻懷抱寶玉，瞭解主宰萬物、孕育萬物的「道」。

第七十一章 知不知，尚矣

【原文】

知不知①，尚矣②；不知知③，病④也。聖人不病，以其病病⑤，夫唯病病，是以不病。

【注釋】

①知不知：有多種解釋。一說，知道自己（有所）不知道。一說，知道卻自以為不知道。兩種解釋都說得通。

②尚矣：王弼本、河上公本「尚」作「上」，無「矣」字。帛書本為「尚矣」。尚通「上」，最好的意思。

③不知知：不知道卻自以為知道。

④病：毛病、缺點。

⑤病病：前一個「病」是動詞，「以……為病」、「把……當作病」的意思。後一個「病」，名詞，指的是上面說的「不知知」的毛病。病病，即把這種毛病當作病。

【譯文】

知道自己有所不知，最好。不知道卻自以為知道，這是缺點。聖人沒有這種心理，由於他們知道自己缺乏知識是一種缺點，正因為這樣，他們能時刻提醒自己勿犯這樣的錯誤。

【解讀】

本章承上章「天下莫能知，莫能行」，進一步指出「莫能知，莫能行」者，就是以「不知」為「知」的大病患者，是「終身不救」的絕症患者；並以聖人為榜樣，告誡其不「病病」者：只有「病病」才能「不病」，只有去「病」從「道」，守道行道，才是為政之本。

在自知之明的問題上，中國古代哲人們有非常相似的觀點。孔子有言曰：「知之為知之，不知為不知，是知也。」（《論語．為政》）在老子看來，真正領會「道」之精髓的聖人，不輕易下斷語，即使是對已知的事物，也不會妄自臆斷，而是把已知當作未知，這是虛心的求學態度。只有這個態度，才能使人不斷地探求真理。所以，老子認為，「知不知」，才是最高明的。

古代有個人叫高陽應，打算建造房舍，木匠答覆說：「現在還不行。木料還未乾，上面再加上泥，一定會被壓彎。用濕木料蓋房子，現時雖然很好，以後一定會倒塌。」高陽應說：「照你所說，房子恰恰不會倒。木料越乾就會越結實有力，泥越乾就會越輕，用越來越結實的東西承載越來越輕的東西，肯定不會倒塌。」木匠無言以對，只好奉命而行。房子剛落成時很好，後來果然倒塌了。

高陽應說的看似很有道理，自以為很有智慧，但對於能建造房舍的木匠來說，他經歷的實在太少，對房屋結構和材料的認識實在很膚淺。

所以，真正有智慧的人，從不依恃自己的智慧，從不以自己由實踐而得到的片面之「知」去強施於自然。不僅我們常人有所不知的東西，聖人也不是什麼都知道。但與常人不同的是，聖人清楚自己並非無所不能，不認為自己很了不起。

這段話除了表明聖人自知之明外，還可以給我們以下兩點啟發：

（一）不迷信一切權威。因為在最高的「道」的面前，所有人都是無知的，偉人也一樣是無知的。我們每個人都只有有限的能力，我們對「道」的認識都是有缺陷的。不崇拜他人，也不迷信自己，因為沒有任何人可以壟斷真理。

「道可道，非恆道」，「知不知，上矣」。面對天道宇宙的奧秘，我們永遠是無知者，所以誰也不能自以為是，我們應有一種知道自己「無知」的謙遜心態。

有人說，站在山頂和站在山腳的人看對方同樣渺小。「會當凌絕頂，一覽眾山小。」「山外有山，天外有天。」這樣的意境恐怕不是身在山腳下的人們所能體會到的吧！

許多時候，我們會不自覺地感到自己的強大，這種信心是不可或缺的。但不可發展為自負，否則就成了狂妄。正如空中的星星，對於塵埃來說它大如宇宙，但對於宇宙來說它小如芥豆。因此，認清自己很重要。

每天，當太陽升起來的時候，非洲大草原上的動物們就開始奔跑了。獅子媽媽在教育自己的孩子：「孩子，你必須跑得再快一點，再快一點，你要是跑不過最慢的羚羊，你就會活活地餓死。」在另外一個場地上，羚羊媽媽也在教育自己的孩子：「孩子，你必須跑得再快一點，再快一點，如果你不能比跑得最快的獅子還要快，那你就肯定會被他們吃掉。」

羚羊媽媽為什麼老是教導自己的孩子要跑得快些，因為他知道，雖然自己跑得已經很快了，但還有一種叫獅子的動物跑得更快。

（二）不怕不同意見。宇宙秩序建立在陰陽互動博弈、相反相成的基礎上，因此不同的看法和意見對我們都是促進。不要以為被人反對，就是壞事，從長遠看是好事。「反者道之動也」，如果一個社會沒有相反的聲音，這就是一個「無道」的世界，是逆天而行，是要滅亡的。所以，我們的行事原則，應該是太極圖原則，是允許不同聲音出現，是保護互相反對的力量之間互動平衡的制度。

沒有人會讓所有人都對自己滿意，實際上，如果有50％的人對你感到滿意，這就不錯了。要知道，在你周圍，至少有一半人會對你說的一半以上的話提出不同意見。

一個女歌星，即使很有名，有很多人都很喜歡她，但是也不免有很多人對她不以為然，甚至有點討厭她；再看西方國家的首腦競選；即使獲勝者的選票佔壓倒性多數，但也還有40％之多的人投了反對票。沒有人能得滿票，甚至能達到60％都是件非常困難的事情。

所以，假如生活中有50％的人可能對你提出反對意見，你千萬不要驚慌，也不要認為自己做了什麼不好的事情，要把這種情況視為很正常。

明白了這個道理，如果再有人對你提出反對意見，你就不至於暴跳如雷了。如果有人對你的話提出異議，你也不會再因此而感到情緒消沉，苛責別人或者為了贏得他人的讚許而即刻改變自己的觀點。相反，你會認為這很正常，因為這個人可能恰恰是反對你的人中的一員，這個人只代表他自己。

第七十二章 民不畏威，則大威至

【原文】

民不畏威，則大威至①。無狎其所居②，無厭③其所生。夫唯不厭，是以不厭④。是以聖人自知不自見⑤，自愛不自貴。故去彼取此。

【注釋】

①民不畏威，則大威至：前一個「威」，指威壓、威力；大威，指威脅、禍亂。

②無狎其所居：狎，王弼解釋為「狹」的假借字，狹迫、逼迫的意思；無狎其所居，即（統治者）不要逼迫得人民不得安居。

③厭：壓迫。

④夫唯不厭，是以不厭：前一個「厭」是壓迫的意思，前一句針對統治者而言；後一個「厭」是厭惡的意思，後一句針對人民而言。

⑤見：同「現」，表現。

【譯文】

一旦民眾不畏懼威權，就會給統治者帶來更大的威脅。所以，不要讓百姓感到不能安居，也不要使民眾對所生存的環境感到厭惡。只有不採取高壓政策對待百姓，百姓也不會給朝廷施加壓力。因此，聖人有自知之明，不會把自己抬高，懂得自愛卻不會把自己看得很高貴。所以捨棄後者而選擇前者。

【解讀】

上一章講自知之明，是就一般情況而論的。本章著重講統治者要有自知之明，反對採取高壓政治，反對肆無忌憚地壓榨百姓。老子希望統治者不要自居高貴，而要自知、自愛，拋棄自見和自貴，這樣，他就不會遭到人民的反抗。

「民不畏威，則大威至。」是說，老百姓如果被統治者壓榨到「不畏死」、「不畏威」的地步時，那麼，為政者的死期也就到了。「則大威至」的「大威」，是不可抗拒，不可挽回的天怒人怨之威，而不是個別「為奇者」所為、或部分地域發生的小威。這種「大威」不僅會官逼民反，揭竿而起，天也會懲其「所惡」，「司殺者殺」。「民不畏威，則大威至」，是「不知知」這種大病的必然結果，是老子為無「道」的為政者所簽發的病危通知。

為什麼會有「民不畏威」的情況發生呢？

因為民眾流離失所，住房破舊，使得田地荒蕪，民眾的生活每況愈下，對未來失去希望，生不如死，所以厭惡生活在這個邦國。

而為什麼會使民眾的居住狹窄並且討厭生活呢？因為不「道」。「服文采，帶利劍，厭飲食，而資財有餘。是謂盜竽，非道也哉」（第五十三章），朝廷任命的官很多，田地很荒蕪，倉庫很空虛，官員們穿著華麗的服裝，帶著鋒利的寶劍，吃厭了飲食，財貨有餘，誇張地說，他們是強盜，這是不符合「道」的啊。

但是，老子認為民眾也並不難治，從前面的章節中我們可以看出，只要倡導「不尚賢」、「不貴難得之貨」、「不見可欲」的風氣，唯求其能飽腹強身，就會沒有意見，沒有欲望。民以食為天，能「為腹不為目」，雖有智者也不敢從中造事，造事也掀起不了大風浪。

接下兩句是要求掌權者「自知不自見，自愛不自貴」，可謂是如何實踐「我無為，我好靜，我無事，我無欲」的注解。

老子說：「是以聖人自知不自見」，也就明明白白地擺明了自己的觀點：小聰明趕不上大智慧。「自見」是小聰明，「自知不自見」是大智慧。何為小聰明？小聰明者是以自我為中心，自以為自己知道很多東西，他們表現得聰明伶俐，會說話會辦事，伶牙俐齒，機靈敏捷，善於偽裝，有種隨風而動的輕巧，有種趨炎附勢的靈動，有種你能千變萬化，我能隨機應變的聰慧。小聰明是近觀，小聰明是裝飾，這種聰明是表面上的，是很容易被別人覺察到的。

何為大智慧？大智慧者以環境為中心看問題，他們表現得山水不露，穩重大方，拙中藏巧、大智若

愚，運籌帷幄，高屋建瓴，有種水滴石穿的堅韌，有種任你有千變萬化，我早已將你看穿的沉穩。大智慧就像一部哲學著作，初讀時不一定得到人們的喜歡，可是你要是能讀下去的話，你會變得深厚，也會終生受益。

除了自知不自見，還要自愛不自貴。所謂自愛，就是珍惜自己的生命價值，愛護自己的人格尊嚴，不自輕自賤，不自暴自棄，不放縱自己，不草率行事。一個人只有自愛，才能為人所愛。試想，如果連自己都不愛護珍惜，怎麼能創造自己的人生價值，又怎麼能為他人、為社會做貢獻，進而贏得人們的敬重呢？如果說人生是一棵需要不斷培育、不斷成長的樹，那麼自愛就是這棵樹扎根的土壤裡最基本最重要的養分之一。

做人要自愛，卻不可自貴。對自己的一切，不論好壞、美醜、善惡，都一律視為珍寶，呵護備至，總覺得自己比別人高貴，比別人可愛，容不得別人有絲毫的「冒犯」，這是非常要不得的。如果說自愛是養分，那麼，自貴則恰恰是毀人毀己的毒藥。

第七十三章　勇於敢，則殺，勇於不敢，則活

【原文】

勇於敢，則殺①，勇於不敢②，則活。此兩者，或利或害③。天之所惡，孰知其故？是以聖人猶難之④。天之道⑤：不爭而善勝，不言而善應⑥，不召而自來，繟⑦然而善謀。天網⑧恢恢⑨，疏而不失⑩。

【注釋】

①殺：殺身之禍。

②不敢：不敢做，這裡指的是虛靜守柔的態度。

③此兩者，或利或害：或，有的。這兩個勇的方面，有的有利，有的有害。

④是以聖人猶難之。此句曾見於第六十三章，但這裡的解釋又與第六十三章有所不同。

⑤天之道：指自然的規律。

⑥應：回答、響應。

⑦繟（ㄔㄢˇ）然：寬緩、安然的樣子。

⑧天網：指自然的範圍。

⑨恢恢：廣大、寬大。

⑩疏而不失：疏，稀疏。失，漏失。

【譯文】

勇於堅強（敢）就會死，勇於柔弱（不敢）就可以活命。這兩種方式有時讓人得利，有時讓人受害。上天總是對其中的一方面反感，誰又知道其中的原因呢？這是聖人也很難瞭解的。自然的規律是：不用爭鬥卻能取勝，不善言辭卻能引起響應，不用強迫命令卻會自動歸順，不挖空心思、處心積慮卻善於謀略。這些規律就像遮罩在天上的網，雖然看著稀疏，卻沒有一點漏失。

【解讀】

本章主要講人生哲學。第一層意思是柔弱勝堅強，第二層意思是天道自然。

「勇於敢，則殺，勇於不敢，則活。」在常人看來，這更像是對常識的顛覆。我們經常講，人應該有三種重大的德行，一個是智，一個叫仁，一個叫勇。勇敢不管在西方還是在中國都被稱為是美德，但是在老子看來，在微笑的老人家的眼裡看起來的話，那是一個傻子才會具有的德行。當我們都認為勇敢是一種美德的時候，從老子的眼睛裡流露出的卻是冷笑和嘲諷的目光。因為勇敢的人容易死。

對於勇敢，老子有一句話叫「勇於不敢」，敢需要勇氣，不敢需要更大的勇氣。

蘇軾《留侯論》中說：「古之所謂豪傑之士者，必有過人之節。人情有所不能忍者，匹夫見辱，拔劍而起，挺身而鬥，此不足為勇也；天下有大勇者，卒然臨之而不驚，無故加之而不怒，此其所挾持者甚大，而其志甚遠也。」

前者為匹夫之勇，血氣之勇，力勇也。後者為真勇，心中懷有遠大目標，故能忍拾履之辱或胯下之辱。

老子認為，「匹夫之勇」、「血氣之勇」，都不是真正的勇；能夠「不敢」，也就是能忍得住一口氣，才是真正的勇。

在古代，有一個村莊，很貧窮，村子裡的年輕人都報名去參軍了，當時兵荒馬亂的，當兵很容易，又有飯吃。但是一個青年卻不走這條路，同齡人都叫他膽小鬼。十幾年過去了，村子裡當兵的那些人跟著自己的軍隊南征北戰，最後回來的人很少，大多都戰死了，回來的幾個人也都負了傷。而沒有參軍的那個小夥子如今卻活得很好，娶妻生子，日子不富裕，卻很快活。

勇於不敢，是符合老子守弱的人生哲學的。這也與後文「堅強者死之徒，柔弱者生之徒」（第七十六章）有了呼應。

但以上道理，誰又能理解呢？老子說，即使聖人也很難瞭解。老子是孤獨的。人生最大的孤獨，是你的熱情掉進周圍的寂寞世界，老子就掉進了這樣的世界裡。

但老子並不氣餒，而是接著向人們布「道」：

不戰而善勝，不用戰鬥而善於取勝。在第六十八章已經論述過：「善為士者，不武。善戰者，不怒」。

不言而善應。如果你有德，有號召力，其他人必然前來響應，這還需要用言辭去說服他們麼？有時候，無聲勝有聲。

不召而自來。如果你有德，是明君，民眾也自然會歸順。這還用得著號召麼？

繟然而善謀。人算不如天算，人謀不如天助。「繟然而善謀」：「繟然」是寬緩的樣子，是形容「善謀」無謀的狀態。「繟然」就是不慮、不謀的意思。不謀就是善謀。

天網恢恢，疏而不失。這句話幾乎成為人們洩憤的說法。人們在見到或聽到不義之事時，可能會說天網恢恢，疏而不失。這種理解值得商榷。

那麼老子「天網恢恢，疏而不失」這句話的本意是什麼呢？其實這是老子宣揚天道思想得一句話。天網恢恢者，言天網甚大也。疏而不失者，言天道無為而無不為也。疏者，天網之網孔稀疏不緊密也，暗喻上天無為，不設立繁冗之條律也。不失者，無過失也，暗喻上天凡事皆能妥善進行處理，不放過細小的錯誤。

平時我們生活中也一樣，不要抱僥倖心理，上天在看著呢。比如平時的交通事故，究其原因，不是大家不懂交通規則，而是從眾心理和僥倖心理作祟，結果導致事故的發生。比如：有的認為自己駕車水準很高，從未出過事，藝高人膽大，思想上放鬆了警惕；有的認為車速快一點，趕點兒路，不會有事；有的愛打擦邊球，明明紅燈已經亮起，偏偏硬要闖過路口；有的新手，知道自己還達不到上路行駛的水準，偏偏逞能要練練車技；有的明知不能酒後駕車，但認為自己酒量大，少喝點沒關係；有的認為一次兩次不繫安全帶不會有事，心存僥倖等等。正是由於僥倖心理，為車禍埋下了禍根。

第七十四章 為奇者，吾得執而殺之

【原文】

民不畏死，奈何以死懼之？若使民常畏死，而為奇者①，吾得執而殺②之，孰敢？常有司殺者③殺。夫代④司殺者殺，是謂代大匠⑤斫。夫代大匠斫⑥者，希⑦有不傷其手矣。

【注釋】

①為奇者：為，做，從事；奇，奇詭，邪惡。為奇者，即搗亂作惡的人。

②吾得執而殺之：執，拘押，抓起來。之，指「為奇者」。

③司殺者：專門管理殺人的人。

④代：代替。指統治者熱衷於刑罰，代替自然主宰殺人。

⑤大匠：工匠的首領。

⑥斫（ㄓㄨㄛˊ），大鋤；引申為用刀、斧等砍，斫伐。

⑦希：同「稀」，很少的意思。

【譯文】

如果人民普遍不怕死，又怎麼能用死亡威脅民眾呢？假若能使民眾常常畏懼死亡，就對那些為非作歹者執行極刑，哪個還敢犯上作亂呢？朝廷自會設置主宰生殺權的司法機構。若超越司法機構而（人為）代替主宰生殺權，就如同取代優秀的林木工匠去砍伐大樹，代替林木工匠去砍伐大樹的人，很少有不傷手的。

【解讀】

本章繼續論述「民不畏威，則大威至」，「勇於敢則殺」之義。指出為政者面對「民不畏死」，如果不能自省自糾，棄惡從善，反而以死懼民，勇於敢「代司殺者殺」，則必然天惡之，天殺之，「希有不傷其手矣」。

為政者把老百姓已經逼到了輕生而不怕死的地步，不僅不能自省自糾，棄惡從善，反而還繼續用濫殺人的鎮壓手段去威嚇他們，這能起什麼作用呢？

那怎麼才能讓老百姓害怕死呢？並不是不殺人，為政者不可能做到停止殺人，如果完全滿足所有民眾願望，邦國將不存在，這不切實際。而是不禍害好人，對大多數老百姓要有德，有慈，讓他們安居樂業。對那些「為奇者」，也就是為非作歹者，要嚴懲不貸。

人什麼時候不怕死？在被逼得走投無路的時候，在萬般無奈的時候不怕死，所以老子說，如果為政者不能讓老百姓安居樂業，甚至欺壓、禍害老百姓，即使你以死威脅他們也沒有用，因為他們這時候不怕死，而且很多人還希望自己死，早死早解脫，在古代，就有人因為日子過不下去而自殺的。

那人什麼時候怕死呢？在日子過得安穩的時候。現在的人們就很怕死，所以很注意養生。這時候，對那些壞人進行嚴厲的懲罰，人們就害怕，就不敢做壞事了。

對壞人就可以隨便懲罰嗎？非也。

老子說「常有司殺者殺」。就是要有專門的「司殺者」執行懲罰的任務，也就是說要有規矩，什麼人該受到怎樣的懲罰應該有一定之規，要有律條。

「夫代司殺者殺」，也就是說如果人為地代替律條而我行我素，想殺就殺、想放就放的話會怎麼樣呢？老子說了，「是謂代大匠斫」。也就是說不懂木匠之藝的人代替木匠，亂砍一通，當然很少有不砍傷自己手的。

老子提出的「常有司殺者」表達了一種「有法必依」的法制觀點。老子認為，人的生死本是順應自然的，正如後來莊子所謂的「適時而來，順時而去」。人生在世，理應享受天賦的壽命。但是，統治者為了加強自己的權力和統治，設置嚴酷的刑罰，肆意殺人屠戮。這樣，許許多多本應屬於自然的死亡（即屬於「司殺者殺」的），在青壯年時便遭殺戮。面對這種逼使人民走向死途的嚴酷現實，老子提出沉痛的抗議。可見，老子的自然觀是具有深厚的人本精神的。

但他的建言沒有被當時的統治者採納、理解。歷代帝王都把國家當作自己家族的私產即「家業」，「普天之下，莫非王土」。夏朝把國家分為九州，設置九牧，像放羊一樣管理百姓。這個概念一直延續到近代。

中國自古以來並不缺乏法律，但帝王的意志就是法律，而且高於法律。古時候中央政府也設有大理寺一類的司法機關，那不過是皇帝的一個辦事機關，最後還是皇帝說了算。

但後來的事實證明了老子的睿智。我們看，無論古今哪朝哪代，到了後期，吏治腐敗、有法不依，從而導致社會的動亂，上樑不正下樑歪，整個社會處於一種無序的狀態中，國家也就危險了。

第七十五章　無以生為者，是賢於貴生

【原文】

民之飢，以其上食稅①之多，是以飢。民之不治，以其上之有為②，是以不治。民之輕死，以其上求生之厚③，是以輕死。夫唯無以生為④者，是賢⑤於貴生⑥。

【注釋】

①「食」指俸祿。「稅」指賦稅。
②有為：繁苛的政治，統治者強作妄為。
③以其上求生之厚：由於統治者奉養過於豐厚奢侈。
④無以生為：不要使生活上的奉養過分奢侈豐厚。
⑤賢：勝過得、超過得意思。
⑥貴生：厚養生命。

【譯文】

民眾遭受飢餓，是由於上層吃稅賦的人太多，因而只得忍飢挨餓；民眾難管是由於上層統治者強作妄為，所以難以管理；民眾輕視死亡，是由於上層統治者把自身的享受看得太重，民眾才不把死當作一回事。只有不把自己的享受視作首位，這才是比享受更重要的賢明舉措。

【解讀】

上一章裡，老子對嚴苛的政治壓迫、亂殺無辜給予了抨擊，要求統治者善待民眾。這一章裡，老子又對繁重的經濟剝削進行指責。

老子在這一章裡主要闡明了三點：

第一點，老百姓食不果腹是因為賦稅太重。商周時期實行井田制，八塊私田，一塊公田，俸祿取土地形式。例如，上大夫擁有六千四百畝田，下大夫擁有一千六百畝田。春秋末年，各諸侯以雇傭方式按職務高低給予實物俸祿，以達到招賢強國的目的。西元前685年，齊桓公繼位，任用管仲廢除井田制，按土地肥瘠徵稅。西元前594年，魯宣公實行初稅畝，按土地面積徵稅。西元前590年，魯成公按土地面積徵收軍賦，從而使稅和賦合而為一。俸祿與賦稅增多，導致民眾飢餓。

第二點，老百姓不好治理是因為管得太多。統治者追求奢華的生活，不過是為了滿足私欲。既然要大肆耗費，勢必要大肆掠奪。掠奪以殘暴的武力為後盾，以頻繁的政令為手段。老子一直主張領導者要以道而行，順勢「無」為。人民難治，是由於統治者政令煩擾，今天一個法令，明天一個法令，今天要怎麼做，明天又要求那樣做。老百姓也糊塗了，無所適從，統治者的信譽也下降，所以不好治理。

第三點，老百姓看輕生死，是因為統治者貪圖享受，壓榨老百姓，以至於弄得他們生不如死。《紅燈記》中鳩山問李玉和：「你難道連死都不怕麼？」可見，死是很可怕的一件事，如果大家被問道：「是活著好，還是死了好？」我想絕大多數的回答一定是「活著好」。但歷史上就有這種時期，活著還不如死去。

可以設身處地體會一下這樣一種境況，就假設是你，被統治者欺負得吃不飽、穿不暖，沒有房子住，家不像家，甚至老婆長得漂亮一點也保不住，動不動就觸犯刑法，被在臉上刺字、砍掉手腳或割掉生殖器，不敢說話，不敢行動，甚至連思想都受限制。你說是活著好呢，還是死了好呢？結論很明顯，當然要活著，但不能這樣活著，要造反，要自己解放自己，就算造反死了，也比這樣活著強。

想當年陳勝在大澤鄉揭竿而起、反抗暴秦時所做得演講中說：「等死，死國可乎！」桀、紂、始皇，幾千年來的暴君們都是這麼被推翻的。

那麼造成這種使人民感覺生不如死的原因何在呢？

老子曰：「以其上求生之厚」。到頭來，原因還在統治者自己身上。什麼叫「求生之厚」？所謂「求生之厚」就是放縱自己的欲望，把自己的欲望看得比什麼都重，外界的東西包括人民都被看成是拿來實現自己欲望的工具。這樣的統治者，誰又能受得了，在這樣的統治下，又叫人如何去做「死」與「生」的取捨呢？當然是與其被奴役，還不如造反以求生！

所以，老子總結說：「只有不把自己的享受視作首位，這才是比享受更重要的賢明舉措。」於國、於家、於百姓，都是有益的，統治者若能不貪圖享樂，那麼，老百姓就會過上好日子，真是大德、大善，大賢。

第七十六章 強者死之徒，柔弱者生之徒

【原文】

人之生也柔弱①，其死也堅強②。草木③之生也柔脆④，其死也枯槁⑤。故堅強者死之徒⑥，柔弱者生之徒。是以兵強則滅，木強則折，強大居下，柔弱居上。

【注釋】

①柔弱：指人活著的時候身體是柔軟的。

②堅強：指人死了以後身體就變成僵硬的了。

③草木：一本在此之前有「萬物」二字。

④柔脆：指草木形質的柔軟脆弱。

⑤枯槁：用以形容草木的乾枯。

⑥死之徒：徒，類的意思，屬於死亡的一類。

【譯文】

人活著的時候身體是柔軟的，死後就變成僵硬的了。草木生長的時候形質是柔脆的，死後就變得乾枯。所以堅強的東西屬於死亡的一類；柔弱的東西屬於生存的一類。因此，用兵逞強就會遭受敗滅，樹木強大就會遭受砍伐。凡是強大的，反而居於下位，凡是柔弱的，才欣欣向榮。

【解讀】

老子藉由對周圍自然物象的冷靜觀察，提出了這個命題。人生時很柔軟，死後屍體就變硬了；草木初生時很柔弱，死後枯槁堅硬。堅強的東西屬於死亡的一類，柔弱的屬於生存的一類。軍隊強大了就會被消滅，樹木強大了就會被摧折。堅強處於劣勢，柔弱處於優勢，天下最柔弱的東西，能摧毀天下最堅強的東西，最低下最柔弱的水，能攻克最堅強的東西。所以道以柔弱發揮作用，柔弱勝剛強，柔弱之物富有彈性、韌性和生機，而堅強的東西已喪失了較多的生命力。

老子認為，任何強大的事物都要走向反面，一味追求「強」是違背「道」的精神的，是不合乎客觀規律的，因此是不會有好的結局的，即所謂「強梁不得其死」。

因此，老子的意思是不要逞勝好強，尤其不要以強對強；而應守弱用柔，謙下不爭，如此才能進退適度，遊刃有餘，克敵制勝。

老子還說：「聖人之道，為而不爭。」（第八十一章）、「天下之至柔，馳騁天下之至堅。」（第四十三章）正因為「柔弱」可無堅不摧，所以老子提出「守柔曰強」。

中國有句老話叫「出頭的椽子先爛」。一年四季，風吹雨淋，年復一年，日久天長，出頭的椽子先爛是自然而然的了。

小說《臥底》，就深刻地揭示了這個道理。《臥底》講的是一名試用記者為了把工作做好，為了伸張正義，為了給窮人出一口氣，到一個小煤窯作臥底記者，結果，處處碰壁，人身也受到威脅，不但臥底不成，最後連工作也丟了。

從小說中，我們可以看到一個人不管有多大能耐，你也別想靠一己之力去揭露某些行業的黑暗面，裡面深藏著勢力、金錢、利益等一系列你難以想像的東西，你別天真的想著靠一個一般記者的身分去搞清楚。因為你畢竟是一個凡人。俗話說得好，縣官不如現管，現在的人誰買誰的帳啊，你再能幹，就是一個一呼百應的人在有些問題面前也顯得很蒼白，很無力，你一個記者想怎麼樣，想靠一支筆，一張紙就解決問題嗎？可能嗎？

儘管有點殘酷。古人的教訓，古人的名言，我們為何不用？

老子這一章旨在告誡人們：千萬不能逞強，拳頭厲害吧，打在棉花上未必能把棉花怎麼樣。傷人未必要用武器，示弱也可以。越王勾踐用美人計讓吳王夫差迷戀西施而荒廢朝政，用離間計除去勁敵伍子胥，他一見到夫差就匍匐在地，為了討好夫差，去嘗夫差的糞便，把蒸熟的種子進貢給吳國製造飢荒以削弱吳國實力……一連串的「示弱」加上自己的「臥薪嘗膽」，最後勾踐徹底消滅了吳國。

所以，不要以為勢弱，人家就瞧不起自己，也不要懼怕被人瞧不起。正因為別人瞧不起，反是成長之機遇。生命在內而不在外。真正的智者無一不先為柔弱之人，這是因為骨弱筋柔而握固，是如嬰兒！強大者則逞強好戰，而且容易成為別人攻擊的目標，樹木高大、結實則必遭砍伐，而且樹大招風。

以柔弱自居，才能處於「生之徒」，保持健康發展；反之，以強大自居，則僵硬、粗暴，儘管「筋韌堅強」，而實則處於「死之徒」，走向衰落，走向滅亡。

第七十七章 為而不恃，功成而不居

【原文】

天之道，其猶張弓①歟？高者抑之②，下③者舉之，有餘者損之④，不足⑤者補之。天之道，損有餘而補不足。人之道，則不然：損不足以奉有餘。孰能有餘以奉天下？唯有道者。是以聖人為而不恃，功成而不居⑥。其不欲見⑦賢。

【注釋】

①張弓：古人用弓箭時將弦加在弓上稱為「張」。

②高者抑之：高，指弦位高。弦位高了，就把它壓低一些。

③下：弦位低了。

④有餘者損之：有餘，指弦的長度有餘。損，減少。

⑤不足：指弦的長度短了。

⑥居：佔有，享有。

⑦見：同「現」，表現。

【譯文】

大自然的規律，豈不就像拉弓一樣嗎？弦拉高了就壓低一些，拉低了就把它舉高一些，拉得過滿了就少使點勁，拉得不足了就加把勁（這樣才能射中目標）。這是大自然的規律，多餘了就減少一些，不足了就補充一些。人間的法則卻不是這樣：總要剝奪不足，而用來供奉有餘。那麼，又有誰能夠將自己的有餘拿來奉養天下的貧苦之民呢？只有有道的人才可以做到。因此，有道的人作育萬物而不自恃己能，有所成就而不居功。他是不願意顯示自己的賢能。

【解讀】

老子說，上天的道，不就像張弓射箭一樣嗎？高了向下壓，低了向上舉，拉過了鬆一鬆，不足時拉一拉。

從地球表面的自然現象來說，日曬雨淋的結果是不斷地以山川之高去彌補河谷之低。

老子以對立統一的思維方式總結出自然界的這一規律。自然界的一切現象，既相互對立，又相互統一。自然界的一切現象，諸如晝夜的交替、四季的變化，它們都是均衡統一的；而這種均衡統一，既不是外力作用的，也不是人為造成的。而是自然而然，由自身運動表現出的一種互補、和諧、均衡。的確是這樣，這是再明顯不過得道理。但是他看到的人類社會不是這樣啊。他看到的是什麼情況呢？

我們看一看老子生活的時代背景，西周時期，是天子統治下的專制集權主義的「大一統」社會。到了西周晚期和東周初期，分封制愈演愈烈，致使諸侯國遍地皆是。據史載，這時的諸侯國竟然多達百餘個。這些諸侯國拱衛王室，劃地為界，驅趕奴隸在井田上勞動，日出而作，日落而息。尤其是從西周末年到春秋中葉，周王朝及各諸侯國橫徵暴斂，攻伐兼併，勞動人民處於水深火熱之中。《詩經》中的許多篇章，就深刻反映了這個問題：如《魏風》中的《伐檀》，寫一群伐木者邊勞動邊歌唱，對不勞而獲的奴隸主作了憤怒斥責：「不稼不穡，胡取禾三百廛（ㄔㄢˊ）兮？不狩不獵，胡瞻爾庭有懸貆（ㄏㄨㄢˊ）兮？彼君子兮，不素餐兮！」《碩鼠》更痛斥那些剝削者為大老鼠。《國風》中也有不少作品，反映當時繁重的勞役和兵役給人民帶來的無窮災難。

統治者劫貧濟富，「損不足以奉有餘」。那些人已經是「金玉滿堂」，「財貨有餘」，但還是不顧一切地搜刮老百姓，那邊「朱門酒肉臭」，這邊「路有凍死骨」。

那些富貴之人永遠與權威聯繫在一起，所以當權者總是要保護富人的權益，於是富貴永相連。而富與貴永遠也沒有一個追求的終點和止境，那麼他們便狼狽為奸，一起去剝削那些不富且不貴的人。

為什麼不能把那些富有者的財富分給窮人一點呢？為什麼不能把哪怕是發黴的稻穀分給老百姓一些呢？老子在內心深處一定發出過這樣的吶喊。

但最後老子想明白了，是因為他們不是遵守「道」的人。有道的人不會這麼做。老子說：「孰能有餘以奉天下？唯有道者。」只有有道的聖人才能做到啊。

為道者少私寡欲，知道滿足，知道適可而止，「知止不殆」（第四十四章），只有他們，作為有餘者，才能夠把有餘部分取出來奉獻給天下百姓。

而那些不遵守「道」的人，是不會長久的。這裡老子也有告誡那些統治階級的意思，「你看，你們的行為不符合天道，所以你們是錯誤的，還是改正吧。」

後來的事實證明了，那些人沒有改正，所以，都沒有統治長久。

「聖人」是有德的人，是能做善事的人，但是他做完就完了，沒必要強調那是「我」做得。做了好事就有德，但他根本不在乎這個德，他是只求整體效益而不講個人得失的。為什麼呢？因為他「不欲見賢」——不想讓別人看到、認為、推崇甚至表彰他是「好」人。

從個人修養來說，讚揚和批評都會讓人心失衡，特別是讚揚更加容易讓人迷失本性——不知道自己姓什麼了。當然真正有修養的人是不為「寵辱」所動的，但是那個時候，「賢」對他也沒有什麼實際意義。

另外，還有個社會效應的問題。就是第三章所說的「不尚賢，使民不爭。」這才是最重要的。有了「賢」，就會有「不賢」的區別。有了這個區別，人就會被人為地劃分了等級。有了等級的高下之分，就會人人爭高。群起而爭實際上離「賢」的內在越來越遠，這就不是「聖人」實施「道蒞天下」、「德化天下」的初衷了。

第七十八章 正言若反

【原文】

天下莫柔弱於水，而攻堅強者莫之能勝①，以其無以易之②。弱之勝強，柔之勝剛，天下莫不知，莫能行③。是以聖人云：「受國之垢④，是謂社稷主⑤；受國之不祥⑥，是為天下王。」正言若反。

【注釋】

①莫之能勝，沒有能夠超過它（水）的。

②無以易之：以，用；易，交換、代替。

③莫能行，沒有能夠去實踐（這個法則）的。

④受國之垢：受，承受，承擔；垢是指污穢，是髒東西。

⑤社稷主：社稷，指國家。社本指土地神，稷是穀神，古代帝王都要祭祀社稷，故社稷後來便成為國家的代稱。

⑥不祥：指災難，承擔國家的災難。

【譯文】

世間沒有比水更柔弱的，但它沖激堅強卻無往不勝，這是因為水柔弱得沒有什麼能改變它（即使小孩的手在水裡攪來攪去，水還是保持原樣）。弱者能勝於強者，柔者能勝於剛者，這道理天下無人不知，但卻沒有人實行罷了。因此聖者說：「能承受國家滅亡帶來的恥辱的人，才配做國家的君主；要能承擔國家的禍難，才配做天下人的君王。」這種觀點與我們平時的認識正好是相反的。

【解讀】

水的性情雖然是天下最柔弱的，但攻擊堅強的東西，沒有什麼能比得過水。「柔能勝剛」，這是老子哲學思想得一個重要方面。老子在觀察事物、闡明道理時所引用的例子，最典型的莫過於水。老子曾經認為「天下之至柔，馳騁天下之至堅」，民間諺語有「水滴石穿」，也精妙地概括了自然界這一神奇的現象。洪水氾濫時那淹沒田舍、沖毀堤梁的勢頭，更是任何堅強的東西都難以阻攔的。柔能克剛，可以說是自然界的一條法理。

古希臘有一則寓言：

北風與太陽各自為自己的本領高強爭論起來。結果，約定能夠讓行人脫掉衣服的，就算勝利。首先北風上場，為了讓行人脫衣服，於是使勁地颳強風，可是行人卻加緊將衣服裹住。輪到太陽，首先以柔和的光線照射，行人於是脫外套。接著，太陽再照射，行人受不了啦，趕快脫掉衣服跳進河裡面去了。

希臘與中國，是相距遙遠的區域，卻有同樣的以柔克剛的想法產生。

古代中國在嚴酷的環境下，為求生存，最顯著的問題是如何解決黃河氾濫。

堯帝在位的時候，大洪水不斷侵襲中國，災難時間長達二十二年之久。堯帝命令鯀從事治水工程，鯀費了九年的歲月，致力解決洪水的問題，可是他採取的辦法是築堤的方法，是強堵，結果失敗。而大禹治水則是用疏導的方法，替水道築路，讓水緩緩地流走，以柔勝剛，取得了成功。

以柔勝剛，是智慧的人處世的理想境界。

柔能克剛，是智慧的人處世的堅定信念。

柔中含剛，剛中存柔，剛柔相濟，不偏不倚，才是中國人處世的正宗。這一理想化的處世方式，一個小小的太極圖表現得最為形象。

在一個圓圈中有一個白色的陽魚和一個黑色的陰魚，陽魚頭抱陰魚尾，陰魚頭抱陽魚尾，互相糾結，渾融婉轉，恰成一圓形，無始無終，無頭無尾，無前無後，無高無下。最妙的是陰魚當中有陽眼，陽魚當中有陰眼，相互包容，相互蘊含，相互激發，相互轉化而又相互促生。我們曾經對這一處世方式進行過轟轟烈烈的批判，但當我們今天凝神諦視這個小小的太極圖時，我們卻不能不承認它包含了宇宙中的哲理，同時也是我們處理人與事關係的最高準則。

在奧運會的比賽中，有一個項目叫柔道。就是比一比看誰更柔，更能發揮柔的作用。俄羅斯總理普京曾說：「我一踏上柔道墊，感覺就像回家一樣。」普京給柔道的詮釋是：「柔道不是簡單的體育運動，而是哲學。不管對手多強大，只要你掌握技巧、抓住對手的破綻，就能借勢擊倒對手。柔是為了克剛，退讓是為了取勝。」

不論在歷史中還是現實中，剛者居多，柔者居少，若能以柔為主，寓剛於柔，其表現方式往往就是「柔道」。「柔道」是治國治民，為人處世的最佳方法。

假如一個人的一生沒有剛猛，就會疲軟，就會讓人覺得沒有男人氣概，讓人瞧不起，一個人如果太剛，又會處處樹敵，寸步難行。

中國歷史上的許多以「柔道」處世，以「柔道」治國的成功事例，早已證明「柔道」比「剛道」更加行之有效，其事半功倍、為利久遠之特點，更是「剛道」所遠為不及的。

最後，老子說「受國之垢，是謂社稷主；受國之不祥，是為天下王。」「受國之垢」，以柔承受社會上最惡劣的環境，這樣的侯王才真正是國家的主人。「受國之不祥」指以柔承受外來威脅或面臨內部危機。甘願冒生命危險承受國之不祥的人，就能忍人所難忍，忍人所不能忍，就能夠組織和領導民眾攻克困難和艱險，治理好邦國，這樣的侯王才真正是天下的帝王。

但令老子失望的是，最正直的話聽起來說得好像顛倒一樣，因為目前社會上的人大多都不是這樣認為的。只有那些得「道」的人，以「道」治理國家的人才能明白這個道理。

第七十九章　有德司契，無德司徹

【原文】

和①大怨，必有餘怨，安②可以為善？是以聖人執左契，而不責③於人。有德司④契⑤，無德司徹⑥。天道無親⑦，恆與⑧善人。

【注釋】

①和：調和，調解。
②安：疑問代詞，哪裡。
③責：索取償還。
④司：掌管、主管。
⑤契：指古人借貸財物時所用的契券，猶如現代的合同文書。《說文》：「券，契也。」
⑥徹：周代規定農民交租的稅收制度；司徹，指管租稅的人。
⑦無親：沒有親疏之別，沒有偏愛。
⑧與：幫助。

【譯文】

即使能調和深仇大恨，必然也會有小積怨留下，又怎麼能達到與人為善的境界呢？所以，聖人雖然拿著作為債權人的憑證，（一旦對方還不起）並不以此苛責別人。有「德」之人就像持有借據的聖人那樣寬容，沒有「德」的人就像掌管稅收的人那樣苛刻。自然界的法則不分親疏，它總是幫助有德的人。

【解讀】

調和大怨不如根本上不結怨。與其傷了人之後再去道歉不如一開始就不去傷人。有一個外國的寓言說得很好：傷他人的心就好像往木頭裡釘釘子，道歉就相當於把釘子拔出來，儘管釘子已經拔出來了，但是曾經受傷害的那個窟窿卻不能癒合。這就說明了解怨不如根本不結怨的道理。那麼怎樣才能不結怨呢？

這裡老子做了一個比喻，「執左契，而不責於人。」古代契券用竹木製成，分為兩片，各刻有債權人、負債人姓名，以及財物名稱、數量，償還時間等內容。由債權人與負債人各執一片。右契由負債人保存。左契由債權人保存。「執左契」，保存左一半的契，作為債權人，記著別人所欠的債務。

聖人的做法是，儘管手裡拿著借據，但並不以此苛責對方，即使對方還不起或不還，也不說難聽的話，也不結怨。

怨如債，聖人從來不記他人對自已的傷害，從來不抱怨他人，從來不怨恨他人。於是，從根本上說，這樣做得結果就不存在怨，當然也就沒有解怨的必要，更不存在「必有餘怨」的問題。

借給別人東西，又不要求一定償還，其實是變相給人好處。老子說「有德司契，無德司徹」，也就是說，有德的人總是這樣，借給了別人東西，一旦還不起也不苛責，總是付出而不圖索取。

但無德者呢，總是收稅，總是單方面索取。無「德」的人就像主管租稅的人。司契、司徹，都是周代貴族所用的管帳人。司契的人，只憑契據來收付，所以顯得從容大度；司徹的人，收租時總是斤斤計較、唯恐交租人少交、漏交。所以老子稱有「德」的人為司契，無「德」的人則像司徹那樣不饒人。老子認為，為政不能積怨於民，用嚴酷的稅賦和刑罰來壓榨和箝制人民，都會導致人民的怨懟、不滿。所以老子提出理想得政治是「執左契而不責於人」，即以寬容的態度對待百姓，不要壓迫百姓，不要干擾百姓，而要以「德」去感化人民。

有道德的人總是願意讓別人欠他的，因為他懂得「損有餘而補不足」的道理，他會主動地把自己的「有餘」拿出來「奉天下」。他是「為腹不為目」的，在物質豐裕的時候，滿足了基本的生存需要後想得最多的就是怎麼去造福其他人；在物質困乏的時候，總是盡自己最大的可能去幫助更需要幫助的人。

沒道德的人不能讓別人佔他一點便宜，而且恨不得佔盡別人的便宜才好。他是那種「持而盈之、揣而銳之」的人，他追求的是「金玉滿堂」，追求的是個人的成就。他心裡除了自己沒有任何人，不斷地迷失在欲望的追逐中，不斷地損他人之不足而奉自己之有餘。最後當然是「甚愛必大費，多藏必厚亡」了。

最後，老子總結，天道對人無所偏愛，經常幫助有德的人。「天道無親」與老子在第五章提出的「天地不仁」的觀念是一致的，認為自然對宇宙萬物無所偏私，天地間的一切事物都是依照自身的發展規律而運動變化的，是順任自然的。

第八十章　小邦寡民

【原文】

小邦寡民①。使②有什伯之器③而不用；使民重死④而不遠徙⑤。雖有舟輿⑥，無所乘之；雖有甲兵⑦，無所陳⑧之。使民復結繩⑨而用之。甘其食，美其服，安其居，樂其俗。鄰邦相望，雞犬之聲相聞，民至老死，不相往來。

【注釋】

①小邦寡民：小，寡，都是動詞，使……小、使……少的意思。小邦寡民，即國家要小小的，人口要少少的。

②使：即使。

③什伯之器：各種各樣的器具。什伯，意為極多，多種多樣。

④重死：看重死亡，即不輕易冒著生命危險去做事。

⑤徙：遷移、遠走。

⑥輿：車子。

⑦甲兵：武器裝備。

⑧陳：陳列。此句引申為佈陣打仗。

⑨結繩：文字產生以前，人們以繩記事。此處指上古時代天真純樸的社會風尚。

【譯文】

國土狹小人民稀少。即使有十倍百倍於他國的兵器卻並不使用。使人民重視死亡而不敢向遠方遷移。雖然有船隻車輛，卻沒有必要去乘坐。雖然有鎧甲武器，卻沒有機會去擺列使用。使人民回復到遠古年代結繩記事的自然狀態中。這樣百姓就會有甜美的飲食、美麗的衣服、安全的居所、歡樂的習俗。鄰國之間可以互相看見，雞鳴狗吠的聲音可以互相聽聞，鄰國間的百姓從生到死，互不往來。

【解讀】

這是老子理想中的「國家」的一幅美好藍圖，也是一幅充滿田園氣息的農村歡樂圖。老子用理想得筆墨，著力描繪了「小國寡民」的社會生活情景，表達了他的社會政治理想。這個「國家」很小，鄰國相望、雞犬之聲相聞，大約相當於現在的一個村莊，沒有欺騙和狡詐的惡行，民風淳樸敦厚，生活安定恬淡，人們用結繩的方式記事，不會攻心鬥智，也就沒有必要冒著生命危險遠徙謀生。

為什麼是「小國寡民」呢？只有「小國寡民」才是能夠保證民主和民權的根本。國家大了，民眾多了，意見就不容易統一，就難免要產生集中意志，而所謂「集中意志」就很難符合所有人的意志。

雖然有數量多而先進的武器，但能不去用它，不侵伐他國，這就給老百姓安居樂業創造了條件。

「重死」就是重視死亡，怕死。老百姓為什麼怕死，就是因為生活得很舒適。要讓老百姓都怕死，就是要讓老百姓都過上豐裕富足的生活。「不遠徙」就是不必奔波勞碌，如果在家鄉可以實現豐裕富足的生活，那麼又有誰會願意去背井離鄉呢？

不發生戰爭，老百姓不遷徙，車船和兵器自然也派不上用場了。並且「使民復結繩而用之」。人們的心都很淳樸，奸詐的人少了，為非作歹的人沒有了。如此，老百姓就有好日子過了。

「甘其食，美其服，安其居，樂其俗」。用現代的俗話說就是使人民吃得香甜，穿得漂亮，住得安適，過得習慣。

很近的兩個「國」（更多是指相對獨立的區域）在一起，非常近。但是互不往來，為什麼？因為都能自給自足，沒有往來的必要。

這描述的是多麼淳和自然的畫卷啊！

有人說，老子的這種設想，當然是一種幻想，是不可能實現的。真的不可能實現嗎？

孔子說：「知之者，不如好之者。好之者，不如樂知者。」此種境界就在我們身邊，伸手可得啊。最幸福和最快樂的事情原本就不必去向外追尋的，它早就在你的內心深處，只是很多時候你並不知道。當向外「眾裡尋他千百度」而不獲以後，「驀然回首」，往往會發現「那人卻在燈火闌珊處」。

對於老百姓來說，一定要區分出餛飩和包子哪個更好吃嗎？一定要說哪一族的服裝、建築、風俗才是天下第一嗎？老百姓自己滿意就行了，並不在乎絕對數量的多少。心安就是家。一百斤粗糧可以讓一個壯漢飽食一個月，但也許換不來發達地區休閒時的一杯洋酒。錢的多少是次要，重要的是生活品質；生活的物質品質也是次要的，關鍵是自己心理是否滿足。

小國寡民是老子理想得「國家」模式，是對當時廣土眾民政策的不滿，對原始農村寧靜自然生活的嚮往所激發而生的一幅烏托邦式藍圖。在這樣一種理想社會裡，社會秩序、人倫關係、道德風尚等，都無須依靠政治或法律的形式來維持，只靠人們自然淳樸的本性就可相安無事，在這個社會裡，現實中的一切紛擾、焦慮、痛苦、不安都被一種恬靜、淡泊、安詳、自然所取代。

第八十一章 為而不爭

【原文】

信言不美①，美言②不信。善者③不辯④，辯者不善。知者不博，博者不知。聖人不積⑤，既以為人己愈有⑥，既以與⑦人己愈多。天之道，利而不害；聖人之道，為而不爭。

【注釋】

①信言不美：信言，誠實的話，真話。美，漂亮、華麗。
②美言：華麗的言談。
③善者：善於言說的人。
④辯：能說會道，有口才。
⑤積：指私自保留、積藏，
⑥有：富有。
⑦與：給予。

【譯文】

可信的言辭往往不好聽，好聽的言辭又往往不可信任。善良的人不會巧言詭詞，能言善語的人往往不慈善。認為自己無所不知的人往往不是一個博學的人，博學的人卻往往覺得自己很多事情還不知道。

聖人不追求財富上的積畜，而是盡力幫助別人，此時他所獲得的成果也會越豐富，他會盡力給予別人，他所得到的也就越多。自然界的法則利於人類而不會加害人類，有「道」之人的做人法則是：有所作為，但不要與人爭。

【解讀】

本章一開頭，老子便以一系列格言式的話語，闡述了自己的辯證思想。誠實的話，由於它的樸質，所以並不華麗、動聽；華美的言語，由於它的動聽，往往虛飾誇張。老子透過真與美（以及後面涉及的善與辯、知與博）等對立範疇，實際上討論了真與假、美與醜、善與惡等矛盾對立的一系列問題，說明事物的外在形態與內在本質往往是不一致的，甚至恰恰是相反的。

這一章，老子主要講了四個方面的問題：

（一）信言不美，美言不信。老子的這句話也可以理解為：誠實的話不漂亮，漂亮的話不誠實。這包含了內容和形式的辯證法。也就是說，如果人們被事物的現象所迷惑，而不深入探究，往往會犯錯誤。

俗語說：「金玉其外，敗絮其中。」繡花枕頭，夸夸其談，能說會道，而口蜜腹劍，滿口堯舜禹湯、周吳鄭王，滿腹男盜女娼、陰謀鬼計，嘴是蜜碟子，心是辣茄子，表裡不一，陽奉陰違。

比如，有這樣一種人，當著人的面總是說好聽的，可是一轉身，他的嘴就不是那張嘴了，多沒譜的話，多難聽的話，多傷人的話，他都能說得出口。這種人，正應了老子的這句話：「真實的話並不華美，美言未必真實。」

這種人好像沒有脾氣，你罵他、打他、羞辱他，他都笑咪咪的，有再大的不高興，也壓在心裡，讓你看不出來。這種人也不見得是壞人，因為他的個性就是如此，成天笑咪咪，不得罪人。可是你就搞不清楚這種人心裡在想些什麼，也搞不清楚他的好惡及情緒波動，碰到這種人，真的讓人無從應對，如果他對你有不軌之圖，你是無從防備的。

最不可信的、巧舌如簧的人大致有四種類型：兩面三刀之人；陽奉陰違之人；翻臉無情的人；正反都是他的「兩面人」。

為了避免出現這種情況，你須做到以下三個方面：他笑你不笑；冷靜「接受」恭維；敬而遠之。

孔子曰：「以言取人，失之宰予；以貌取人，失之子羽。」有些人可「交」不可「近」，有些話可「聽」不可「信」。看起來對你「好」的人，要好好地看；聽起來「好」聽的話，更要好好地聽。

（二）善者不辯，辯者不善。善良而有能力的人不需要去與別人辯論什麼，不會只用言論去證明自己是正確的。即使面對誹謗或人身攻擊，他也能用行動來證明自己的無辜和清白。忍辱不辯的人往往都是在埋頭做事，他必定有一顆與世無爭的心。與此相反，那些天天與別人辯論的人並不是真正有能力的人，儘管他們在與別人辯論時處處表現自己的能力，然而真正善良的人不需要用花言巧語去贏得別人讚許，空談而沒有實際行動的人將一事無成。

（三）知者不博，博者不知。凡是有「道」者，都不自現其廣博多學，因為他已「解其紛，挫其銳」，「知不知」，「自知而不自見」。凡是「自見」、「自是」其廣博多學，無所不知的人，都是無「道」者。因為他們是「不知知」，以「不知」為知。

（四）聖人不積，既以為人己愈有，既以與人己愈多。人世間的事情，有了付出才有回報，沒有無回報的付出，也沒有無付出的回報。正所謂：「愛出者愛返，福往者福來」，付出越多，得到的回報越大，只想別人給予自己，那麼「得到」的源泉終將枯竭。

最後，老子總結：「天之道，利而不害；聖人之道，為而不爭。」

天之道，是公而自均，利而不害，大仁不仁，無利無害。

聖人之道，是善為無為，善爭無爭。世人有「不爭」亦「不為」的隱士和庸才；也有「不為」還要「爭」的小人；也有既「為」也要「爭」的強勢者。作為「道」在人間的代表——聖人則是最後一種，「為而不爭」。

典藏中國：

37	厚黑學全集【參】厚黑心術	李宗吾	定價：300元
38	《碧巖錄》中的100大智慧	于水音	定價：280元
39	入骨相思知不知一醉倒在中國古代情詩裡	維小詞	定價：300元
40	厚黑學全集【肆】厚黑之道	李宗吾	定價：300元
41	一本書讀懂戰國史	秦漢唐	定價：420元
42	厚黑學全集【伍】厚黑妙法	李宗吾	定價：300元

國家圖書館出版品預行編目資料

每天讀點《道德經》 / 王福振 編著--

一版. -- 臺北市 :廣達文化, 2011.08

面 ; 公分. -- （典藏中國：31）(文經閣)

ISBN 978-957-713-472-1-0(平裝)

1.道德經 2.註釋

121.311 110010359

書山有路勤為經
學海無涯苦作舟

每天讀點《道德經》

編著者：王福振
叢書別：典藏中國 **31**
文經閣 編輯室 企畫出版
出版者：廣達文化事業有限公司
Quanta Association Cultural Enterprises Co. Ltd
編輯執行總監：秦漢唐

發行所：臺北市信義區中坡南路路 287 號 4 樓
電話：27283588　傳真：27264126
E-mail：siraviko@seed.net.tw
本公司經臺北市政府核准登記.登記證為
局版北市業字第九三二號

印　刷：卡樂印刷排版公司
裝　訂：秉成裝訂有限公司
上　光：全代上光有限公司

代理行銷：創智文化有限公司
23674 新北市土城區忠承路 89 號 6 樓
電話：02-2268-3489　傳真：02-2269-6560

一版一刷：2011 年 8 月
一版二刷：2016 年 1 月
定　價：280 元

書山有路勤為徑，學海無涯苦作舟。

書山有路勤為徑，學海無涯苦作舟。